U0690238

21世纪普通高等院校实训教材

海关报关
实训教程

主　编 ○ 胡亚会　刘军荣

副主编 ○ 郑　磊

西南财经大学出版社
Southwestern University of Finance & Economics Press

图书在版编目(CIP)数据

海关报关实训教程/胡亚会,刘军荣主编.—成都:西南财经大学出版社,2014.9(2017.12重印)

ISBN 978 - 7 - 5504 - 1585 - 0

Ⅰ.①海…　Ⅱ.①胡…②刘…　Ⅲ.①进出口贸易—海关手续—中国—高等学校—教材　Ⅳ.①F752.5

中国版本图书馆 CIP 数据核字(2014)第 207373 号

海关报关实训教程

主　　编:胡亚会　刘军荣

副主编:郑　磊

策划组稿:邓克虎

责任编辑:张明星

助理编辑:傅倩宇

封面设计:何东琳设计工作室

责任印制:封俊川

出版发行	西南财经大学出版社(四川省成都市光华村街 55 号)
网　　址	http://www.bookcj.com
电子邮件	bookcj@foxmail.com
邮政编码	610074
电　　话	028 - 87353785　87352368
照　　排	四川胜翔数码印务设计有限公司
印　　刷	郫县犀浦印刷厂
成品尺寸	185mm×260mm
印　　张	14
字　　数	315 千字
版　　次	2014 年 9 月第 1 版
印　　次	2017 年 12 月第 2 次印刷
书　　号	ISBN 978 - 7 - 5504 - 1585 - 0
定　　价	28.00 元

1. 版权所有,翻印必究。

2. 如有印刷、装订等差错,可向本社营销部调换。

3. 本书封底无本社数码防伪标识,不得销售。

前 言

作为国际贸易专业核心实务性课程教材,《海关报关实训教程》强调了海关报关的基本程序、海关法律、进出口通关常识及进出口报关单填写内容,旨在提高学生的海关报关实务能力和职业技能。为此,我们组织有该课程长期教学经验和操作经验的教师编写了这本《海关报关实训教程》。

本教材在内容和体例上具有以下特点:

第一,本教材在编写时以海关最新公布的政策和要求为基础,单据和业务资料也以近一年来的最新资料为主,力求能够反映一些行业的新进展、新作法,确保教材内容的规范性和先进性。

第二,本教材按照当前国际商务人才需求标准和应用型人才培养目标,重在提高实际操作能力;按照"制度—概念—操作"的编写路线,以"操作"为核心和主体。

第三,本教材每章前均有实训指南,包括该章实训目的、实训要点和主要技能,有利于学生和使用者提高实训的针对性和效率。

本教材共八章,第五、第六、第七和第八章由胡亚会老师编写,刘军荣老师编写第一、第二章,郑磊老师编写第三、第四章。

本教材在编写过程中,参考了大量海关报关实务的图书和不同版本的教材以及大量网上资料,并吸取了其中的最新成果、素材和有益的资料,在此谨向相关的原作者和编者致以衷心的感谢。同时,感谢乐山师范学院旅游与经济管理学院有关领导和老师对本书编写过程中给予的鼎力支持。

本教材适用于国际贸易专业本科教学,同时也可作为在职报关员和经营进出口业务的企业相关人员继续教育、更新知识的培训教材和参考教材。

由于时间紧迫,编者水平有限,书中难免存在纰漏,恳请专家、同行和读者不吝批评斧正,以便再版修订,使该教材日臻完善。

编者

2014 年 1 月于乐山

目 录

第一章　报关管理制度

实训指南

一、实训目的

通过本章节主要了解报关的含义，掌握报关的范围、分类，熟练地列出各类报关的基本内容。通过实训，应达到以下教学目标：

1. 熟练掌握报关的基本内容，掌握报关的范围；
2. 熟悉报关注册的管理程序；
3. 了解有关报关单位与报关员的管理；
4. 熟悉并掌握报关行为的规范管理。

二、实训要点

1. 报关企业注册登记管理的程序；
2. 报关员的海关记分考核管理对象、性质；
3. 报关员的记分考核量化标准、记分周期；
4. 报关单位与报关员管理；
5. 报关企业的报关行为规则。

三、主要技能

1. 掌握进出境运输工具：用以载运人员、货物、物品进出境，在国家间运营的各种境内或境外船舶、车辆、航空器和驮畜等。
2. 掌握进出境物品的种类：行李物品、邮递物品、其他物品。
3. 掌握报关员的海关记分考核管理性质、记分考核量化标准。
4. 报关企业注册登记许可的程序。

第一节　报关概述

一、报关

（一）报关含义和范围

报关是指进出口货物收发货人、进出境运输工具负责人、进出境物品所有人或者他们的代理人向海关办理货物、运输工具、物品进出境手续及相关海关事务的过程。

可见，报关的范围包括进出口货物、进出境运输工具及进出境物品。

进出口货物包括一般进出口货物、减免税货物、暂准进出口货物、保税货物、过境货物、转运货物、通运货物和其他进出口货物，以及通过管道、电缆输送的进出境的水、石油、电和无形的货物，如附着在货物载体上的软件等。

进出境运输工具主要指用以载运人员、货物、物品进出境，在国家间运营的各种境内或境外的船舶、航空器、车辆和驮畜等。

进出境物品主要包括进出境的行李物品、邮递物品和其他物品。其他物品主要是享有外交特权和豁免的外国机构或者人员的公务用品或自用物品等。

（二）报关的基本内容

1. 进出口货物的报关

进出口货物收发货人或其代理人在货物实际进出关境时，需持报关单及随附单证向海关办理申报手续，此外还应配合海关对货物进行查验；在按规定缴纳了进出口税费且经海关放行后，报关单位可安排装卸货物。

除了以上工作，对于保税货物、减免税货物、暂时（准）进出口货物，在进出境前还需办理备案申请手续，在进出境后还需在规定期限按规定的方式向海关办理核销、结案等手续。

2. 进出境运输工具的报关

根据《中华人民共和国海关法》（以下简称《海关法》）的规定，所有进出我国关境的运输工具必须在设有海关的港口、空港、车站、国界通道、国际邮局交换局（站）及其他可办理海关业务的场所申报进出境。进出境申报是运输工具报关的主要内容。经海关审核放行后，才可以上下旅客、装卸货物或者驶往内地、离境。

3. 进出境物品的报关

根据《海关法》的规定，个人携带进出境的行李物品、邮寄进出境的物品，应当以自用合理数量为限。自用合理数量原则是海关对进出境物品监管的基本原则，也是进出境物品报关的基本要求。

对于进出境旅客的行李物品，我国与世界上大多数国家的海关法一样规定旅客采用"红绿通道"制度。即带有绿色标志的通道适用于携运物品在数量和价值上均不超过免税限额，且无国家限制或禁止进出境物品的旅客；带有红色标志的通道适用于携运有上述绿色通道不适用物品的旅客。

对于选择红色通道的旅客，必须填写《进出境旅客行李物品申报单》或海关规定的其他申报单证，在进出境地向海关做出书面申报。

对于进出境邮递物品，我国是《万国邮政公约》的签约国，根据《万国邮政公约》的规定，进出口邮包必须由寄件人填写《报税单》，小包邮件填写"绿色标签"，《报税单》或"绿色标签"随物品通过邮政企业呈递给海关。

报关范围及基本内容如表 1-1 所示。

表 1-1　　　　　　　　　　　　　报关范围及基本内容

报关范围	报关基本内容
进出口货物	准备报关单证、证件等，以电子或书面形式申报；海关审核，必要时进行查验；属于应缴纳税的，进行缴税；货物放行，安排提取或装运货物
进出境运输工具	进出境时间、航次；载运货物情况；服务人员、自用物品、货币金银等情况；所载旅客情况；所载邮递物品、行李物品的情况
进出境物品	行李物品以自用合理数量为限（绿色通道通关），此外则需填写《进出境旅客行李物品申报单》（红色通道通关）；邮递物品必须由寄件人填写《报税单》，小包邮件填写"绿色标签"

（三）报关的分类

（1）按照报关的对象，可分为进出口货物报关、进出境运输工具报关和进出境物品报关。

（2）按照报关的目的，可分为进境报关、出境报关。

（3）按照报关活动的实施者不同，可分为自理报关和代理报关，代理报关又分为直接代理报关和间接代理报关。

二、报关单位

（一）报关单位的概念及其类型

报关单位是指依法在海关注册登记取得报关资格或经海关批准取得报关权的境内法人单位或组织。

按报关单位的不同性质，报关单位可分为进出口货物收发货人和报关企业。

1. 进出口货物收发货人

进出口货物收发货人是指依法直接进口或者出口货物的中华人民共和国境内的法人、其他组织或个人。即取得对外贸易经营权的组织或个人经过报关注册登记手续后就可以成为报关单位。进出口货物收发货人进出口货物时，可自行向海关办理报关纳税手续，因此也称自理报关单位。自理报关单位也可委托海关准予注册登记的报关企业代为办理报关业务。

自理报关单位具体如以下类型企业：

（1）有进出口经营权的工贸、农贸、技贸公司；

（2）有进出口经营权的全国性或地方性进出口公司；

（3）有进出口经营权的生产企业、企业联合体、外贸企业和生产企业的联合公司；

（4）信托投资公司、经济技术开发公司、技术引进公司和租赁公司；

（5）中国成套设备出口公司，各地区、各部门的国际经济技术合作公司、对外承包工程公司；

（6）中外合资（合作）经营企业，外商独资企业；

（7）免税品公司、友谊商店、外汇商店、侨汇商店；

（8）各类保税工厂、保税仓库（油库），外国商品维修服务中心及其附设的零部件寄售仓库；

（9）经海关认可，直接办理进出口手续的经营对外加工装配和中小型补偿贸易的企业；

（10）接受国际组织、外国政府或非政府组织无偿援助项目，并在特定时期内经营进出口物资的单位；

（11）其他经常有进出口业务的企业，如进出口服务公司、展览公司和电影、电视合作制片公司等。

2. 报关企业

报关企业是经海关批准，取得报关经营许可，接受进出口货物收发货人的委托，向海关办理报关纳税手续，从事代理报关服务的境内企业法人。

报关企业并不参与进出口货物的贸易经营，只有当进出口货物收发货人委托时，才由其在受委托的范围内向海关办理报关纳税手续，因此称其为代理报关单位，其报关方式称为代理报关。

进出口货物收发货人与报关企业的比较如表 1-2 所示。

表 1-2　　　　　　　　　　进出口货物收发货人与报关企业的比较

类型	经营审批	主营业务	权限
进出口货物收发货人	商务主管部门审批	对外贸易经营（贸易型、生产型、仓储型等）	自营进出口货物的报关纳税（也可委托报关企业报关）
报关企业	海关报关注册登记许可	报关纳税服务	接受进出口货物收发货的委托，代理报关纳税
	商务主管部门或交通主管部门审批	国际货物运输代理或国际货物运输工具代理	

（二）报关企业代理报关的属性与法律责任

报关企业接受进出口收发货人的委托，向海关办理报关纳税手续。报关企业可采用以下两种不同的形式代理报关。

（1）报关企业以其委托人的名义办理报关纳税手续，属于委托代理行为，是直接代理方式。报关企业与委托人之间是代理人与被代理人（或称委托人）的关系。

代理人的代理权限的取得、行使和效力是基于委托人的委托授权，因此，报关企业必须得到委托人的明确授权，才能行使报关代理权，其明确授权的表现形式是向海关递交的《代理报关委托书》。

（2）报关企业接受委托人的委托，以报关企业自己的名义办理报关纳税手续的，是间接代理方式。海关视同报关企业自己报关，其法律后果将直接作用于报关企业。

报关代理的属性与法律责任如表 1-3 所示。

表 1-3　　　　　　　　　　　　报关代理的属性与法律责任

报关企业　　行为责任	代理方式	行为属性	法律责任
报关企业代理报关	直接代理	委托代理行为	法律后果直接作用于被代理人（委托人）；报关企业也应承担相应的法律责任
	间接代理	视同报关企业自己报关	法律后果将直接作用于代理人（报关企业）；由报关企业承担收发货人自己报关时应承担的法律责任

（三）报关单位的行为规则与法律责任

1. 报关单位的行为规则。

（1）可在所在海关关区各口岸办理报关纳税等事宜，如需办理所在海关关区以外口岸报关事宜的，由所在地海关报上级海关核准后，报海关总署审批。

（2）在报关时，报关企业需向海关出示委托人的正式委托书，协助海关提供委托人及报关税等有关文字记录资料。

（3）不得出借其名义，让其他人委托办理进出口货物报关纳税等事宜；也不得借用他人名义办理进出口货物报关纳税业务。

（4）设立专职报关员办理报关纳税等手续，并应对报关员的报关行为承担法律和经济责任。

（5）申报进口的货物，自海关填发税款缴纳证的次日起 15 日内应代委托人缴纳税款，逾期由海关按规定征收滞纳金。超过 3 个月仍未缴纳的，由海关根据《海关法》第三十七条的规定处理。

（6）应依法建立账册和营业记录。真实、正确、完整地记录其受托办理报关纳税等事宜的所有活动。完整保留委托单位提供的各种报关单据、票据、函电，接受海关稽查。

（7）报关企业递交的纸制报关单需加盖在海关备案的报关专用章。报关专用章仅限在其表明的口岸地或者海关监管业务集中地使用。

（8）自理报关单位应在所在地海关关区各口岸为本企业办理进出口货物的报关纳税等事宜，不得代理其他企业报关。经所在地海关核准，可申请办理异地报关备案。

2. 报关单位的法律责任

（1）在办理报关纳税等事宜中，发生走私、偷逃税等违反海关法行为的，由海关按照《海关法》和《中华人民共和国海关法行政处罚实施细则》（以下简称《海关法行政处罚实施细则》）的规定处理，并取消其报关资格。企业负责人、报关部门主管人员及发生违法行为的报关员在一定期限内不得再从事报关工作。

（2）如受委托人的欺骗，向海关报关时发生伪报、瞒报行为的，由海关按照法律的规定追究其经济责任。

（3）发生下列情况之一的，所在地海关暂停其6个月以内报关权：违反《海关法》和其他有关法规，但不构成走私行为的；对报关员管理不严，多人次被取消报关员资格的；拖欠税款和不能履行纳税义务的；违反海关规定，有变更未经核准，停业未经备案，出借其名义或借用他人名义报关纳税，未建立账册和经营记录，未完整保留有关单证、票据、函电，不接受海关稽查等情况的。

三、报关员

报关员是指取得报关员资格，按规定程序在海关注册取得《报关员证》后，代表所属企业向海关办理报关纳税等海关事务的人员。报关业务具有很强的政策性、专业性，因此法律规定报关员必须经过有关考试合格并经登记注册才能从事这一职业。

（一）报关员资格考试

我国海关实行报关员资格全国统一考试制度，考试采取全国统一报名、统一命题、统一考试、统一评分标准、统一阅卷核分的方式进行。中华人民共和国海关是报关员资格考试的主管机关，具体工作包括：确定考试原则，审定考试命题，指导监督各地海关组织实施考试，处理考试工作中的重大问题。

报关员资格统一考试面向全社会。报名申请参加资格考试的人员需具备以下条件：具有中华人民共和国国籍，年满18周岁，具有完全民事行为能力，具有大学专科毕业及以上学历。香港、澳门特别行政区居民中的中国公民，以及中国台湾居民可以报名参加考试。

不能参加资格考试的人员包括：① 因故意犯罪，受到刑事处罚，以及正在被执行刑罚或者依法被剥夺、限制人身自由的；② 因在报关活动中发生走私或违反海关规定的行为，被海关依法取消报关从业资格的；③ 在考试中发生作弊行为，被海关取消考试成绩，或者有其他违规行为，被海关以作弊论处，不满3年的。

（二）《报关员资格证书》的取得

达到考试及格分数线的人员，应当自公布考试合格分数线之日起6个月内持相关证件向原报名海关申请报关员资格。海关应当自受理申请之日起20个工作日内作出是否授予报关员资格的决定。海关授予报关员资格的，应当自作出决定之日起10个工作日内颁发《报关员资格证书》。决定不授予报关员资格的，应当向申请人制发《中华人民共和国海关不予授予报关员资格决定书》。

《报关员资格证书》是海关对报考人员考试合格行为的确认，是从事报关工作的职业资格证明文件，由海关总署统一制定，在全国范围内有效。《报关员资格证书》专属于个人所有，具有特定的身份性。

（三）报关员权利与义务

报关员的权利与义务如表1-4所示。

表 1-4　　　　　　　　　　　　　　　报关员的权利与义务

报关员的权利	报关员的义务
（1）代表所属单位办理报关业务 （2）向海关查询其办理的报关业务情况 （3）拒绝海关工作人员的不合法要求 （4）对海关作出的处理决定享有陈述、申辩、申述的权利 （5）依法申请行政复议或者提起行政诉讼 （6）合法权益因海关违法行为受到损害的，依法要求赔偿 （7）有权根据国家法律、法规对海关工作进行监督，并有权对海关工作人员的违法、违纪行为进行检举揭发和控告等	（1）提供齐全、正确、有效的单证，准确、清楚、完整地填制海关单证，并按有关规定办理报关业务及相关手续 （2）持《报关员证》办理报关业务，海关核对时应当出示 （3）海关查验进出口货物时，配合海关查验 （4）配合海关对涉嫌走私违规案件的查处 （5）协助本企业完整保存各种原始报关单证、票据、函电等资料 （6）妥善保管海关核发的《报关员证》和相关文件 （7）按照规定参加海关组织的报关业务岗位培训

（四）报关员的行为规则

报关员的行为规则包括：① 报关员应当在一个报关单位执业；② 报关员应当在所在报关单位授权范围内执业，按照报关单位的要求和委托人的委托办理海关业务；③ 按照规定如实申报进出口货物的商品编码、商品名称、规格型号、实际成交价格、原产地及相应优惠贸易协定代码等报关单有关项目，并办理填制报关单、提交报关单证等与申报有关的事宜；④ 不得私自接受委托办理报关业务，或者利用职业之便向委托人索取酬金及其他财物；⑤ 不得转借、涂改《报关员证》；⑥ 报关员更换报关单位，必须先注销原单位，再注册新的单位，具体办理方法为应持调入调出双方企业的证明文件和有效的《报关员资格证书》，向调入企业所在地海关办理重新注册手续；⑦ 报关员证件遗失期间，不得办理报关业务。

（五）报关员的法律责任

报关员在报关活动中，违反《海关法》和相关法律、行政法规的，由海关或其他部门给予相应的处理和行政处罚，构成犯罪的，依法移送司法机关追究其刑事责任。

有下列情形之一的，可暂停 6 个月以内报关执业资格：① 对委托人所提供的情况未进行审查，造成申报不实或漏报的；② 非法代理他人报关或超出海关准予的报关范围的，此种情况司法机关可责令改正并处以 5 万元以下罚款。

有下列情形之一的，取消报关员从业资格：① 申报严重不实且漏报严重；② 曾被海关暂停执业，恢复后从事业务 1 年再次被暂停执业的；③ 向海关行贿的，此种情况可取消其执业资格并处以 10 万元以下的罚款。构成犯罪的，依法追究刑事责任，并不得重新取得报关员资格；④ 提供虚假资料骗取海关注册登记的，还可撤销从业资格，并处以 30 万元以下的罚款。

有下列情形之一的，海关予以警告，责令其改正，并可处以人民币 2 000 元以下的罚款：① 有报关员执业禁止行为的；② 报关员注册内容发生变更，未按照规定向海关办理变更手续的。

四、报关活动相关人

报关活动相关人是指经营海关监管仓储业务的企业、保税货物的加工企业、转关运输货物的境内承运人,以及保税区、出口加工区内的部分企业。其中,转关运输是指在海关监管下,从一个海关地点运往另外一个海关地点办理某项海关手续的行为。

此类企业需经海关批准,办理海关注册登记手续,接受海关监管。这些企业虽不直接参与进出境报关纳税活动,但其经营活动与海关监管货物及海关监控要求有着密切的关联。因而,报关活动相关人对与之有关的海关监管货物应承担相应的法律责任。其理由包括:

(1)海关具有使用或消费时缴纳税款和交验许可证的责任。

(2)如果货物在收发货人的控制下,收发货人应承担上述责任。但如果收发货人将货物交由海关监管的仓储企业储存或加工贸易生产企业加工或境内承运企业转关运输等,则货物应处于保管人或加工人或承运人的实际控制之下,收发货人无法预见也无法防止货物灭失情形的发生,保管人或加工人或承运人应当对海关监管货物的收发货人承担控制的责任;期间造成海关监管货物损毁或灭失的,除不可抗力外,保管人或加工人或承运人应承担相应的纳税义务和呈验许可证件的责任。

(3)对海关监管货物负有保管或加工或承运义务的境内企业(报关活动相关人)不仅对货物本身负有保管的民事责任,更应对国家负有不让该货物擅自被投入境内使用的义务和一旦被投入境内使用向海关纳税、呈验许可证件的责任。

(4)在某些情况下,海关尚无法知晓货物的收发货人时,更应由货物的实际控制人,即报关活动相关人承担相应的法律责任。

报关活动相关人违反《海关法》的有关规定,由海关责令改正,可以给予警告、暂停其从事有关业务,直至撤销注册,并承担相应的行政、刑事法律责任。

五、报关行业协会

中国报关行业协会(China Customs Brokers Association,CCBA),是由海关批准的从事报关的企业和个人自愿结成的非营利性质的具有法人资格的全国性的行业组织。

报关行业协会受民政部和海关总署双重管理。其登记管理机关为民政部,业务主管单位为海关总署。其业务范围是:监督指导、沟通协调、行业自律、培训考试、年审初审、出版刊物、交流合作、创办实体。协会实行单位会员和个人会员制度。申请加入协会实行自愿原则。

中国报关行业协会发挥着联系政府和企业的桥梁作用。一方面,在行业自律方面发挥的作用越来越突出,海关执法环境明显改善;另一方面,在政策、法规的制定和执行过程中,积极参与讨论,充分体现了报关协会为商界代言,维护行业利益的立会宗旨。中国报关行业协会已成为中国海关和商界共同推进贸易便利化的助推器。

第二节　海关概述

一、海关的性质和任务

（一）海关的性质

《海关法》第二条规定："中华人民共和国海关是国家的进出关境监督管理机关。"这一规定明确了海关的性质，其包括三层含义：

（1）海关是国家行政机关。海关对内对、外代表国家行使行政管理权，而不代表某个地方或者某个部门的局部利益。

（2）海关是进出境监督管理机关。海关依照有关法律、行政法规，代表国家制定具体的行政规章和行政措施，对特定领域的活动实施监督管理。海关监督管理的范围是进出关境及与之有关的活动、场所。监督管理的对象是所有进出关境的运输工具、货物和物品。

（3）海关的监督管理活动是国家行政执法活动。海关执法的依据是《海关法》和其他有关法律、行政法规。海关总署也可以根据法律和国务院的法规、决定、命令、制定规章，作为执法依据的补充。省、市、自治区、直辖市人民代表大会和人民政府不得制定海关法律规范，其制定的地方法规、规章也不是海关执法的依据。

（二）海关的任务

依据《海关法》，海关的基本任务有四项：监督管理进出境的运输工具、货物、行李物品、邮递物品和其他物品；征收关税和其他税费；查缉走私；编制海关统计。海关的任务简称为监管、征税、查私、统计。

（1）监管。海关监管是海关的四项基本任务的基础，是由海关运用国家赋予的权力，通过报关登记、审核单证、查验放行、后续管理、查处违法行为等环节，对进出境的各类运输工具、货物、物品实施有效的监督管理。

随着对外开放，我国对外贸易迅速发展，出现了多种贸易方式的新格局。海关在认真总结多年货运监管、特别是改革开放以来的经验和借鉴国际通行做法的基础上，逐步建立起一套前期管理、现场监管、后续管理三位一体的科学化、现代化的海关监管体系和相应的规章制度。

①前期管理是对进出境的货物、运输工具进行实际监管之前采取的各项管理措施，主要包括：A. 企业注册登记和报关员培训、考核；B. 建立企业档案数据库，对企业实行分类管理；C. 加工贸易和补偿贸易的审查和备案登记；D. 减免税货物的审查及项目备案和进出口货物减免税审批。

②现场监管是海关在运输工具、货物进出境时，在海关监管区内实施的实际监督管理。它是完成海关监管的关键环节。现场监管包括申报、查验、征税、放行等几个基本环节，也是海关货运监管的基本制度。

③后续管理是对进出口货物离开海关监管现场以后的管理，是现场监管的延伸和

继续，它包括对各类保税货物核销和暂时进出口货物担保放行的核销法案，及对减免税货物和物品在一定时期内的监督使用。对一般进出口货物进行关税稽查也属于后续管理的范围。

此外，海关监管还要执行或监督执行国家其他对外贸易管理制度的实施，如进出口许可制度、外汇管理制度、进出口商品检验检疫制度、文物管理制度等，从而在政治、经济、文化、道德、公众健康等方面维护国家利益。

（2）征税。海关依据《中华人民共和国进出口关税条例》（以下简称为《关税条例》）、《中华人民共和国进出口税则》等有关法规，对准许进出口的货物、进出境的物品征收的一种流转税。征收关税是指对贸易性货物征收进口关税、出口关税和对非贸易型的行邮物品征收的进口关税。其他税费是指海关代国家税务总局征收的进口环节增值税、消费税和代交通部征收的船舶吨税。

（3）查私。查私是海关为保证顺利完成监管和征税任务而采取的保障措施，是海关依照法律赋予的权力，在海关监管场所和"设关地"附近的沿海沿边规定地区，为发现、制止、打击、综合治理走私活动而进行的一种调查和惩处活动。

海关查私的目标是制止和打击一切非法进出口货物、物品的行为，维护国家的主权和利益，保障社会主义现代化建设的顺利进行。

（4）统计。根据 2006 年 3 月 1 日实行的《中华人民共和国海关统计条例》，海关的统计任务是对进出口货物贸易进行统计调查、统计分析和统计监督，进行进出口监测预警，编制、管理和公布海关统计资料，提供统计服务。海关统计是国民经济统计的组成部分。

海关统计范围，是实际进出境并引起境内物资存量增加或者减少的货物，进出境物品超过自用、合理数量的，列入海关统计。

近年来国家通过有关法律、行政法规赋予了海关一些新的职责，如知识产权海关保护、对反倾销反补贴的调查、环保、社会安全、缉毒、反偷渡、战略武器控制等也是海关的任务。

二、知识产权海关保护

知识产权是人们利用自己的知识，用脑力劳动所创造的智力成果而依法享有的一种权力。随着对外经济贸易和科技文化交往的不断发展，进出境货物侵权行为也屡有发生，这不仅给国内外生产优质和驰名商标的企业造成了巨大的经济损失，同时也严重地破坏了我国社会主义市场经济的正常秩序，对改善外商投资环境和进一步发展对外经济、技术及文化交流产生十分不利的影响。

为履行我国在中美知识产权谈判中所承诺的义务，我国国务院于 1994 年 7 月 5 日发布了《关于进一步加强知识产权保护工作的决定》。它规定："为了履行外国参加的《保护工业产权的巴黎公约》和《保护文学和艺术作品伯尔尼公约》的有关规定，加强对外经济技术贸易中的知识产权保护，要强化海关在保护知识产权、制止侵权产品进出境方面的职能，采取必要的边境措施，有效地制止侵权产品的进出口。海关要加强与有关部门的联系和配合，依法严格实施知识产权的边境保护措施。"

根据国务院的指示，海关总署于 1994 年 9 月 1 日发出公告，宣布自 1994 年 9 月 15 日起，侵犯受中华人民共和国法律和行政法规保护的知识产权的货物禁止进出境。从此，我国开始对知识产权实施保护。1995 年 7 月，国务院颁布《中华人民共和国知识产权海关保护条例》（以下简称《知识产权海关保护条例》），2004 年 5 月海关总署又公布《关于〈中华人民共和国知识产权海关保护条例〉的实施办法》（以下简称《实施办法》）作为配套。为了有效实施《知识产权海关保护条例》，2009 年 2 月海关总署署务会议审议通过新的《实施办法》，自 2009 年 7 月 1 日起施行。

（一）知识产权海关保护的范围

根据《知识产权海关保护条例》第二条的规定，我国海关保护的知识产权应当是与进出口货物有关并受中华人民共和国法律、行政法规保护的商标专用权、著作权和与著作权有关的权利、专利权。具体来说，包括以下内容：① 国家工商行政管理总局商标局核准注册的商标；② 在世界知识产权组织注册并延伸至我国的国际注册商标；③ 国家知识产权局（包括原中国专利局）授予专利权的发明、外观设计、实用新型专利；④《保护文学和艺术作品伯尔尼公约》成员国的公民或者组织拥有的著作权和与著作权有关的权利。

此外，根据国务院颁布的《奥林匹克标志保护条例》和《世界博览会标志保护条例》的规定，我国海关也对奥林匹克标志和世界博览会标志实施保护。

（二）申请知识产权海关保护的程序

1. 知识产权海关保护备案申请

备案是海关实施知识产权边境保护的第一个阶段。知识产权权利人认为需要海关对其知识产权实施边境保护，制止侵权产品进出口的，可以将其知识产权向海关总署申请保护备案。

申请备案时应根据其申请备案的知识产权的性质，按海关总署制定的格式分别填写并提交商标权、著作权或专利权备案申请书。申请书应当包括以下内容：

（1）知识产权权利人的名称或者姓名、注册地或者国籍；

（2）知识产权的名称、内容及其相关信息；

（3）知识产权许可行使状况；

（4）知识产权权利人合法行使知识产权的货物的名称、产地、进出境地海关、进出口商、主要特征、价格等；

（5）已知的侵犯知识产权货物的制造商、进出口商、进出境地海关、主要特征、价格等。共有知识产权的权利人中任何一人向海关提出备案申请的，其他共有人无须就同一知识产权重复备案，但可要求海关总署为其颁发该知识产权备案证书副本。

2. 海关对备案申请的受理及撤销

海关对申请内容进行审查，确认其是否属于海关保护范围，申请文件是否齐备。海关总署应当在当事人提出申请书的 30 个工作日内，通知申请人是否准予备案。不予备案的，应当说明理由。知识产权海关保护备案自海关总署准予备案之日起生效，有效期为 10 年。超过有效期需要继续保护的，可在失效期届满前 6 个月申请续展，海关总署应自收到申请文件之日起 10 个工作日内作出是否准予续展备案的决定。续展备案有效期也为 10 年。备案知识产权情况发生改变的，知识产权权利人应当自发生变化之日起 30 个工作日内，向海关总署办理备案变更或者注销手续。

3. 扣留侵权嫌疑货物的申请

申请扣留侵权嫌疑货物，知识产权权利人应向进出境地海关提出书面申请及相关拥有知识产权证明和足以证明侵权事实明显存在的证据，如已在海关备案的，提供海关备案号。

知识产权权利人请求海关扣留侵权嫌疑货物的，应当按照以下规定向海关提供担保：

（1）货物价值不足人民币 2 万元的，提供相当于货物价值的担保；

（2）货物价值为人民币 2 万至 20 万元的，提供相当于货物价值 50% 的担保，但担保金额不得少于人民币 2 万元；

（3）货物价值超过人民币 20 万元的，提供人民币 10 万元的担保。

4. 海关对侵权嫌疑货物的处理

（1）扣留与放行。知识产权海关保护，在具体的执法中分为主动保护和被动保护两种模式。

主动模式是以知识产权权利人将其知识产权向海关总署备案为前提。海关在对进出口货物实施监管过程中发现货物有涉嫌侵犯在海关总署备案的知识产权嫌疑后，可主动采取扣货措施并立即书面通知知识产权权利人。知识产权权利人则应当在收到海关书面通知之日起 3 个工作日内，向海关提出扣留侵权嫌疑货物的申请并提供担保，海关据此会扣留相关货物。否则，海关将终止扣留货物的措施。

海关对其发现的涉嫌侵犯在海关总署备案的知识产权的货物会进行调查，并在扣留货物之日起 30 个工作日内对货物是否侵犯知识产权进行认定。如果海关不能认定货物是否侵犯知识产权，就会立即书面通知知识产权权利人，自扣留之日起 50 个工作日内未收到知识产权权利人到法院起诉、人民法院协助执行通知的，海关放行扣留货物。

被动模式是因知识产权权利人发现有侵犯其知识产权嫌疑的货物即将进出口而启动的知识产权海关保护。知识产权权利人向海关提供担保后，可以请求海关扣留侵权嫌疑货物。海关书面通知申请人和侵权嫌疑货物的收发货人。自扣留之日起 20 个工作日内未收到知识产权权利人到法院起诉，人民法院协助执行通知的，海关放行扣留货物。

（2）没收。经海关调查后认定侵犯知识产权的，由海关没收。对于没收的侵权货物，海关采取三种处置方式：① 可以用于社会公益事业的，海关将货物转交给有关公益机构用于社会公益事业；知识产权权利人有收购意愿的，海关可以有偿转让给知识产权权利人。② 无法用于社会公益事业且知识产权权利人无收购意愿的，海关可以在消除侵权特征后依法拍卖。③ 侵权特征无法消除的，海关应当予以销毁。

海关接受知识产权保护备案和采取知识产权保护措施的申请后，因知识产权权利人未提供确切情况而未能发现侵权货物、未能及时采取保护措施或者采取保护措施不力的，由知识产权权利人自行承担责任。

知识产权权利人请求海关扣留侵权嫌疑货物后，海关不能认定或人民法院判定被扣留货物不侵犯知识产权权利人的知识产权的，知识产权权利人应当依法承担赔偿责任。

三、海关的权力

为保证海关能充分履行自身的职能，有效维护国家的主权和利益，国家通过立法赋予了海关对进出境运输工具、进出口货物、进出境物品的监督管理权。海关权力属于行政权。海关权力的行使有一定范围和条件，并应当接受执法监督。

（一）海关权力的特点

（1）特定性，即这些权力，除国务院或有关法律、法规授权的组织以外，只有海关才能行使，其他任何机关、团体、个人都不具备行使海关权力的资格。同时这种权力也只适用于进出关境监督管理领域而不能用于其他场合。

（2）独立性。《海关法》第三条规定："海关依法独立行使职权，向海关总署负责。"即海关行使职权只对法律和上级海关负责，而不受地方政府、其他机关、企事业单位或个人的干预。

（3）效力先定性，即海关的行政行为一旦做出，就应推断其为合法，对海关本身及海关管理相对人都具有约束力。在没有被国家有关机关宣布为违法和无效之前，即使管理相对人认为海关的行政行为侵犯其合法权益，也应该遵守和服从。

（4）优益性，即海关在行使职权时，依法享有一定的行政优先权和行政受益权。行政优先权是国家为保障海关有效行使职权而赋予海关职务上的优先条件；行政受益权是海关享受国家提供的各种物质优惠条件，如直属中央的财政经费等。

（二）海关权力的内容

海关作为国家行政管理机关，除具有一般行政机关所必需的权力（如行政许可权、税费征收权、行政监督检查权、行政强制权、行政处罚权等）之外，海关作为进出境的监督管理机关，还具有一些特定的、独立的权力，如行政裁定权、佩带和使用武器权、连续追缉权等特殊的权力。

其中，行政监督检查权包括六个方面的内容：① 检查权；② 查验权；③ 查阅、复制权；④ 查问权；⑤ 查询权；⑥ 稽查权。

行政强制权包括九个方面的内容：① 扣留权；② 滞报、滞纳金征收权；③ 提取货样、施加封志权；④ 提取货物变卖、先行变卖权；⑤ 强制扣缴权；⑥ 税收保全；⑦ 抵缴、变价抵缴罚款权；⑧ 连续追缉权；⑨ 其他特殊行政强制。

以下分别对行政监督检查权和行政强制权的一部分内容进行阐述。

（1）检查权。海关检查内容及检查范围的要求如表1-5所示。

表 1-5 海关检查内容及检查范围的要求

检查内容	检查范围要求
进出境运输工具	不受海关监管区的限制
走私嫌疑人的身体	应在海关监管区和海关附近沿海沿边规定地区内
有走私嫌疑的运输工具和有藏匿走私货物、物品的场所	在海关监管区和海关附近沿海沿边规定地区内，超出这个范围，须经直属海关关长或者其授权的隶属海关关长批准

注：不能检查公民住处

（2）查询权。海关在调查走私案件时，经直属海关关长或者其授权的隶属海关关长批准，可以查询案件涉嫌单位和涉嫌人员在金融机构、邮政企业的存款、汇款。

（3）稽查权。海关稽查是自进出口货物放行之日起 3 年内或者在保税货物、减免税货物的海关监管期限内及其后的 3 年内，海关可以对与进出口货物直接有关的企业、单位的会计账簿、会计凭证、报关单证，以及其他有关资料和有关进出口货物实施稽查。

海关进行稽查时，可以行使下列职权：① 询问被稽查人的法定代表人、主要负责人和其他有关人员与进出口活动有关的情况和问题；② 检查被稽查人的生产经营场所；③ 查询被稽查人在商业银行或者其他金融机构的存款账户；④ 封存有可能被转移、隐匿、篡改、毁弃的账簿、单证等有关资料；⑤ 封存被稽查人有非法嫌疑的进出口货物等。

（4）扣留权。海关行使扣留权的相关内容如表 1-6 所示。

表 1-6 海关行使扣留权的相关内容

内容	范围	依据	行驶扣留权
运输工具、货物、物品和与之有关的合同发票、账单、单据、记录和其他资料	无区域限制	违反《海关法》或者有关法律、行政法规	可直接扣留
有藏匿走私嫌疑的运输工具、货物、物品	"两区"内	违反《海关法》或者有关法律、行政法规	须经直属海关关长或者其授权的隶属海关关长批准可以扣留
	"两区"外	有走私嫌疑的证据、证明	可直接扣留
走私嫌疑人	"两区"内	有走私嫌疑	经直属海关关长或者其授权的隶属海关关长批准，扣留时间 24 小时内，特殊情况可扣留 48 小时
	"两区"外		不能扣留

注："两区"是指海关监管区和海关附近沿海沿边规定地区。

（5）提取货物变卖、先行变卖权。对以下几种情况，海关可以按照实际情况提前变卖处理：① 进口货物超过 3 个月未向海关申报的；② 进口货物收货人或其所有人声明放弃的货物；③ 经直属海关关长或者其授权的隶属海关关长批准，对海关依法扣留的货物、物品，不宜长期保留的；④ 在规定期限内未向海关申报的以及误卸或溢卸的不宜长期保留的货物。

（6）强制扣缴和变价抵缴罚款权。进出口货物的纳税义务人、担保人超过规定期限未缴纳税款的，经直属海关关长或者其授权的隶属海关关长批准，海关可以做以下处理：① 书面通知其开户银行或者其他金融机构从其存款内扣缴税款；② 将应税货物依法变卖，以变卖所得抵缴税款；③ 扣留并依法变卖其价值相当于应纳税款的货物或者其他财产，以变卖所得抵缴税款。

（7）连续追缉权。进出境运输工具或个人违抗海关监管逃逸的，海关可以连续追击至海关监管区和海关附近沿海沿边规定地区以外，将其带回处理。

（8）佩带和使用武器权。海关为履行职责，由海关总署会同国务院公安部门制定，报国务院批准，可有配备轻型枪支、电警棍、手铐等批准使用武器的权力。

（9）法律、行政法规规定由海关行使的其他权力。

（三）海关权力适用的区域范围

为完成监督管理职能，国家通过立法形式赋予海关各项权力，但法律赋予海关的权力都有严格的区域条件的限制。明确海关权力行驶的区域范围，是正确行使海关权力的重要条件。

（1）海关监管区。目前我国海关监管区的具体范围是：设立海关的对外开放口岸、保税工厂、保税仓库、外商投资企业、经济技术开发区、保税区等有海关监管业务的场所，以及未设立海关但经国务院批准的临时进出境地点。

（2）海关附近沿海沿边规定地区。根据《海关法》的规定，海关附近沿海沿边规定地区的范围，由海关总署和国务院公安部门会同有关省级人民政府确定。该区域的确定原则为：海关保有缉私等权力的边境或沿海设关地周围的一定区域。

四、海关的领导体制与机构

（一）海关的领导体制

《海关法》规定"国务院设立海关总署，统一管理全国海关"，"海关依法独立行使职权，向海关总署负责"，"海关的隶属关系，不受行政区划的限制"，我们把这种领导体制称为"集中统一的垂直领导体制"。

（二）海关的机构

《海关法》规定"国家在对外开放的口岸和海关监管业务集中的地点设立海关"，如边界口岸、国际港口、保税区、保税仓库、保税工厂等地。

海关机构的设立、撤销，由国务院或者国务院授权海关总署决定。目前，国家批准的海、陆、空一类口岸共有 253 个，此外还有省级人民政府原来批准的二类口岸近 200 个。

（三）海关的组织机构

中华人民共和国海关是国家的进出境监督管理机关，实行垂直管理体制，在组织机构上分为三个层次：第一层次是海关总署；第二层次是广东分署，天津、上海 2 个特派员办事处，41 个直属海关和 3 所海关学校；第三层次是各直属海关下辖的隶属海关机构。此外，在布鲁塞尔、莫斯科、华盛顿和中国香港等地设有派驻机构。

隶属海关由直属海关领导，向直属海关负责，直属海关由海关总署领导，向海关总署负责。为打击走私行为，1998 年国务院决定在海关机关内组建由海关总署、公安部双重领导，以海关领导为主的海关缉私警察队伍。

1. 海关系统的最高领导部门——海关总署

海关总署是中国海关的领导机关，是中华人民共和国国务院下属的正部级直属机构，海关总署在国务院的领导下统一管理全国海关机构、人员编制、经费物资和各项海关业务，统一管理全国海关。海关总署机关内设 15 个部门，并管理 6 个直属事业单位、4 个社会团体和 3 个驻外机构。由于广东省内海关业务比较集中、业务量比较大，因此海关总署在广东省专门设立广东分署，作为其派出机构，负责广东省内的海关工作协调。

海关总署的主要职能是研究并拟订海关工作的方针、政策、法律、法规和发展规划，组织实施和监管检查；开展海关领域的国际合作与交流；承办国务院交办的其他事项；等等。

2. 直属海关

直属海关是指直接由海关总署领导，负责管理一定区域范围内海关业务的海关。目前直属海关共有 41 个，除中国香港、澳门、台湾地区外，分布在全国 30 个省、自治区、直辖市。直属海关就本关区的海关事务独立行使职责，向海关总署负责。

直属海关承担着在关区内组织开展海关各项业务和关区集中审单作业，组织实施对关区各项业务的执法检查、监督和评估；按规定程序及权限办理各项业务审核、审批、转报和注册备案手续等；全面贯彻执行海关各项政策、法律、法规、管理制度和作业规范的重要职责。直属海关起着沟通海关总署与隶属海关的桥梁作用。

3. 隶属海关

隶属海关是指由直属海关领导，负责办理具体海关业务的海关，是海关进出境监督管理职能的基本执行单位。一般设在口岸和海关业务集中的地点。根据各地海关业务的实际需要，在隶属海关下还可以设立下属海关。

隶属海关及其下属海关的职能主要是开展接单审核、税费征收、查验和放行的具体通关业务；受理辖区内海关监管场所、承运海关监管货物业务的申请；对各类进出境货物、运输工具等实施海关监管，对各类海关监管场所进行实际监控；办理辖区内报关人通关注册备案业务等。

4. 海关缉私警察机构和缉私体制

海关缉私警察是专门打击走私犯罪活动的警察队伍，负责对走私犯罪案件的侦查、拘留、执行逮捕和预审工作。海关总署缉私局（1998 年由海关总署和公安部联合组建"走私犯罪侦查局"，于 2003 年更名为"海关总署缉私局"并设在海关总署）实行海关总署、公安部双重领导，以海关领导为主的体制。

《海关法》规定："国家实行联合缉私、统一处理、综合治理的缉私体制。"这表明查缉走私是海关及公安、工商等行政执法部门及其他行业管理部门的共同任务。海关是查缉走私的主管部门，但必须按法律规定统一处理，公安、工商等行政执法部门查获的走私案件及不构成走私罪的违规情事，一律移送海关缉私局，各部门查获的走私货物、物品和价款，一律交海关依法进行处理。

第三节 报关管理制度

报关管理制度是海关依法对报关单位和报关员的注册登记许可及报关行为进行规范和管理的业务制度。其作用一是海关完成各项任务的重要保障；二是维护国家进出口经济活动正常秩序的重要保证；三是报关单位及其报关员的行为准则。

一、海关对报关单位的管理制度

（一）报关单位的注册登记制度

1. 报关注册登记制度的概念

报关注册登记制度是指进出口货物收发货人或符合代理报关条件的企业，向海关提供规定的法律文书，申请取得报关资格，经海关审查核实后，给予其海关注册登记编号（又称经营单位代码）才准予报关的管理制度。

因此，经海关审查具备了办理报关纳税手续的基本条件，并向海关办理注册登记手续是企业取得报关资格的法定条件。不具有报关权的企业需要办理进出口报关的，需要委托享有报关权的企业代为办理报关事宜。

2. 报关注册登记制度的范围

根据海关报关管理规定，目前可以向海关办理报关注册登记的企业有：① 有进出口经营权的企业，如各类经国家批准的对外贸易公司、外商投资企业等；② 报关企业，即专门接受进出口收发货人的委托，从事代理报关服务的企业，如报关行、报关公司、对外贸易运输公司、外轮代理公司等。

（二）报关企业注册登记

根据《中华人民共和国海关对报关单位实施注册登记制度的管理规定》，报关企业和进出口货物收发货人只有通过海关注册登记取得报关权，才能开展进出口货物的报关业务。

1. 报关企业注册登记许可应具备的条件

报关企业注册登记许可应具备以下条件：

（1）具有境内企业法人资格条件；

（2）企业注册资本不低于人民币 150 万元；

（3）具有健全的组织机构和财务管理制度；

（4）报关员人数不少于 5 名；

（5）投资者、报关业务负责人、报关员无走私记录；

（6）报关业务负责人具备 5 年以上从事对外贸易工作经验或者报关工作经验；

（7）无因走私违法行为被海关撤销注册登记许可记录；

（8）有符合从事报关服务所必需的固定经营场所和设施；

（9）海关监管所需的其他条件。

2. 办理报关企业注册登记许可程序

（1）办理报关企业注册登记许可程序为：提出申请——海关处理——海关审查——行政许可的做出。

步骤一：向所在地直属海关公布的受理申请的海关提出申请，并提交如下资料：

①报关企业注册登记许可申请书；

②《企业法人营业执照》副本或者《企业名称预先核准通知书》复印件；

③企业章程；

④出资证明文件复印件；

⑤所聘报关从业人员的报关员资格证复印件；

⑥从事报关服务业可行性研究报告；

⑦报关业务负责人的工作简历；

⑧报关服务营业场所所有权证明、租赁证明；

⑨其他与申请注册登记许可相关的材料。

步骤二：海关对申请的处理。

①如果申请材料不全，海关要在签收材料后 5 日内一次性告知需要补全的全部内容；

②所提交的材料如符合有关规定，海关则做出受理的决定。

步骤三：海关受理申请后，进行审查，于受理注册登记许可申请之日起 20 日内审查完毕，并将材料报送直属海关，直属海关自收到接受审定的海关报送的审查意见之日起 20 日内做出决定。

步骤四：直属海关做出准予还是不准予注册登记许可的书面决定。

（2）报关企业跨关区分支机构注册登记许可。

在其他直属海关办理跨关区分支机构注册登记许可的前提条件：

① 报关企业取得"报关注册登记证书"之日起满两年；

② 报关企业从申请之日起最近两年没有因走私受过处罚；

③ 每申请一项跨关区分支机构注册登记许可，应当要增加注册资本人民币 50 万元。

申请办理跨关区分支机构注册登记许可与报关企业本部申请注册登记许可，主要的区别在于报关员的人数，报关企业本部报关员人数不少于 5 人，跨关区分支机构报关员人数不少于 3 人。

（三）进出口收发货人注册登记

根据《中华人民共和国海关对报关单位实施注册登记制度的管理规定》，对于进出口货物收发货人实行备案制，即凡是依法向国务院对外贸易主管部门或者其委托的机构办理备案登记的，有权从事对外贸易经营活动的境内法人、其他组织和个人均可直接向海关办理注册登记。

注册地海关依法对申请注册登记的材料是否齐全、是否符合法定形式进行核对。申请材料齐全、符合法定形式的申请人内注册地海关核发《中华人民共和国海关进出口货物收发货人报关注册登记证书》，进出口货物收发货人凭此办理报关业务。

进出口货物收发货人申请办理注册登记时，应当提交下列文件材料：

（1）企业法人营业执照副本复印件（个人独资、合伙企业或者个体工商户提交营业执照）；

（2）对外贸易经营者登记备案表复印件（法律、行政法规或者商务部规定的不需要备案登记的除外）；

（3）企业章程复印件（非企业法人免提交）；

（4）税务登记证书副本复印件；

（5）银行外汇证明复印件；

（6）组织机构代码证书副本复印件；

（7）报关单位情况登记表、报关单位管理人员情况登记表；

（8）其他与注册登记有关的文件材料。

（四）报关企业及其跨关区分支机构注册登记许可期限

报关企业及其跨关区分支机构注册登记许可期限均为两年。如果需要延续注册的登记许可有效期的，应当办理注册登记许可延续手续。

报关企业未办理注册登记许可延续手续或者海关未准予注册登记许可延续的，自丧失注册登记许可之日起，其跨关区分支机构注册登记许可自动终止。

（五）报关单位注册登记许可的变更和延续

1. 变更

报关企业及其跨关区分支机构注册登记许可中有下列内容变更的，应当持《中华人民共和国海关报关企业报关注册登记证书》、企业变更决议等材料原件及复印件以书面形式到注册地海关申请变更注册登记许可：

（1）企业及其分支机构名称；

（2）企业注册资本；

（3）法定代表人（负责人）。

对被许可人提出的变更注册登记许可申请，注册地海关应当按照注册登记许可程序进行初审，并且上报直属海关决定。直属海关应当依法进行审查，对符合法定条件、标准的，应当准予变更，并且做出准予变更决定。海关准予变更注册登记的报关企业及其跨关区分支机构，应当到相关管理部门办理变更手续。

2. 延续

报关企业办理注册登记许可延续手续应当在有效期届满40日前向海关提出申请并

递交以下材料：

（1）注册登记许可延续申请书；

（2）企业法人营业执照复印件；

（3）报关业务分析、报关差错情况及原因；

（4）《报关单位情况登记表》（见附件1和附件2）；

（5）海关认为应当提交的其他资料。

取得跨关区分支机构注册登记许可的报关企业向分支机构注册地海关申请注册登记许可延续的还应当提交：

（1）分支机构营业执照副本复印件；

（2）所属报关企业的《中华人民共和国海关报关企业报关注册登记证书》复印件。

海关应当比照注册登记许可程序在有效期届满前对报关企业的申请予以审查，对符合注册登记许可条件的，并且符合法律、行政法规、海关规章规定的延续注册登记许可应当具备的其他条件的，应当依法做出准予延续二年有效期的决定。未按照规定申请的，海关不再接受其办理报关业务。

海关应当在注册登记许可有效期届满前做出是否准予延续的决定；逾期未作出决定的，视为准予延续，依法为其办理注册登记许可延续手续。

海关对不再具备注册登记许可的条件，或者不符合法律、行政法规、海关规章规定的延续注册登记许可应当具备的其他条件的报关企业或者其分支机构，不予延长其注册登记许可。

报关单位的注册年限对照如表1-7所示。

表1-7 报关单位的注册年限对照表

	有效期	到期手续	办理部门	办理日期	延续期	报关范围
报关企业	2年	延续申请及换证手续	注册的海关	有效期届满前30日	2年	直属海关关区内各口岸或者海关监管业务集中的地点
跨分区分支机构	2年	延续申请及换证手续	注册的海关	有效期届满前30日	2年	所在口岸或者海关监管业务集中的地点办理
进出口货物收发货人	3年	登记换证手续	注册的海关	有效期届满前30日	3年	关境内各个口岸和海关监管区，向海关加盖的本单位在海关备案登记的报关专用章

（六）海关对报关单位的分类管理

海关根据企业经营管理状况、报关情况、遵守海关法律法规情况等，对在海关注册登记的进出口货物收发货人、报关企业进行评估，按照AA、A、B、C、D五个管理类别进行管理。海关对适用不同管理类别的企业，制定相应的差别管理措施，其中AA类和A类企业适用相应的通关便利措施，B类企业适用常规管理措施，C类和D类企业适用严密监管措施。

因企业的管理类别不同而导致与应当实施的管理措施相抵触的，海关按照下列方式实施：

（1）报关企业或者进出口货物收发货人为 C 类或者 D 类的，按照较低的管理类别实施相应的管理措施；

（2）报关企业和进出口货物收发货人均为 B 类及以上管理类别的，按照报关企业的管理类别实施相应的管理措施；

（3）加工贸易经营企业与承接委托加工的生产企业管理类别不一致的，海关对该加工贸易业务按照较低的管理类别实施相应的管理措施。

海关对报关单位的管理类别设定如表 1-8 所示。

表 1-8　　　　　　　　　海关对报关单位的管理类别设定标准

企业类别	进出口货物收发货人管理类别的设定	报关企业管理类别的设定
AA	①已适用 A 类管理 1 年以上；②上一年度进出口总值 3 000 万美元（中西部 1 000 万美元）以上；③经海关验证稽查，符合海关各项要求；④每年报送《经营管理状况报告》和会计事务所出具的上一年度审计报告，每半年报送《进出口业务情况表》	①已适用 A 类管理 1 年以上；②上一年度代理申报的进出口报关单及进出境备案清单总量在 2 万票（中西部 5 000 票）以上；③经海关验证稽查，符合海关各项要求；④每年报送《经营管理状况报告》和会计事务所出具的上一年度审计报告，每半年报送《报关代理业务情况表》
A	①已适用 B 类管理 1 年以上；②连续 1 年无走私罪、走私行为、违规行为，未因进出口侵犯知识产权货物而被海关行政处罚，无拖欠应纳税款、应缴罚没款项；③上一年度进出口总值 50 万美元以上、报关差错率 3% 以下；④会计制度完善，业务记录真实、完整；⑤每年报送《经营管理状况报告》，按规定办理报关注册登记证书的换证和相关变更手续；⑥在商务、人民银行、工商、税务、质检、外汇、监察等行政管理部门和机构无不良记录	①已适用 B 类管理 1 年以上；②企业及所属报关员连续 1 年无走私罪、走私行为、违规行为，货物未因侵犯知识产权而被海关没收，无拖欠应纳税款、应缴罚没款项；③上一年度代理申报的进出口报关单及进出境备案清单等总量在 3 000 票以上、代理申报的进出口报关差错率在 3% 以下；④依法建立账簿和营业记录，真实、正确、完整地记录受委托办理报关业务的所有活动；⑤每年报送《经营管理状况报告》，按照规定办理注册登记许可延续及《报关注册登记证书》的换证手续和相关变更手续；⑥在商务、人民银行、工商、税务、质检、外汇、监察等行政管理部门和机构无不良记录
B	进出口货物收发货人及报关企业未发生 C 类管理和 D 类管理所列情形，并符合下列条件之一的适用 B 类管理：①首次注册登记且此后管理类别未发生调整的；②AA 类企业不符合原管理类别适用条件，并且不符合 A 类管理类别适用条件的；③A 类企业不符合原管理类别适用条件的	

表1-8(续)

企业类别	进出口货物收发货人管理类别的设定	报关企业管理类别的设定
C	① 有走私行为的；② 1 年内有 3 次以上违反海关监管规定行为，或者 1 年内因违反海关监管规定被处罚款累计人民币 50 万元以上的；③ 1 年内有 2 次因进出口侵犯知识产权货物而被海关行政处罚的；④ 拖欠应纳税款、应缴罚没款项人民币 50 万元以下的	① 有走私行为的；② 1 年内有 3 次以上违反海关监管规定行为，或者 1 年内因违反海关监管规定被处罚款累计人民币 50 万元以上的；③ 1 年内代理报关的货物因侵犯知识产权而被海关没收达 3 次的；④ 上一年度代理申报的进出口报关差错率在 10% 以上的；⑤ 拖欠应纳税款、应缴罚没款项人民币 50 万元以下的；⑥ 代理报关的货物涉嫌走私、违反海关监管规定拒不接受或者拒不协助海关进行调查的；⑦ 被海关暂停从事报关业务的
D	① 有走私罪的；② 1 年内有 2 次以上走私行为的；③ 1 年内有 3 次以上因进出口侵犯知识产权货物而被海关行政处罚的；④ 拖欠应纳税款、应缴罚没款项人民币 50 万元以上的	① 有走私罪的；② 1 年内有 2 次以上走私行为的；③ 1 年内代理报关的货物因侵犯知识产权而被海关没收达 4 次以上的；④ 拖欠应纳税款、应缴罚没款项人民币 50 万元以上的

二、海关对报关员的管理制度

根据《中华人民共和国海关对报关员实施注册登记制度的管理规定》，报关员只有通过海关注册登记取得报关权，才能代理所属报关单位来办理进出口货物的报关手续。

（一）报关单位向海关提出申请

通过报关员资格考试取得《报关员资格证书》者，应由其所属的已在海关注册登记的企业，向所在地海关提出报关员注册的申请。除需提供有效的报关员资格证书外，还需出具下列文件或资料：

（1）报关员注册申请书；

（2）申请人所在报关单位的报关企业登记证书或收发货人登记证书复印件；

（3）申请注册人所属报关单位的用工劳动合同复印件或证明申请注册人为本企业正式职工的人事证明文件；

（4）申请注册人身份证件的复印件；

（5）申请注册人的近期免冠照片；

（6）海关需要的其他文件或资料。

（二）海关审核

海关对申请报关员注册的企业、单位提交的上述文件或资料进行审核，确定其真实性、合法性、有效性，提出是否符合注册条件的审核意见，并决定是否给予注册。海关可以根据报关单位进出口报关业务的需要，核定企业的报关员数量。对提供无效证明文件或者超出业务需要、已注册的报关员人数过多的企业的申请，海关可以不予办理注册。

（三）颁发《报关员证》

海关对符合报关员许可条件的人员予以办理注册手续，根据企业的性质，颁发不同的《报关员证》，并在《报关员资格证书》上批注。

《报关员证》是报关员在取得职业资格的前提下，最终取得从业资格的证明文件。报关员可以凭此向海关办理报关业务。海关对进出口货物收发货人和报关企业的报关员分别颁发不同颜色的《报关员证》，以便能一目了然地区分其报关业务范围，对其实施不同的管理措施。

（四）报关员注册延续

《报关员证》的有效期期为 2 年，在有效期届满 30 日前向海关提出。准予延期的，延期的期限是 2 年。报关员在被海关暂停执业期间有效期届满，需要延续有效期的，应当在有效期届满 30 日前到海关申请暂缓办理报关员注册延续，并在暂停执业期满后 30 日内提出延期报关员注册的申请。

报关员注册延续申请应提交的文件、材料有：

（1）报关员注册延续申请书；

（2）报关员证复印件；

（3）申报人所在报关单位的报关企业登记证书或收发货人登记证书复印件；

（4）报关员资格证书复印件；

（5）申请人所属报关单位的用工劳动合同复印件或证明申请人为本企业正式职工的人事证明文件；

（6）申请人身份证复印件；

（7）申请人的近期免冠照片；

（8）海关需要的其他文件或资料。

（五）报关员注册变更

报关员注册变更是指报关员姓名、身份证号码等身份资料或所在报关单位名称、海关编码发生变更的情况，但不包括报关员更换报关单位的情况。

报关员应当在变更事实发个之日起的 20 日内，持报关员资格证书、报关员证和变更证明文件等材料的原件及复印件到注册地海关书面申请变更报关员注册。

注册地海关依法进行审核，对符合法定条件的做出准予变更决定，并于做出准予变更决定后的 10 日内办结变更手续，换发报关员证。

（六）报关员考核管理

海关对报关员的记分考核范围分为四个方面：报关单填制不规范，报关行为不规范，违反海关监管规定和有走私行为未被海关撤销报关资格的报关员予以记分考核。

对报关员的记分考核，依据其报关单填制不规范、报关行为不规范的程度和行为性质，一次记分的分值分为 1 分、2 分、5 分、10 分、20 分和 30 分 6 个档次。按照规定，2006 年 1 月 1 日至 12 月 31 日将是首个记分周期。报关员在海关注册登记之日起至当年 12 月 31 日不足一年的，按一个记分周期计算。一个记分周期期满后，记分分值累计未达到 30 分的，该记分周期内的记分分值予以消除，不转入下一个记分周期；记分达到 30 分的报关员，海关将终止其报关员证效力，不再接受其办理报关手续。

（七）报关员计分考核办法

（1）考核的对象为已取得报关员资格，并按照规定在海关注册，持有《报关员证》的报关员。

（2）因为向海关工作人员行贿或有违反海关监管规定、走私行为等其他违法行为，由海关处以暂停执业、取消报关从业资格处罚的，不适用于《记分考核管理办法》，而应按照《中华人民共和国海关行政处罚实施条例》等规定实施。

（3）记分考核管理部门：海关通关业务现场及相关业务职能部门负责具体执行记分工作。

（4）记分周期为每年的 1 月 1 日至 12 月 31 日止。但报关员在一个周期内办理变更注册登记报关单位或者注销手续的，已记分分值在该周期内不予以消除。

（5）记分为 1 分的情形：电子数据报关单填写不规范，责令退单的；结关前改单的；未按规定在纸制报关单及随附单证上加盖报关专用章及其他印章和签署不规范的。

（6）记分为 2 分的情形：报关时不提供海关要求的资料导致海关退关的，结关前删单的。

（7）记分为 5 分的情形：结关后改单删单的；报关单币值或价格填报与实际不符，差额 100 万元以下；数量与实际不符，且有 4 位数以下差值，经海关确认不属伪报，但影响海关统计的。

（8）记分为 10 分的情形：出借、涂改报关员证；报关单币值或价格填报与实际不符，差额在 100 万元以上；数量与实际不符，且有 4 位数以上差值，经海关确认不属伪报，但影响海关统计的。

（9）记分为 20 分的情形：违反海关监管规定并予以行政处罚的，但未被暂停执业，取消报关从业资格的。

（10）记分为 30 分的情形：走私行为并予以行政处罚的，但未被暂停执业，取消报关从业资格的；记分达到 30 分，海关终止其报关证效力，不再接受其办理报关手续。

被终止报关资格的报关员要重新经过岗位考核合格后，才能重新上岗。报关员对海关的具体行政行为除允许其提请行政复议或行政诉讼外，还可向记分执行海关提出书面申辩的救济途径。

附件1

报关单位情况登记表

海关注册编码		预录入编号		注册海关	
组织机构代码		海关注册日期		海关首次注册日期	
中文名称					
英文名称					
工商注册地址				邮政编码	
英文地址					
其他经营地址				管理类别	
营业执照注册号		工商注册日期		工商注册有效期	
进出口经营权或报关权批准机关		批准文号		报关有效期	
开户银行		开户账号		注销标志	
注册资本（万元）		注册资本币制		注册资本（万元）	
投资总额（万元）		投资总额币制		投资总额（万美元）	
到位资金（万元）		到位资金币制		到位资金（万美元）	
税务登记号		进出口代码		报关类别	
行政区划		经济区划		经济类型	
经营类别		组织机构类型		行业种类	
企业传真		企业电子邮箱		企业网址	
法定代表人（负责人）		法定代表人（负责人）电话		法定代表人（负责人）身份证件	
法定代表人（负责人）电子邮箱					
海关业务联系人		海关业务联系人电话		海关业务联系人传真	
				海关业务联系人电子邮箱	
员工人数		经营场所性质		经营总建筑面积	
是否上市公司		是否实行会计电算化		财务管理软件名称	
记账方式		委托代理记账单位名称			

委托代理记账单位组织机构代码		委托代理记账单位地址			
委托代理记账单位联系人		委托代理记账单位联系人电话			
上级单位名称					
上级单位组织机构代码		与上级单位关系		认证标准类型	
是否允许异地报关		报关口岸			
经营范围					
备注					
填表人（签名）		单位公章			
填表日期					

说明：请填写底色为白色的项目。底色为灰色的项目由海关填写。

附件 2

报关员情况登记表

报关员注册编码		预录入编号		注册海关	
姓名		身份证件类型		身份证件号码	
资格证书编码		IC 卡编号		电子邮箱	
固定电话		移动电话		传真	
注册日期		首次注册日期		报关有效期	
布控情况		布控日期		异地报关	
性别		学历		出生日期	
重新注册次数				报关员等级	
企业海关注册编码		组织机构代码		报关类别	
企业名称					
当前记分分值		上次记分日期		年度累积分值	
上次清零日期		年度清零次数			
备注					
报关员（签名）			单位公章		
填表人（签名）					
填表日期					

说明：请填写底色为白色的项目。底色为灰色的项目由海关填写。

技能训练

一、成都鼎盛服装有限公司（CHENGDU DINGSHENG GARMENT CO. LTD）是经商务部批准的具有进出口自营权的服装加工公司，从事各种男女服装的生产加工及贸易业务，产品主要销往欧洲、美加地区及日本等国家和地区。为了取得报关资格，自主办理进口报关业务，该公司欲到成都海关办理注册登记手续。

请简要说明该公司办理注册登记手续的流程，并列举注册登记应提交的文件资料。

二、成都市新飞报关行是在成都海关注册，由海关总署批准新成立的专业报关企业，其注册资金为210万元。报关行现有专业报关员8名，报检员3名；拥有海关监管的集装箱运输车18部，送货小卡车5部。其主要提供进出口货物报关、报验、租船订舱、货运代理、船务代理、公路运输、铁路及航空运输代理、代办货运保险等服务业务。

1. 请简要说明该报关行办理注册登记手续的流程，并列举注册登记应提交的文件资料。

2. 如该报关行为进一步拓展报关业务，拟新聘用报关员1名，并且欲在广州黄埔开发区设立分支机构：

（1）请简要说明新飞报关行申请设立跨关区分支机构需要具备哪些条件？如果条件具备，该报关行应如何办理跨关区分支机构的注册登记手续？

（2）请简要说明新聘报关人员办理注册登记手续的流程，并列举注册登记应提交的文件资料。

三、某进出口公司从境外购进3台脱毛机，报关员电子申报时，错将货物价格117 000.00美元申报为11 700.00美元，后被海关现场审单人员发现，报关员应如何处理？根据《中华人民共和国海关对报关员记分考核管理办法》的规定，对其的记分分值是多少？

第二章　对外贸易管制

实训指南

一、实训目的

通过本章训练掌握我国货物、技术进出口许可管理的主要制度，掌握对外贸易经营资格管理制度，进出境检验、检疫制度，进出口货物收、付汇管理制度，贸易救济措施及其他对外贸易管制制度及其报关规范。通过实训，应达到以下教学目标：

1. 掌握禁止、限制、自由进出口货物、技术管理的基本内容；
2. 掌握限制、自由进出口货物、技术管理的证件；
3. 熟悉进出口货物付汇、收汇管理制度的基本内容；
4. 熟悉贸易救济措施的基本内容；
5. 了解其他贸易管制的基本内容。

二、实训要点

1. 各种对外贸易管制；
2. 许可证的申领；
3. 许可证管理的具体内容。

三、主要技能

各种对外贸易管制及其报关规范。

第一节　对外贸易概述

一、对外贸易管制的主要内容

对外贸易管制，简称"贸易管制"，是指一国政府从国家的宏观经济利益和国内外政策需要出发，在遵循国际贸易有关规则的基础上，对本国的对外贸易活动实施有效的管理而实行的各种贸易政策、制度或措施的总称。

加入世界贸易组织标志着中国已全面融入国际经济体系，因此中国必须按照世界贸易组织的规则，结合国情，实行必要、合理、规范的对外贸易管制。现我国对外贸易管制的主要内容可概括为"证"、"备"、"检"、"核"、"救"五个字。

（1）"证"主要是指进出口许可证件，即法律、行政法规规定的各种具有许可进出性质的证明。进出口许可证是货物、技术进出口的证明文件，是我国贸易管制的最基本手段。

（2）"备"是指对外贸易经营资格的备案登记。对外贸易经营者未按规定办理备案登记的，海关不予办理进出口货物的验放手续。

（3）"检"是指商品质量的检验检疫、动植物检疫和国境卫生检疫，简称"三检"。

（4）"核"是指进出口收汇、付汇核销。

（5）"救"是指贸易管制中的救济措施，包括反倾销、反补贴和保障措施。

二、贸易管制与海关监管

1. 海关监管是实现贸易管制目标的重要手段

国家制定的各项贸易管制政策与相关管制措施能否得到切实的贯彻和落实，主要集中表现在进出境环节上，而这正取决于设立在对外开放口岸和海关监管业务集中的海关能否对货物、技术等实施有效的监管。

2. 海关监管也是贸易管制得以实现的一个重要环节

国家对外贸易管制是通过发放各类许可证件，海关在货物实际进出口时查验许可证件，以确定进出口货物的合法性，达到监督管理的效力。因此，海关监管是确保对外贸易管制得以实施的重要环节。

3. 贸易管制是海关监管的重要依据

海关在进出境环节依法实施监管、验放货物的依据是国家进出口贸易管制政策与国家对外贸易主管部门依据进出口许可制度所发放的各类许可证件。对于"无证"的或不能如实向海关申报的进出口货物，海关有权采取相应的处置措施。

第二节　货物进出口许可管理制度

一、禁止进出口货物管理

（一）禁止进口货物管理

我国政府明令禁止进口的货物包括：列入由国务院对外贸易主管部门或会同国务院有关部门制定的《禁止进口货物目录》商品、国家有关法律法规明令禁止进口的商品以及其他因各种原因停止进口的商品。

1. 列入《禁止进口货物目录》的商品

目前，我国公布的《禁止进口货物目录》共6批：

（1）《禁止进口货物目录》（第一批、第六批）是从我国国情出发，为履行我国所缔结或者参加的与保护世界自然生态环境相关的一系列国际条约和协定而发布的，其目的是为了保护我国自然资源环境和生态资源，保护人的健康，维护环境安全，淘汰落后产品。如：国家禁止进口属破坏臭氧层物质的"四氯化碳"、禁止进口属世界濒危物种管理范畴的"犀牛角"和"虎骨"。

（2）《禁止进口货物目录》（第二批）均为旧机电产品类，是国家对涉及生产安全（压力容器类）、人身安全（电器、医疗设备类）和环境保护（汽车、工程及车船机械类）的旧机电产品所实施的禁止进口管理。

（3）《禁止进口货物目录》（第二、第四、第五批）所涉及的是对环境有污染的固体废物类，包括城市垃圾、医疗废物、含铅汽油淤渣等13类别废物。

2. 国家有关法律法规明令禁止进口的商品

（1）依据《中华人民共和国固体废物污染环境防治法》，对未列入《国家限制进口的可用作原料的废物目录》以及《自动进口许可管理类可用作原料的废物目录》的废物、不符合环保规定的废物以及受放射性污染的废旧金属禁止进口；

（2）依据《中华人民共利国进入境动植物检疫法》，对来自疫区或不符合我国卫生标准的动物和动物产品禁止进口；

（3）带有违反"一个中国"原则内容的货物及其包装；

（4）以氯氟羟物质为制冷剂、发泡剂的家用电器产品和以氯氟羟物质为制冷工质的家用电器用压缩机；

（5）滴滴涕、氯丹等；

（6）莱克多巴胺和盐酸莱克多巴胺；

（7）列入《废弃电器电子产品处理目录（第一批）适用海关商品编号（2010年版）》，涉及电视机、洗衣机、房间空气调节器、微型计算机等5类商品。

3. 其他各种原因停止进口的商品

（1）以CFC-12（二氟二氯甲烷）为制冷工质的汽车及以CFC-12为制冷工质的汽车空调压缩机（含汽车空调器）；

（2）旧服装；

（3）VIII因子制剂等血液制品等；

（4）氯酸钾、硝酸铵。

（二）禁止出口货物管理

1. 列入《禁止出口货物目录》的商品

目前，我国公布的《禁止出口货物目录》共五批：

（1）《禁止出口货物目录》（第一批、第三批）是从我国国情出发，为履行我国所缔结或者参加的与保护世界自然生态环境相关的一系列国际条约的协定，保护人的健康，维护环境安全，淘汰落后产品而发布的，其目的是为了保护我国自然生态环境和生态资源。如：国家禁止出口属破坏臭氧层物质的"四氯化碳"、禁止出口属世界濒危物种管理范畴的"犀牛角"和"虎骨"、禁止出口有防风固沙作用的"发菜"和"麻黄草"等植物。

（2）《禁止出口货物目录》（第二批）主要是为了保护我国匮乏的森林资源，防止乱砍滥伐。如禁止出口木炭。

（3）《禁止出口货物目录》（第三批）主要是为保护人的健康，维护环境安全，淘汰落后产品、履行《关于在国际贸易中对某些危险化学品和农药采用事先知情同意程序的鹿特丹公约》和《关于持久性有机污染物的斯德哥尔摩公约》而颁布，如长纤维青石棉、二噁英等。

（4）《禁止出口货物目录》（第四批），主要包括硅砂、石英砂及其他天然砂。

（5）《禁止出口货物目录》（第五批），包括无论是否经化学处理过的森林凋落物以及泥炭（草炭）。

2. 国家有关法律、法规明令禁止出口的商品

（1）未定名的或者新发现并有重要价值的野生植物；

（2）原料血浆；

（3）商业性出口的野生红豆杉及其部分产品；

（4）劳改产品；

（5）以氯氟羟物质为制冷剂、发泡剂的家用电器产品和以氯氟羟物质为制冷工质的家用电器用压缩机；

（6）滴滴涕、氯丹等。

二、限制进出口货物管理

（一）限制进口货物管理

目前，我国限制进口货物管理按照其限制方式划分为许可证件管理和关税配额管理。

1. 许可证件管理

许可证件管理系指在一定时期内根据国内政治、工业、农业、商业、军事、技术、卫生、环保、资源保护等领域的需要，以及为履行我国所加入或缔结的有关国际条约的规定，以经国家各主管部门签发许可证件的方式来实现各类限制进口的措施。

许可证件管理主要包括进口许可证、两用物项和技术进口许可证、濒危物种进口、限制类可利用固体废物进口、药品进口、音像制品进口、黄金及其制品进口等管理。

国务院商务主管部门或者国务院有关部门在各自的职责范围内，根据国家有关法律、行政法规的有关规定签发上述各项管理所涉及的各类许可证件，海关凭相关许可证件验放。

2. 关税配额管理

关税配额管理系指一定时期内（一般是 1 年），国家对部分商品的进口制定关税配额税率并规定该商品进口数量总额，在限额内，经国家批准后允许按照关税配额税率征税进口，如超出限额则按照配额外税率征税进口的措施。一般情况下，关税配额税率优惠幅度很大，如小麦关税配额税率与最惠国税率相差达 65 倍。国家通过这种行政管理手段对一些重要商品，以关税这个成本杠杆来实现限制进口的目的，因此关税配额管理是一种相对数量的限制。

（二）限制出口货物管理

目前，我国货物限制出口按照其限制方式划分为出口配额限制和出口非配额限制。

1. 出口配额限制

出口配额限制系指在一定时期内为建立公平竞争机制、增强我国商品在国际市场的竞争力、保障最大限度的收汇及保护我国产品的国际市场利益,国家对部分商品的出口数量直接加以限制的措施。我国出口配额限制有两种管理形式,即出口配额许可证管理和出口配额招标管理。

(1) 出口配额许可证管理。

出口配额许可证管理是国家对部分商品的出口,在一定时期内(一般是 1 年)规定数量总额,经国家批准获得配额的允许出口,否则不准出口的配额管理措施。出口配额许可证管理是国家通过行政管理手段对一些重要商品以规定绝对数量的方式来实现限制出口的目的。出口配额许可证管理是通过直接分配的方式,由国务院商务主管部门或者国务院有关部门在各自的职责范围内根据申请者需求并结合其进出口实绩、能力等条件,按照效益、公正、公开和公平竞争的原则进行分配。国家各配额主管部门对经申请有资格获得配额的申请者发放各类配额证明。

申请者取得配额证明后,凭配额证明到国务院商务主管部门及其授权发证机关申领出口许可证。

(2) 出口配额招标管理。

配额招标管理是国家对部分商品的出口,在一定时期内(一般是 1 年)规定数量总额,采取招标分配的原则,经招标获得配额的允许出口,否则不准出口的配额管理措施。出口配额招标管理是国家通过行政管理手段对一些重要商品以规定绝对数量的方式来实现限制出口的目的。

国家各配额主管部门对中标者发放各类配额证明。中标者取得配额证明后,凭配额证明到国务院商务主管部门或其授权发证机关申领出口许可证。

2. 出口非配额限制

出口非配额限制系指在一定时期内根据国内政治、军事、技术、卫生、环保、资源保护等领域的需要,以及为履行我国所加入或缔结的有关国际条约的规定,经国家各主管部门签发许可证件的方式来实现的各类限制出口措施。目前,我国非配额限制管理主要包括出口许可证、濒危物种出口、两用物项出口、黄金及其制品出口等许可管理。

第三节　技术进出口许可管理制度

一、禁止进出口技术管理

(一) 禁止进口技术管理

根据《中华人民共和国对外贸易法》、《中华人民共和国技术进出口管理条例》以及《中华人民共和国禁止进口限制进口技术管理办法》(以下简称《禁止进口限制进口技术管理办法》) 的有关规定,国务院商务主管部门会同国务院有关部门,制定、调整并公布禁止进口的技术目录。属于禁止进口的技术,不得进口。

目前《中国禁止进口限制进口技术目录》所列明的禁止进口的技术涉及钢铁冶金、有色金属冶金、化工、石油炼制、石油化工、消防、电工、轻工、印刷、医药、建筑材料生产等技术领域。

（二）禁止出口技术管理

根据《中华人民共和国对外贸易法》、《中华人民共和国技术进出口管理条例》以及《禁止出口限制出口技术管理办法》的有关规定，国务院商务主管部门会同国务院有关部门，制定、调整并公布禁止出口的技术目录。属于禁止出口的技术，不得出口。

目前列入《中国禁止出口限制出口技术目录》禁止出口部分的技术包括：畜牧品种的繁育技术、微生物肥料技术、中国特有的物种资源技术、蚕类品种繁育和蚕茧采集加工利用技术、水产品种的繁育技术、绿色植物生长调节剂制造技术、采矿工程技术、肉类加工技术、饮料生产技术、造纸技术、焰火爆竹生产技术、化学合成及半合成咖啡因生产技术、核黄素生产工艺、中药材资源及生产技术、中药饮片炮制技术、化学合成及半合成药物生产技术、非晶无机非金属材料生产技术、低维无机非金属材料生产技术、有色金属冶金技术、稀土的提炼加工和利用技术、农用机械制造技术、航天器测控技术、航空器设计与制造技术、集成电路制造技术、机器人制造技术、地图制图技术、书画墨及八宝印泥制造技术、中国传统建筑技术、计算机网络技术、空间数据传输技术、卫星应用技术、大地测量技术、中医医疗技术等。

二、限制进出口技术管理

（一）限制进口技术管理

根据《中华人民共和国对外贸易法》、《中华人民共和国技术进出口管理条例》以及《禁止进口限制进口技术管理办法》的有关规定，国务院商务主管部门会同国务院有关部门，制定、调整并公布限制进口的技术目录。属于目录范围内的限制进口的技术，实行许可证管理，未经国家许可，不得进口。

进口属于限制进口的技术，应当向国务院商务主管部门提出技术进口申请。国务院商务主管部门收到技术进口申请后，应当会同国务院有关部门对申请进行审查。技术进口申请经批准的，由国务院商务主管部门发给《中华人民共和国技术进口许可意向书》，进口经营者取得技术进口许可意向书后，可以对外签订技术进口合同。进口经营者签订技术进口合同后，应当向国务院商务主管部门申请技术进口许可证。经审核符合发证条件的，由国务院商务主管部门颁发《中华人民共和国技术进口许可证》，企业持证向海关办理进口通关手续。

目前，列入《中国禁止进口限制进口技术目录》中属限制进口的技术包括生物技术、化工技术、石油炼制技术、石油化工技术、生物化工技术和造币技术等。

经营限制进口技术的经营者在向海关申报进口手续时，必须主动递交技术进口许可证，否则将承担由此而造成的一切法律责任。

（二）限制出口技术管理

根据《中华人民共和国对外贸易法》、《中华人民共和国技术进出口管理条例》、

《中华人民共和国生物两用品及相关设备和技术出口管制条例》、《中华人民共和国核两用品及相关技术出口管制条例》、《中华人民共和国导弹及相关物项和技术出口管制条例》、《中华人民共和国核出口管制条例》以及《禁止出口限制出口技术管理办法》等有关规定，限制出口技术实行目录管理，国务院商务主管部门会同国务院有关部门，制定、调整并公布限制出口的技术目录。属于目录范围内的限制出口的技术，实行许可证管理，未经国家许可，不得出口。我国目前限制出口的技术目录主要有《两用物项和技术进出口许可证管理目录》和《中国禁止出口限制出口技术目录》等。

出口属于上述限制出口的技术，应当向国务院商务主管部门提出技术出口申请，经国务院商务主管部门审核批准后取得技术出口许可证件，企业持证向海关办理出口通关手续。

经营限制出口技术的经营者在向海关申报出口手续时必须主动递交相关技术出口许可证件，否则将承担由此而造成的一切法律责任。

第四节　其他贸易管理制度

一、对外贸易经营者管理制度

我国对对外贸易经营者的管理，实行备案登记制。法人、其他组织或者个人在从事对外贸易经营前，必须按照国家的有关规定，依法定程序在商务部备案登记，取得对外贸易经营的资格，在国家允许的范围内从事对外贸易经营活动。对外贸易经营者未按规定办理备案登记的，海关不予办理进出口货物的通关验放手续，对外贸易经营者可以接受他人的委托，在经营范围内代为办理对外贸易业务。对外贸易经营者备案登记程序如下：

1. 领取《对外贸易经营者备案登记表》

对外贸易经营者可以通过商务部政府网站下载，或到所在地备案登记机关领取《对外贸易经营者备案登记表》（以下简称《登记表》）。

2. 填写《登记表》

对外贸易经营者应按《登记表》要求认真填写所有事项的信息，并确保所填写内容是完整的、准确的和真实的。同时认真阅读《登记表》背面的条款，并由企业法定代表人或个体工商负责人签字、盖章。

3. 向备案登记机关提交备案登记材料

提交备案机关的备案登记材料包括：①按要求填写的《登记表》；②《营业执照》复印件；③《组织机构代码证书》复印件；④对外贸易经营者为外商投资企业的，还应提交外商投资企业批准证书复印件；⑤依法办理工商登记的个体工商户（独资经营者），须提交合法公证机构出具的财产公证证明，依法办理工商登记的外国（地区）企业，须提交经合法公证机构出具的资金信用证明文件。

备案登记机关应自收到对外贸易经营者提交的上述材料之日起5日内办理备案登记手续，在《登记表》上加盖备案登记印章。备案登记机关在完成备案登记手续的同时，应当完整准确地记录和保存对外贸易经营者的备案登记信息和登记材料，依法建立备案登记档案。

二、出入境检验检疫制度

出入境检验检疫制度是指由国家进出境检验检疫部门依据我国有关法律和行政法规以及我国政府所缔结或者参加的国际条约、协定，对进出境的货物、物品及其包装物、交通运输工具、运输设备和进出境人员实施检验检疫监督管理的法律依据和行政手段的总和，其国家主管部门是国家质量监督检验检疫总局。

我国出入境检验检疫制度范围包括：

（1）我国出入境检验检疫制度实行目录管理，即国家质检总局根据对外贸易需要，公布并调整《出入境检验检疫机构实施检验检疫的进出境商品目录》（又称《法检目录》）。《法检目录》所列明的商品称为法定检验商品，即国家规定实施强制性检验的进出境商品。

（2）对于法定检验以外的进出境商品是否需要检验，由对外贸易当事人决定。对外贸易合同约定或者进出口商品的收发货人申请检验检疫时，检验检疫机构可以接受委托，实施检验检疫并制发证书。此外，检验检疫机构对法定检验以外的进出口商品，可以以抽查的方式予以监督管理。

（3）对关系国计民生、价值较高、技术复杂或涉及环境及卫生、疫情标准的重要进出口商品，收货人应当在对外贸易合同中约定，在出口国装运前进行预检验、监造或监装，以及保留到货后最终检验和索赔的条款。

我国进出境检验检疫制度内容包括：进出口商品检验制度、进出境动植物检疫制度以及国境卫生监督制度。

三、进出口货物收付汇管理制度

对外贸易经营者在对外贸易经营活动中，应当依照国家有关规定结汇、用汇。这里所提的国家有关规定就是我国的外汇管理制度，即国家外汇管理局、中国人民银行及国务院其他有关部门，依据国务院《中华人民共和国外汇管理条例》及其他有关规定，对包括经常项目外汇业务、资本项目外汇业务、金融机构外汇业务、人民币汇率的生成机制和外汇市场等领域实施的监督管理。进出口货物收付汇管理是我国实施外汇管理的主要手段，也是我国外汇管理制度的重要组成部分。

（一）出口货物收汇管理

我国对出口货物收汇管理采取的是外汇核销形式。为完善企业货物贸易出口收结汇管理，加强出口交易与收结汇的真实性及一致性的核查，根据《中华人民共和国外汇管理条例》，国家外汇管理局先后颁布了《出口收汇核销管理办法》和《出口收汇核销管理办法实施细则》，并会同商务部、海关总署联合制定了《出口收结汇联网核查办法》，明确通过出口收结汇联网核查系统进行出口电子数据联网核查的方式。具体内容是：核查系统依据海关提供的企业出口货物报关单有关数据和外汇局提供的企业出口预收货款数据，结合企业贸易类别及行业特点等，产生企业与出口对应的可收汇额；企业出口收汇，应当先进入银行直接以该企业名义开立的出口收汇待核查账户，对需要结汇或者划出的外汇应当如实填写"出口收汇说明"，连同中国电子口岸操作员 IC 卡，一并提交银行办理；银行应当凭企业及自身操作员 IC 卡登录核查系统，对企业出口收汇进行联网核查后在企业相应出口可收汇额内办理结汇或划出资金手续，同时在核查系统中核减其对应出口可收汇额。

（二）进口货物付汇管理

进口货物付汇管理采取外汇核销形式。国家为了防止汇出外汇而实际不进口商品的逃汇行为的发生，通过海关对进口货物的实际监管来监督进口付汇情况。其具体程序为：进口企业在进口付汇前需向付汇银行申请国家外汇管理局统一制发的《贸易进口付汇核销单》，凭以办理付汇。货物进口后，进口单位或其代理人凭海关出具的进口货物报关单付汇证明联及其相关电子数据等向国家外汇管理局指定银行办理核销付汇。

四、对外贸易救济制度

（一）反倾销措施

反倾销措施包括临时反倾销措施和最终反倾销措施。

1. 临时反倾销措施

临时反倾销措施是指进口方主管机构经过调查，初步认定被指控产品存在倾销，并对国内同类产业造成损害，据此可以依据世界贸易组织所规定的程序进行调查，在全部调查结束之前，采取临时性的反倾销措施，以防止在调查期间国内产业继续受到损害。

临时反倾销措施有两种形式：一是征收临时反倾销税；二是要求提供现金保证金、保函或者其他形式的担保。

临时反倾销措施实施的期限，自临时反倾销措施决定公告规定实施之日起，不超过 4 个月；在特殊情形下，可延长至 9 个月。

2. 最终反倾销措施

对终裁确定倾销成立并对进口国产业产生巨大损害的，可以在正常海关税费之外征收反倾销税。征收反倾销税，须经外经贸主管部门提出建议，国务院关税税则委员会根据其建议做出决定，由国务院经贸主管部门予以公告。海关自公告规定实施之日起执行。

反倾销税的征收自决定征收之日起不超过 5 年。

（二）反补贴措施

反补贴与反倾销的措施相同，也分为临时反补贴措施和最终反补贴措施。

1. 临时反补贴措施

进口方主管机构应国内相关产业的申请，对受补贴的进口产品进行反补贴调查。初裁确定补贴成立，并由此对国内产业造成损害的，可以采取临时反补贴措施。临时反补贴措施采取以现金保证金或者保函作为担保的征收临时反补贴税的形式。

采取临时反补贴措施，由国务院外经贸主管部门提出建议，国务院关税税则委员会根据其建议做出决定，由国务院外经贸主管部门予以公告。海关自公告规定实施之日起执行。

临时反补贴措施实施的期限，自临时反补贴措施决定公告规定实施之日起不超过4个月。

2. 最终反补贴措施

在为完成磋商的努力没有取得效果的情况下，终裁决定确定补贴成立并由此对国内产业造成损害的，可以征收反补贴税。

征收反补贴税，由商务部提出建议，国务院关税税则委员会根据其建议做出决定，商务部予以公告。海关自公告规定实施之日起执行。

（三）保障措施

保障措施可分为临时保障措施和最终保障措施。

1. 临时保障措施

《保障措施协议》第六条规定，在紧急情况下，如果不立即采取措施将会造成难以弥补的损失，进口成员方可以采取临时保障措施。进口成员方当局作出采取临时保障措施的决定应当基于进口大量增加，并已造成国内产业的严重损害或正在造成严重损害威胁的明确的证据。临时措施的形式主要是增加关税，适用期限不得超过200天。如果在随后的继续调查中发现并不存在进口已对国内产业造成严重损害或严重损害威胁的情况，则已增收的部分关税应予以返还。

2. 最终保障措施

最终保障措施实施方式主要有：提高关税，实行关税配额以及数量限制等。但保障措施应在防止或救济严重损害或严重损害威胁的必要限度内。

保障措施实施期限一般不应超过4年。如果需要以保障措施防止损害或救济受损害产业，或有证据证明该产业正在进行调整，则可延长实施期限。但保障措施实施的全部期限（包括临时保障措施）不得超过10年。

第五节　特殊进出口货物的管制

一、文物出口管理

（一）基本介绍

文物出口管理是指国家文物行政主管机关根据《中华人民共和国文物保护法》对出境文物所实行的监督管理。我国出口文物管理的原则要求是：珍贵文物禁止出境，一般文物限制出境。

贸易性文物出口，除需经国家指定口岸鉴定机构进行鉴定，并发给许可证件外，还应交验文化部的批准文件。文物出口，包括个人携带文物出境都必须向海关申报。

《文物出境许可证》和《文物出口特许证》是我国对于文物出口实行管制的重要证明文件和海关予以验放的重要依据。

（二）管理范围

（1）中华人民共和国成立以前的中国和外国制作、生产或出版的陶瓷器、金银器、铜器及其他金属器、玉器、漆器、玻璃器皿、各种质料的雕塑品、家具、书画、碑帖、拓片、图书、文献资料、织绣、文化用品、邮票、货币、器具、工艺美术品等；

（2）新中国成立后我国已故近现代著名画家、工艺美术家的作品等；

（3）古脊椎动物化石和古人类化石；

（4）国家文化管理部门指定的其他物品。

（三）基本手续

1. 出境文物鉴定

文物出境，必须由经国务院批准设立的国家文物出境鉴定部门进行出境鉴定。经鉴定准予出境的文物，由鉴定执行机构盖火漆印。其中带有"A"字头的火漆印迹，表示该文物属于文物经营单位的外销文物；"B"字头的为私人携带出境文物；"C"字头的为依法经批准的超限文物。字母后面的数字为颁发记录编号。

2. 出境文物的报关手续

文物出境，指定在北京、天津、上海、广州四个口岸办理报关、验放手续。有关单位申报出口文物需经文化行政管理部门批准。报关时应向海关提交文化行政管理部门的批准证明或国家文物局开具的《文物出口特许证》或《文物出口证明》。对境外人员在我国购买的文物出口，海关凭文物商店出具的盖有"外汇购买"印章的《特许出口文物核销发票》验放。

3. 海关对暂时进出境文物的管理办法

暂时进出境文物是指暂时出境并复带进境的文物和暂时进境并复带出境的文物。其中包括国家批准的对外文化交流，出国展览，合作研究等项目或其他需由我国驻外机构人员、出访人员携带、托运或邮寄的暂时出境的文物。

暂时出境并复带进境的文物在出境前，由当地文物出境鉴定部门根据批准文件和文物清单、照片查核无误后签发出境证明，凭以向海关申报，海关按暂时出境货物予以验放。

暂时进境并复带出境的文物，海关按暂时进境货物管理规定进行监管。

二、黄金及其制品进出口管理

黄金及其制品进出口准许证或批件，是指中国人民银行总行或其授权的中国人民银行分支机构依法对列入《黄金及其制品进出口管理商品目录》的进出口黄金及其制品实施监督管理，并签发准予进出口的许可证件。

黄金及其制品，指列入《黄金及其制品进出口管理商品目录》的氯化金、氯化金钾等［包括氰化亚金（Ⅰ）钾（含金68.3%）、氰化亚金（Ⅲ）钾（含金57%）］，其他金化合物（不论是否已有化学定义），非货币用金粉，非货币用未锻造金（包括镀铂的金），非货币用半制成金（包括镀铂的金），货币用未锻造金（包括镀铂的金），金的废碎料，镶嵌钻石的黄金制首饰及其零件（不论是否包、镀其他贵金属），镶嵌濒危物种制品的金首饰及其零件（不论是否包、镀其他贵金属），其他黄金制首饰及零件（不论是否包、镀其他贵金属），金制工业、实验室用制品，黄金表壳（按重量计含金量在80%及以上），黄金表带（按重量计含金量在80%及以上）。

列入《黄金及其制品进出口管理商品目录》的货物进出口通关时，海关验核中国人民银行总行或其授权的中国人民银行分支机构签发的《中国人民银行黄金及其制品进出口准许证》，并按规定办理通关验放手续。

三、废物进口管理

进口废物管理是国务院环境保护行政主管部门根据《中华人民共和国固体废物污染环境防治法》和《废物进口环境保护管理暂行规定》等法律法规，对进口废物所实施的禁止、限制及自动许可措施的总和。

这里所称的废物系指《中华人民共和国固体废物污染环境防治法》管理范围内的废物，即在生产建设、日常生活和其他活动中产生的污染环境的废弃物质。

列入国家《限制进口类可用作原料的废物目录》的废物和列入国家《自动进口许可管理类可用作原料的废物目录》的废物，均须事先申领废物进口许可证，它是海关验放货物的重要依据。

废物进口单位或者废物利用单位直接向国家环境保护总局提出废物进口申请，由国家环境保护总局审查批准，取得国家环境保护总局签发的《进口废物批准证书》后才可组织进口（即合法进口废物的证明文件为《进口废物批准证书》）。

进口废物运抵口岸后，口岸检验检疫机构凭国家环境保护总局签发的《进口废物批准证书》及其他必要单证受理报验，经审核未发现不符合环境保护要求的，向报验人出具入境货物通关单，海关凭有效的《进口废物批准证书》及入境货物通关单办理通关手续。除了能证明合法进口的《进口废物批准证书》之外，该废品是否符合我国环保要求同样是通关的必备条件。对不符合环境保护要求的，向报验人出具检验证书并及时以检验证书副本通知口岸海关和当地环保部门，海关会同地方环保部门对废物依法处理。

四、濒危物种进出口管理

根据《国务院关于严格保护珍贵稀有野生动物的通令》和我国加入世界濒危野生动植物国际贸易公约成为缔约成员的设想，凡进出口濒危动植物，都凭中华人民共和国濒危物种进出口管理办公室的"允许进出口证明"办理进出口海关手续。

凡列入《濒危野生动植物种国际贸易公约》附录一和附录二文件中的全部物种，列入《国家重点保护野生动物名录》和列入《国家珍贵树种名录》的全部物种均是珍贵稀有野生动植物种。上述物种是指：①活的或死的动物、植物；②物种的衍生物；③人工培养的野生物种；④野生动物的皮张、羽毛、掌骨、器官等。另外，凡含有珍贵稀有野生动植物成分的中药材，也属于濒危野生物种进出口管理。

报关规范：

（1）向海关提交公约证明。向海关申报进出口列入《进出口野生动植物种商品目录》中属于《濒危野生动植物种国际贸易公约》成员国（地区）应履行保护义务的物种，报关单位应主动向海关提交有效的公约证明及其他有关单据。公约证明实行"一批一证"制度。

（2）向海关提交非公约证明。向海关申报进出口列入《进出口野生动植物种商品目录》中属于我国自主规定管理的野生动植物及其产品，报关单位应主动向海关提交有效的非公约证明及其他有关单据。非公约证明实行"一批一证"制度。

（3）向海关提交非物种证明。由于受濒危管理的动植物种很多，认定工作的专业性很强，为使濒危物种进出口监管工作做到既准确又严密，海关总署和濒危物种进出口管理办公室共同商定，对海关无法认定的，由濒危物种进出口管理办公室指定机构进行认定并出具非物种证明，报关单位凭以办理报关手续。非物种证明按时效分为"当年使用"和"一次性使用"。

五、药品进出口管理

我国进出口药品管理实行分类和目录管理，即将药品分为进出口麻醉药品、进出口精神药品以及进口一般药品。国家食品药品监督管理局会同国务院对外贸易主管部门对上述药品依法制定并调整管理目录，以签发许可证件的形式对其进出口加以管制。

向海关申报进出口列入《精神药品管制品种目录》中的药品，报关单位应主动向海关提交有效的《精神药品进出口准许证》及其他有关单据。精神药品的进出口准许证实行"一批一证"制度。

向海关申报进出口列入《麻醉药品管制品种目录》中的药品，报关单位应主动向海关提交有效的《麻醉药品进出口准许证》及其他有关单据。麻醉药品的进出口准许证实行"一批一证"制度。

向海关申报进口列入《进口药品目录》中的药品，报关单位应主动向海关提交有效的进口药品通关单及其他有关单据。进口药品通关单仅限在该单注明的口岸海关使用，并实行"一批一证"制度，证面内容不得更改。

六、民用枪支弹药进出口管理

（1）非国防工业部门因特殊需要进口军用枪支、弹药（含样品），必须事先报经主管部委及所在地省级公安部门批准，海关凭批准文件办理进口报关手续。

（2）体育部门进口射击运动用枪支、弹药（含样品），必须事先报经国家体育行政管理部门及所在地省级公安部门批准，海关凭批准文件办理进口报关手续。

（3）进口狩猎用枪支、弹药（含样品），必须事先报经国家林业行政管理部门及所在地省级公安部门批准，海关凭批准文件办理进口报关手续。

（4）进口民用爆炸器材（含样品），必须事先报经国家机械工业管理部门及所在地省级公安部门批准，海关凭批准文件办理进口报关手续。

（5）暂时进口上述枪支、弹药（含样品），必须事先报经主办单位主管部门及所在地省级公安部门批准，海关凭批准文件办理暂时进口报关手续及退运出口核销手续。

七、印刷品及音像制品进口管理

印刷品，是指通过将图像或者文字原稿制为印版，在纸张或者其他常用材料上翻印的内容相同的复制品。进出境摄影底片、纸型、绘画、剪贴、手稿、手抄本、复印件及其他含有文字、图像、符号等内容的货物、物品的，海关按照有关进出境印刷品的监管规定进行监管。

音像制品，是指载有内容的唱片、录音带、录像带、激光视盘、激光唱盘等。进出境载有图文声像信息的磁、光、电存储介质的，海关按照有关进出境音像制品的监管规定进行监管。

管理规定：

1. 在自用合理数量范围内的印刷品、音像制品进出境管理规定

（1）个人携带进出境的行李物品、邮寄进出境的物品，应当以自用、合理数量为限，并接受海关监管。

（2）个人自用进境印刷品、音像制品在下列规定数量以内的，海关予以免税验放：

① 单行本发行的图书、报纸、期刊类出版物每人每次 10 册（份）以下；

② 单碟（盘）发行的音像制品每人每次 20 盘以下；

③ 成套发行的图书类出版物，每人每次 3 套以下；

④ 成套发行的音像制品，每人每次 3 套以下。

（3）对不涉及我国边界的地方志的复制件和本人家族谱的复制件可以放行。

2. 超过自用合理数量范围的印刷品、音像制品的进出境管理规定

（1）超过上述规定的数量，但是仍在合理数量以内的个人自用进境印刷品及音像制品，不属于下列规定情形的，海关应当按照《关税条例》有关进境物品进口税的征收规定对超出规定数量的部分予以征税放行。

有下列情形之一的，海关对全部进境印刷品及音像制品按照进口货物依法办理相关手续：

① 个人携带、邮寄单行本发行的图书、报纸、期刊类出版物进境，每人每次超过 50 册（份）的；

② 个人携带、邮寄单碟（盘）发行的音像制品进境，每人每次超过 100 盘的；

③ 个人携带、邮寄成套发行的图书类出版物进境的，每人每次超过 10 套的：

④ 个人携带、邮寄成套发行的音像制品进境，每人每次超过 10 套的；

⑤ 其他构成货物特征的。

有上述所列情形的，进境印刷品及音像制品的进出口货物收发货人、所有人及其代理人可以依法申请退运其进境印刷品及音像制品。

（2）单位进出境非贸易性印刷品、音像制品的进出境管理规定。

① 进口音像制品成品或者用于出版的音像制品母带（盘）、样带（盘），经营单位应当持《中华人民共和国新闻出版总署进口音像制品批准单》（以下《简称进口音像制品批准单》）、有关报关单证及其他需要提供的文件向海关办理进口手续。

②非经营音像制品性质的单位进口用于本单位宣传、培训及广告等目的的音像制品，应当按照海关的要求交验进口音像制品批准单、合同、有关报关单证及其他需要提供的文件；数量总计在200盘以下的，可以免领进口音像制品批准单。

③随机器设备同时进口，以及进口后随机器设备复出口的记录操作系统、设备说明、专用软件等内容的印刷品及音像制品进口时，进口单位应当按照海关的要求交验合同、发票、有关报关单证及其他需要提供的文件，但是可以免领进口音像制品批准单等批准文件。

④境外赠送进口的印刷品及音像制品，受赠单位应当向海关提交赠送方出具的赠送函和受赠单位的接受证明及有关清单。接受境外赠送的印刷品超过100册或者音像制品超过200盘的，受赠单位除向海关提交上述单证外，还应当提交国务院有关行政主管部门的批准文件。

⑤用于展览、展示的印刷品及音像制品进出境，主办或者参展单位应当按照国家有关规定向海关办理暂时进出境手续。

⑥进口用于学术、文化交流等活动的印刷品及音像制品，海关凭举办单位和省级以上（含省级）相关主管部门出具的证明，按照海关有关征免税管理规定办理征免税验放手续。

⑦享有外交特权和豁免的外国驻中国使馆、领馆及人员，联合国及其专门机构，以及其他与中国政府签有协议的国际组织驻中国代表机构及人员进出境印刷品及音像制品，依照有关规定办理。

⑧各类境外企业或者组织在境内常设代表机构或者办事处（不包括外国人员、子女、学校）及各类非居民长期旅客、留学回国人员、短期多次往返旅客进出境公用或者自用印刷品及音像制品数量的核定和通关手续，依照有关规定办理。

3. 宗教类印刷品、音像制品的进出境管理规定

（1）个人携带、邮寄进境的宗教类印刷品及音像制品在自用、合理数量范围内的，准予进境。

（2）超出个人自用、合理数量进境或者以其他方式进口的宗教类印刷品及音像制品，海关凭国家宗教事务局或其委托的省级政府宗教事务管理部门或者国务院其他行政主管部门出具的证明予以征税验放。

（3）散发性宗教类印刷品及音像制品，禁止进境。

（四）贸易性印刷品、音像制品的进出境管理规定

（1）国家对文化产品进口实行特许经营，对经营单位实行文化产品进口经营许可制度。进口经营许可证由国务院文化、广播电影电视、新闻出版行政部门核发。印刷品及音像制品的进口业务由国务院有关行政主管部门批准或者指定单位经营。未经批准或者指定，任何单位或者个人不得经营印刷品及音像制品进口业务。

（2）其他单位或者个人进口印刷品及音像制品，应当委托国务院相关行政主管部门指定的进口经营单位向海关办理进口手续。

（3）对进口文化产品实行准入制度，各级海关凭文化、广播电影电视、新闻出版

行政部门核发的进口文化产品准入文件办理验放手续。

（4）除国家另有规定外，进口报纸、期刊、图书类印刷品，经营单位应当持国务院新闻出版行政主管部门的进口批准文件、目录清单、有关报关单证及其他需要提供的文件向海关办理进口手续。

（5）从事印刷品、音像制品出口业务的企业应依法办理对外贸易经营者备案登记表，海关凭登记表及其他相关文件办理出口手续。

八、化学品首次进口及有毒化学品管理

"化学品首次进口"，是指外商或其代理人向中国出口其未曾在中国登记过的化学品，即使同种化学品已有其他外商或其代理人在中国进行了登记，仍被视为化学品首次进口。

国家环境保护局对化学品首次进口和有毒化学品进出口实施统一的环境监督管理，负责全面执行《关于化学品国际贸易资料交换的伦敦准则》的事先知情同意程序，发布中国禁止或严格限制的有毒化学品名录，实施化学品首次进口和列入《中国禁止或严格限制的有毒化学品名录》（以下简称《名录》）内的有毒化学品进出口的环境管理登记和审批，签发《化学品进（出）口环境管理登记证》和《有毒化学品进（出）口环境管理放行通知单》，发布首次进口化学品登记公告。

中华人民共和国海关对列入《名录》的有毒化学品的进出口凭国家环境保护局签发的《有毒化学品进（出）口环境管理放行通知单》验放。实行"一批一证"制度，每份通知单在有效期内只能报关一次。

九、进出境现钞管理

进出口境现钞管理是指国家主管部门对进出境在流通中使用的人民币和外币（包括各种面额的纸币和硬币）实施的管理。其中属于银行经营外汇业务收付外币现钞（可自由兑换货币纸币及硬币）需调出境外或从境外调入的外币现钞由国家外汇管理局管理，需调运进出境人民币现钞由中国人民银行管理。

对银行办理外币现钞进出口业务时，报关单位凭银行填制的、由外汇管理局核发的《银行调运外币现钞进出境许可证》向海关办理通关手续；对人民币现钞进出境的，报关单位凭中国人民银行货币金银局的批件向海关办理通关手续。外币现钞进出境仅限在北京、上海、福州、广州、深圳口岸报关。

技能训练

一、2012 年 5 月，梧州 A 公司与外商签订协议，购买聚酯弹力丝 303.576 吨，同年 8 月 15 日，上述货物经海路运抵梧州，发货人为香港 B 公司，收货人为梧州 A 公司。2012 年 10 月 17 日，梧州 A 公司持提单、发票、装箱单等有关单证向某海关申报进口聚酯弹力丝 303.576 吨。海关经审查发现，聚酯弹力丝属涉证商品，A 公司申报进

口上述货物未领取有关许可证件，遂以涉嫌无证到货扣留该批货物，并立案调查。2013 年 2 月 15 日，某海关认定 A 公司未申领许可证件进口涉证商品的行为构成违反海关监管规定的行为，根据《海关法》及《海关法行政处罚实施细则》的有关规定，作出没收聚酯弹力丝的行政处罚决定。2013 年 5 月 15 日，上述货物的境外发货人香港 B 公司不服某海关行政处罚决定，以货物所有权人身份向某海关所在地的中级人民法院提起行政诉讼，称海关没收涉案货物的处罚决定侵犯其所有权，请法院依法予以撤销。

1. 什么是"无证到货"？海关对于此类行为如何处理？

2. 海关对"无证到货"行为实施行政处罚的当事人是涉案货物的"收货人"还是"所有权人"？

3. 哪些情况海关可对涉案货物作退运处理？

二、成都某进出口公司向韩国某商人出口一批木厚板材，合同号为 08-03-002W。规格为 5 厘米×30 厘米×200 厘米，总数量为 50 立方米，每立方米价格为 USD402.00FOB 广州，8 月份装运，付款采用即期信用证。

出口许可证号 08-AC-240000，商品编码 4407999099。

根据上述条件填写出口许可证。

中华人民共和国出口许可证
EXPORT LICENCE OF THE PEOPLE'S REPUBLIC OF CHINA

1. 出口商： Exporter			3. 出口许可证号： Export license no.		
2. 发货人： Consigner			4. 出口许可证有效截止日期： Export license expiry date		
5. 贸易方式： Terms of trade			8. 进口国（地区）： Country/Region of purchase		
6. 合同号： Contract No.			9. 支付方式： Payment conditions		
7. 报关口岸： Place of clearance			10. 运输方式： Mode of transport		
11. 商品名称： Description of goods			商品编码： Code of goods		
12. 规格、等级 Specification	13. 单位 Unit	14. 数量 Quantity	15.单价(USD) Unity price	16.总值(USD) Amount	17.总值折美元 Amount in USD
18. 总计 Total					

19. 备注 Supplementary detail	20. 发证机关签章 Issuing authority's stamp & signature
	21. 发证日期 Licence date

三、广州市飞腾玩具有限责任公司是一家成立不久的有限责任公司，从事玩具的生产和国内销售，并打算开拓国际市场，所以该公司必须向商务主管部门办理对外贸易经营者备案登记手续，公司的营业执照样式如下：

企业法人营业执照
（副本）

注册号：3310032004489（1/1）

名称：广州市飞腾玩具有限责任公司

住所：广州市××区××路 20 号

法定代表人姓名：张×

注册资本：壹佰万元

实收资本：捌拾万元

公司类型：有限责任公司

经营范围：玩具的生产和销售

成立日期：二○○八年二月二十日

营业期限：二○○八年二月二十日至二○一○年二月

要求：

1. 请你以该公司业务员的身份向商务部门办理对外贸易经营者备案登记手续。

2. 请你以该公司业务员的身份填制《对外贸易经营者备案登记表》。

对外贸易经营者备案登记表

备案登记表编号：　　　　　　　　　进出口企业代码：

经营者中文名称			
经营者英文名称			
组织机构代码		经营者类型 （由备案登记机关填写）	
住　　所			
经营场所（中文）			
经营场所（英文）			
联系电话		联系传真	
邮政编码		电子邮箱	
工商登记注册日期		工商登记注册号	

依法办理工商登记的企业还须填写以下内容

企业法定 代表人姓名		有效证件号	
注册资金			

依法办理工商登记的外国（地区）企业或个体工商户（独资经营者）还须填写以下内容

企业法定代表人/ 个体工商负责人姓名		有效证件号	
企业资产/个人财产			

备注：	

填表前请认真阅读背面的条款，并由企业法定代表人或个体工商负责人签字、盖章。

（企业盖章）

法定代表人签字：

　　　　　　　年　　月　　日

　　四、广州市飞腾玩具有限责任公司向阿拉伯联合酋长国出口一批填充的动物玩具，载货运输工具名称为 NEW HAI. V.0415，集装箱（40'）号码为 TGHU8491952，出口货物明细单如下：

出口货物明细单

广州市飞腾玩具有限责任公司

广州市××区××路 20 号

Guangzhou Flying Toys Co. Ltd.

20 ×× Road Guangzhou Guangdong Province China

运编号：200803-04

开证申请人：ROSHA TRADING COMPANY, P.O.BOX624, DUBAI, U.A.E.

信用证号：20082

合同号：08DAZAE92010

提单通知人：NATIONAL BANK OF FUJAIRAH PAC, POST BOX 2979 FUJAIRAH BUILDING KHA-LID BIN WALEED STREET DUBAI AND APPLICANT

结汇方式：L/C

贸易方式：一般贸易

交易国别：U. A. E

成文方式：L/C

运费：FREIGHT PREPAID

运输方式：海运

付款期限：BY L/C AT 90 DAYS AFTER B/L DATE

出运港：GUANGZHOU

目的港：DUBAI

唛头：ROSHA/DUBAI

INTRANSIT

TEI：24111156

C/NO. 1—499

可否转运：Y

可否分批：Y

出运日期：2008 年 03 月

有效期限：2008 年 03 月

英文总品名：	INFLATABLE PRODUCES:	
	INFLATABLE TOYS	CFRDUBAI
中文总品名：		
货品规格：	SDM2147 160CTNS 320DZ	USD22. 46/DZ USD7187. 20
件数	SDM2149 222CTNS 444DZ	USD33. 70/DZ USD14962. 80
毛重（KGS）	SDM2188 117CTNS 2340DZ	USD43. 97/DZ USD10288. 98
净重（KGS）	....	
单价（USD）	499CTNS 998DZ 12475KGS 9980KGS USD32, 438. 98	
总价（USD）		

注意事项；正本提单 3 份。

提单要注明 FCL 或 LCL 及集装箱号码、封号。如为 LCL 提单加注：

ALL LCL CHARGES, LOCAL DELIVERY ORDER CHARGES, THC AND WAR RISK SUB-CHARGE PAYABLE AT THE PORT OF DESTINATION ARE PREPAID.

FOB：USD30169. 60

总体积：27. 328m^3

业务员核销单号：00003

工厂托单日期：2008-03-10

要求：

请你根据上述业务背景，以广州市飞腾玩具有限责任公司报检员的身份回答下列问题，并正确填制《出境货物报检单》，办理报检手续。

1. 该出境货物报检流程包括哪些环节？

2. 该公司报检员向出入境检验检疫机构办理出境货物报检时应提交的单证有哪些？

3. 请你以该公司报检员身份正确填制以下《出境货物报检单》。

中华人民共和国出入境检验检疫 出境货物报检单					
报检单位（加盖公章）：				*编 号	
报检单位登记号：	联系人：	电话：		报检日期： 年 月 日	
发货人 （中文）					
发货人 （外文）					
收货人 （中文）					
收货人 （外文）					
货物名称（中/外文）	H.S.编码	产地	数/重量	货物总值	包装种类及数量
运输工具名称号码		贸易方式		货物存放地点	
合同号		信用证号		用途	
发货日期		输往国家（地区）		许可证/审批号	
启运地		到达口岸		生产单位注册号	
集装箱规格、数量及号码					
合同、信用证订立的检验检疫条款或特殊要求	标 记 及 号 码		随附单据（划"✓"或补填）		
			□合同 □信用证 □发票 □换证凭单 □装箱单 □厂检单	□包装性能结果单 □许可/审批文件 □ □ □ □	

续表

需要证单名称（划"✓"或补填）			*检验检疫费	
□品质证书	__正__副	□植物检疫证书 □熏蒸/消毒证书 □出境货物换证凭单 □ □ □ □	__正__副 __正__副 __正__副	总金额 （人民币元）
□重量证书	__正__副			
□数量证书	__正__副			计费人
□兽医卫生证书	__正__副			
□健康证书	__正__副			
□卫生证书	__正__副			收费人
□动物卫生证书	__正__副			

报检人郑重声明： 1. 本人被授权报检。 2. 上列填写内容正确属实，货物无伪造或冒用他人的厂名、标志、认证标志，并承担货物质量责任。 签名：_____	领取证单	
	日期	
	签名	

注：有"*"号栏由出入境检验检疫机关填写　　　　◆国家出入境检验检疫局制

[1-2（2000.1.1）]

五、广州市飞腾玩具有限责任公司从日本进口一批塑料原料，价格为 CIF 汕头 10 000 美元，支付方式为即期信用证，开证行为中国银行汕头分行。合同号为 CONTRACT01，发票号为 INV02，预计到货日期为 2008 年 1 月 20 日。

请你根据上述业务背景，以广州市飞腾玩具有限责任公司业务员的身份回答下列问题，并正确填制《贸易进口付汇核销单》，办理进口付汇核销手续。

1. 该进口公司须凭哪些证件到外汇银行办理付汇核销手续？

2. 请你以该公司业务员的身份正确填制《贸易进口付汇核销单》。

进口付汇核销单（代申报单）

印单局代码：440000　　　　　　　　　　　　核销单编号：ST000005

单位代码		单位名称	所在地外汇局名称
付汇银行名称		收汇人国别	交易编码
收款人是否在保税区：□是　□否		交易附言	

对外付汇币种　　　　　对外付汇金额
其中：购汇金额　　　　现汇金额　　　　　其他方式金额
人民币账号　　　　外汇账号

付　汇　性　质			
□正常付汇			
□不在名录	□90 天以上信用证	□90 天以上托收	□异地付汇
□90 天以上到货	□转口贸易	□境外工程使用物资	□真实性审查
备案表编号			

预计到货日期　　/　　/	进口批件号	合同/发票号

<table>
<tr><td colspan="4" align="center">结　算　方　式</td></tr>
</table>

结　算　方　式			
信用证 90 天以内□　90 天以上□　承兑日期　／　／　付汇日期　／　／　期限　　天			
托收　90 天以内□　90 天以上□　承兑日期　／　／　付汇日期　／　／　期限　　天			
汇款	预付货款□　　　　　货到付汇（凭报关单付汇）□　　　　付汇日期　／　／		
	报关单号　　　　　　报关日期　／　／　　报关单币种　　金额		
	报关单号　　　　　　报关日期　／　／　　报关单币种　　金额		
	报关单号　　　　　　报关日期　／　／　　报关单币种　　金额		
	报关单号　　　　　　报关日期　／　／　　报关单币种　　金额		
	报关单号　　　　　　报关日期　／　／　　报关单币种　　金额		
	（若报关单填写不完，可另附纸。）		
其他□　　　　　　　　付汇日期　／　／			
以下由付汇银行填写			
申报号码：			
业务编号：　　　　审核日期：　／　／　　（付汇银行签章）			

进口单位签章

六、辨识进出口商品是否属于管制商品。

请查询以下商品属于哪一类进出口管制或管理？能否经营其进出口或需要向海关提供什么许可证件？

税则号	商品名称	进出口状态
51051000	粗梳羊毛	进口
11031100	小麦的粗粒及粗粉	进口
10064010	籼米碎米	出口
02022000	冻藏的去骨牛肉	出口
26090000	锡矿砂	出口
87112020	排气量 120 毫升的小马力摩托车	出口
27030000	泥炭	出口
25059000	天然砂	出口
61034200	棉制针织男长裤	出口
60052300	色织棉制经编织物	出口
29394100	麻黄碱	进口
51000010	牛黄	进口
31021000	尿素	进口
85238011	已录制的唱片	进口

第三章 进出口税费

实训指南

一、实训目的

本章节主要通过实训达到以下教学目标：
1. 了解进出口税费的种类及其概念；
2. 熟悉进出口商品完税价格的确定原则；
3. 掌握减免税的种类、适用范围；
4. 掌握进出口税费退、补手续的办理程序和要求。

二、实训要点

1. 进出口税费的计算方法；
2. 进出口税费缴纳的期限和要求；
3. 海关征收进出口税费的种类和税率确定；
4. 进出口完税价格的审定与计算。

三、主要技能

1. 掌握海关征收税费的种类：关税、进出口环节增值税、船舶吨位税、滞纳金等；
2. 掌握完税价格的确定方法：成交价格法、相同或类似价格估价法、倒扣价格法、合理方法等；
3. 掌握完税价格中运费和保险费的计算方法。

第一节 进出口税费及其计算

一、关税

关税是国家税收的重要组成部分，是由海关代表国家，按照国家制定的关税政策和公布实施的税法及进出口税则，对准许进出关境的货物和物品向纳税义务人征收的一种流转税。关税是一种国家税收。关税的征税主体是国家，由海关代表国家向纳税义务人征收。其课税对象是进出关境的货物和物品。关税纳税义务人是指依法负有直接向国家缴纳关税义务的单位或个人，亦称为关税纳税人或关税纳税主体。我国关税的纳税义务人是进口货物的收货人、出口货物的发货人、进（出）境物品的所有人。

（一）进口关税

1. 含义

进口关税是指一个国家的海关以进境货物和物品为课税对象所征收的关税。在国际贸易中，它一直被各国公认为是一种重要的经济保护手段。

2. 征收方法

进口关税征收方法包括从价税、从量税、复合税、滑准税。

（1）从价税。

从价税是以征税对象价格为计税依据，其应纳税额随商品价格的变化而变化，能充分体现合理负担的税收政策，因而大部分税种均采用这一计税方法。我国对进口货物主要采用从价税计税标准。

计算方法：应纳税额＝进口货物的完税价格×关税税率

（2）从量税。

从量税是以征税对象的数量、重量、体积等作为计税依据，按每一计量单位的应征税额征收的关税。

计算方法：应纳税额＝进口货物数量×单位税额

（3）复合税。

复合税是在《中华人民共和国海关进出口税则》（以下简称为《进出口税则》）中，一个税目中的商品同时使用从价、从量两种标准计税，计税时按两者之和作为应征税额的关税。

计算方法：应纳税额＝进口货物的完税价格×关税税率+进口货物数量×单位税额

（4）滑准税。

滑准税又称滑动税，是对《进出口税则》中的同一种商品按其市场价格标准分别制订不同价格档次的税率而征收的一种进口关税。其高档商品价格的税率低或不征税，低档商品价格的税率高。

确定滑准税暂定关税税率的具体方法如下：①当进口棉花完税价格高与或等于11.397元/千克时，按0.570元/千克计征从量税。②当进口棉花完税价格低于11.397元/千克时，暂定关税税率按下述公式计算：$R=8.686\div P+2.526\%\times P-1$。

对上式计算结果四舍五入保留3位小数。将R值换算为暂定关税税率，高于40%时取40%；P为关税完税价格，单位为元/千克。

3. 关税种类

进口关税分为进口正税和进口附加税。

进口正税即按《进出口税则》中的进口税率征收的关税。

进口附加税又称为特别关税，是进口国家在对进口商品征收正常进口税后，还会出于某种目的，再加征部分进口税，加征的进口税部分，就是进口附加税。主要有反倾销税、反补贴税、紧急关税、惩罚关税和报复关税五种。

（二）出口关税

出口关税是指海关以出境货物、物品为课税对象所征收的关税。为鼓励出口，世界各国一般不征收出口税或仅对少数商品征收出口税。征收出口关税的主要目的是限制、调控某些商品的过度、无序出口，特别是防止本国一些重要自然资源和原材料的无序出口。

我国出口关税主要以从价税为计征标准。

根据实际情况，我国还在一定时期内对部分出口商品临时开征出口暂定关税或者在不同阶段实行不同的出口暂定关税税率，或者加征特别出口关税。

根据《关税条例》的规定，使用出口税率的出口货物有暂定税率的，应当适用暂定税率。除法律法规有明确规定可以征收出口关税外，对出口应税商品一律照章征收出口关税。

（三）暂准进出境货物进出口关税

第二类暂准（即《关税条例》第四十二条第一款所列范围以外的其他暂准进境货物），海关按照审定进出口货物完税价格的有关规定和海关接受该货物申报进出境之日使用的计征汇率、税率，审核确定其完税价格，按月征收税款，或者在规定期限内货物复运出境或者复运进境时征收税款。暂准进出境货物在规定期限届满后不再复运出境或者复运进境的，纳税义务人应该在规定期限届满前向海关申报办理进出口及纳税手续，缴纳剩余税款。

计征税款的期限为 60 个月。不足一个月的但超过 15 天的，按 1 个月计征；不超过 15 天的，免于计征。计征税款的期限自货物放行之日起计算。

按月征收税款的计算公式为：

每月关税税额＝关税总额×（1÷60）

每月进口环节代征税税额＝进口环节代征税总额×（1÷60）

二、进口环节海关代征税

进口货物、物品在办理海关手续放行后，进入国内流通领域，与国内货物同等对待，所以应缴纳应征的国内税。进口货物、物品的一些国内税依法由海关在进口环节征收。目前，进口环节海关代征税（简称进口环节代征税）主要有增值税、消费税两种。

（一）增值税

1. 含义

增值税是以商品的生产、流通和劳务服务各个环节所创造的新增价值为课税对象的一种流转税。进口增值税是在货物、物品进口时，由海关依法向进口货物的法人或自然人征收的一种增值税。

2. 征纳

在中华人民共和国境内销售货物或者提供加工、修理修配劳务以及进口货物的单位或个人，为增值税的纳税义务人，应当依照增值税条例缴纳增值税。进口货物应由纳税义务人（进口人或者其代理人）向办理进口手续的海关申报纳税。

进口环节增值税由海关依法向进口货物的法人或自然人征收，其他环节的增值税由税务机关征收。进口环节增值税以组成价格为计税价格，征税时不得抵扣任何税额。进口环节的增值税组成价格由关税完税价格加上关税税额组成，应征消费税的品种的增值税组成价格要另加上消费税税额。

进口环节增值税税率的调整以及增值税的免税、减税项目由国务院规定，任何地区、部门均不得规定免税、减税项目。进口环节增值税的起征点为 50 元，低于 50 元的免征。

3. 征收范围和税率

在我国境内销售货物（销售不动产或免征的除外）或者提供加工、修理修配劳务以及进口货物的单位和个人，都要依法缴纳增值税。

我国增值税的征收原则是中性、简便、规范，采取基本税率再加一档低税率的征收模式。适用基本税率（17%）的范围包括：纳税人销售或者进口除适用低税率的货物以外的货物，以及提供加工、修理修配劳务。适用低税率（13%）的范围是指纳税人销售或者进口以下货物：

（1）粮食、适用植物油；

（2）自来水、暖气、冷气、热水、煤气、石油液化气、天然气、沼气、居民用煤炭制品；

（3）图书、报纸、杂志；

（4）饲料、化肥、农机、农膜；

（5）国务院规定的其他货物。

（二）消费税

1. 含义

消费税是指以消费品或者消费行为的流转额作为课税对象而征收的一种流转税。我国开征消费税的目的是调节我国的消费结构，引导消费方式，确保国家财政收入，它是在对货物普遍征收增值税的基础上，选择少数消费品再予征收的税。

2. 纳税

在中华人民共和国境内生产、委托加工和进口《中华人民共和国消费税暂行条例》规定的消费品（以下简称应税消费品）的单位和个人，为消费税的纳税义务人。我国的消费税由税务机关征收，进口的应税消费品的消费税由海关代征，由纳税义务人（进口人或者其代理人）在进口报关时向报关地海关申报纳税。

3. 征收范围

消费税的征收范围，主要是根据我国经济社会发展现状和现行消费政策、人民群众的消费结构以及财政需要，并借鉴国外的通行做法确定的。

消费税的征收范围，仅限于少数消费品。应税消费品大致可以分为以下类型：

（1）一些过度消费会对人的健康、社会秩序、生态环境等方面造成危害的特殊消费品，如烟、酒、酒精、鞭炮、烟火等；

（2）奢侈品、非生活必需品，如贵重首饰及珠宝玉石、化妆品等；

（3）高能耗的高档消费品，如小轿车、摩托车、汽车轮胎等；

（4）不可再生和替代的资源类消费品，如汽油、柴油等。

4. 消费税的计算方法

我国消费税实行从价税、从量税或复合税的计征方法。

（1）从价计征的消费税计算公式为：

消费税组成计税价格＝（进口关税完税价格＋进口关税税额）÷（1－消费税比例税率）

消费税应纳税额＝消费税组成计税价格×消费税比例税率

（2）从量计征的消费税的计算公式为：

消费税应纳税额 ＝ 应征消费税消费品数量×消费税单位税额

（3）复合消费税的计算公式为：

消费税应纳税额 ＝ 进口环节消费税计税价格×消费税比例税率＋进口数量×单位税额

三、船舶吨税

（一）船舶吨税的含义

船舶吨税（简称吨税）是由海关代为对进出、停靠我国港口的国际航行船舶征收的一种使用税。征收船舶税的目的是用于航道设施的建设。

（二）船舶吨税的征收依据

根据《中华人民共和国船舶吨税暂行办法》的规定，国际航行船舶在我国港口行驶，使用了我国的港口和助航设备，应缴纳一定的税费。凡征收了船舶吨税的船舶不再征收车船使用税；对已经征收了车船使用税的船舶不再征收船舶吨税。

船舶吨税分为优惠税率和普通税率两种。凡与中华人民共和国签订互惠协议的国家或地区适用船舶吨税优惠税率，未签订互惠协议的国家或地区适用船舶吨税普通税率。

中国香港、澳门籍船舶适用船舶吨税优惠税率。

（三）船舶吨税的征收范围

根据现行办法规定，应征吨税的船舶有以下几种：

（1）在我国港口行驶的外国籍船舶；

（2）外商租用（程租除外）的中国籍船舶；

（3）中外合营海运企业自有或租用的中、外国籍船舶；

（4）我国租用的外国籍国际航行船舶。

根据规定，香港、澳门回归后，香港、澳门特别行政区为独立关税区。对于香港、澳门特别行政区海关已征收船舶吨税的外国籍船舶，进入内地港口时，仍应照章征收船舶吨税。

（四）船舶吨税的计算公式

1. 船舶吨位的计算

目前国际上丈量吨位按照船舱的结构是密闭式或者开放式来分别计算，有大、小吨位之分，封闭式为大吨位，开放式为小吨位。装货多时用大吨位，装货少时用小吨位。按照我国现行规定，凡同时持有大小两种吨位证书的船舶，不论实际装货情况，一律按大吨位计征吨税。

船舶吨税按净吨位计征。净吨位计算公式如下：

净吨位 = 船舶的有效容积 × 吨/立方米

船舶净吨位的尾数，按四舍五入原则，半吨以下的免征尾数，半吨以上的按一吨计算。不及一吨的小型船舶，除经海关总署特准免征者外，一律按一吨计征。

2. 船舶吨税的征收和退补

船舶吨税起征日为"船舶直接抵扣之日"，即进口船舶应自申报进口之日起征收。如进境后驶达锚地的，以船舶驶达锚地之日起计算；进境后直接停泊的，以停泊之日起计算。

船舶抵港之日，船舶负责人或其代理人应向海关出具船舶停留时仍然有效的"船舶吨税执照"。如所领执照满期后尚未离开中国，则应自期满次日起续征；未能出具执照者，应按规定向海关申报，缴纳船舶吨税，并领取执照。

船舶吨税的征收方法分90天期缴纳和30天期缴纳两种，并分别确定税额，缴纳期限由纳税义务人在申请完税时自行选择。

吨税的计算公式如下：

应纳船舶吨税税额＝注册净吨位×船舶吨税税率

具有下列情况之一的，海关验凭船舶负责人或其代理人提供的有效文件，在1年内办理船舶吨税的退补手续：

其一，船舶负责人因不明规定而造成重复缴纳船舶吨税的；

其二，其他原因造成错征、漏征的。

四、税款滞纳金

（一）征收范围

征收滞纳金是税收管理中的一种行政强制措施。在海关监督管理中，滞纳金指应纳税的单位或个人因逾期向海关缴纳税款而依法应缴纳的税款。按照规定，关税、进口环节增值税、进口环节消费税的纳税义务人或其代理人，应当自海关填发税款缴纳书之日起15日之内向指定银行缴纳税款，逾期缴纳的，海关在原应缴纳税款的基础上，按日加收滞纳税款0.5‰的滞纳金。

根据规定，对逾期缴纳税款应征收滞纳金的，还有以下几种情况：

（1）进出口货物放行后，海关发现因纳税义务人违反规定造成少征或者漏征税款的，可以自缴纳税款或者货物放行之日起三年内追征税款，并自应缴纳税款之日起至海关发现违规行为之日止，按日加收少征或漏征税款 0.5‰的滞纳金。

（2）因纳税义务人违反规定造成海关监管货物少征或者漏征税款的，海关应当自纳税义务人应缴纳税款之日起 3 年内追征税款，并自应缴纳税款之日至海关发现违规行为之日止，按日加收少征或漏征税款 0.5‰的滞纳金。

这里所述"应缴纳税款之日"是指纳税义务人违反规定的行为发生之日；该行为发生之日不能确定的，应当以海关发现该行为之日作为应缴纳税款之日。

（3）租赁进口货物分期支付租金的，纳税义务人应当在每次支付租金的 15 日之内向海关申报办理纳税手续，逾期办理申报手续的，海关除了征收税款外，还应当自申报办理纳税手续期限届满之日起至纳税义务人申报纳税之日止，按日加收应缴税款 0.5‰的滞纳金。

租赁进口货物自租期届满 30 日内，应向海关申请办结海关手续，逾期办理手续的，海关除按审定进口货物完税价格的有关规定和期限届满后的第 30 日该货物适用的计征汇率、税率，审核确定其完税价格、计征应缴纳的税款外，还应自租赁期限届满后 30 后起至纳税义务人申报纳税之日止，按日加收应缴税款 0.5‰的滞纳金。

（4）暂时进出境货物未在规定期限内复运出境或复运进境，且纳税义务人未在规定期限届满前向海关申报办理进出口及纳税手续的，海关除按照规定征收应缴纳税款外，还应自规定期限届满之日起至纳税义务人申报纳税之日止，按日加收应缴纳税款 0.5‰的滞纳金。

海关对滞纳天数的计算是自滞纳税款之日起至进出口货物的纳税义务人缴纳税款之日止，其中的法定节假日不予扣除。缴纳期限届满日遇周六、周日等休息日或法定节假日的，应当顺延至休息日或法定节假日之后的第一个工作日。国务院临时调整休息日与工作日的，应按照调整后的情况计算缴款期限。

滞纳金应当自海关填发滞纳金缴款书之日起 15 日内向指定银行缴纳。因纳税义务人违反规定需在征收税款的同时加收滞纳金的，如果纳税义务人未在规定的 15 天缴纳期限内缴纳税款，另行加收缴纳期限届满之日起至缴清税款之日止所滞纳税款 0.5‰的滞纳金。

（二）征收标准

滞纳金按每票货物的关税、进口环节增值税、消费税单独计算，起征点为人民币 50 元，不足 50 元的予以免收。

其计算公式为：

关税滞纳金金额 ＝ 滞纳关税税额 ×0.5‰ × 滞纳天数

进口环节海关代征税滞纳金金额 ＝ 滞纳进口环节海关代征税税额 ×0.5‰× 滞纳天数

第二节　进出口货物完税价格的审定与计算

一、进口货物完税价格的审定

进口货物完税价格的审定包括一般进口货物完税价格的审定和特殊进口货物完税价格的审定两方面的内容。

（一）一般进口货物完税价格的审定

海关确定进口货物完税价格共有进口货物成交价格法、相同货物成交价格法、类似、倒扣价格法、计算价格法、合理方法六种估价方法。上述估价方法应当依次采用，但如果进口货物纳税人提出要求，并提供相关材料，经海关同意，可以颠倒倒扣价格法和计算价格法的适用次序。

1. 进口货物成交价格法

进口货物成交价格法是《关税条例》及《中华人民共和国海关审定进出口货物完税价格办法》（以下简称《审价办法》）规定的第一种估价方法，进口货物的完税价格应首先以成交价格估价方法审查确定。这里应注意进口货物成交价格法中成交价格与完税价格两个概念的差异。

（1）完税价格。

《审价办法》规定：进口货物的完税价格，由海关以该货物的成交价格为基础审查确定，并应包括货物运抵中华人民共和国境内输入地点起卸前的运输及相关费用、保险费。"相关费用"主要是指与运输有关的费用，如装卸费、搬运费等属于广义的运费范围内的费用。成交价格须满足一定的条件才能被海关所接受。

公式定价的进口货物，即在中华人民共和国境内销售货物所签订的合同中，买卖双方未以具体明确的数值约定货物价格，而是以约定的定价公式来确定货物的结算价格的定价方式的进口货物，如同时符合下列条件，海关以买卖双方约定的定价公式所确定的计算价格，即买方为购买该货物支付的价款总额为基础审定完税价格：

① 在货物运抵中华人民共和国境内前买卖双方已书面约定定价公式；

② 结算价格取决于买卖双方均无法控制的客观条件和因素；

③ 自货物申报进口之日起 6 个月内能够根据定价公式确定结算价格；

④ 结算价格符合《审价办法》中成交价格的有关规定。

（2）成交价格。

进口货物的成交价格，是指卖方向中华人民共和国境内销售该货物时买方为进口该货物向卖方实付和应付的，并按有关规定调整后的价款总额，包括直接支付的价款和间接支付的价款。

此处的"实付和应付"是指必须由买方支付，支付的目的是用于获得进口货物，支付的对象既包括买方也包括与卖方有联系的第三方，且包括已经支付和将要支付两者的总额。此外，成交价格不完全等同于贸易中实际发生的发票价格，需要按有关规定进行调整。

（3）关于"调整价格"。

调整因素包括计入项目和扣除项目。

① 计入项目。

下列项目若由买方支付，必须计入完税价格，这些项目包括：

A. 除购货佣金以外的佣金和经纪费。

佣金通常可分为购货佣金和销售佣金。购货佣金指买方向其采购代理人支付的佣金，按照规定购货佣金不应该计入到进口货的完税价格中。销售佣金指卖方向其销售代理人支付的佣金，但上述佣金如果由买方直接付给卖方的代理人，按照规定应该计入到完税价格中。

经纪费指买方为购进进口货物向代表买卖双方利益的经纪人支付的劳务费用，根据规定应计入到完税价格中。

B. 与进口货物作为一个整体的容器费。

与有关货物归入同一税号的容器与该货物视作一个整体，比如说酒瓶与酒构成一个不可分割的整体，两者归入统一税号，如果没有包括在酒的完税价格中间，则应该计入。

C. 包装费。

这里应该注意包装费既包括材料费，也包括劳务费。

D. 协助的价值。

在国际贸易中，买方以免费或低于成本价的方式向卖方提供了一些货物或者服务，这些货物或者服务的价值被称为协助的价值。

协助价值计入到进口货物完税价格中应满足以下条件：

a. 由买方以免费或低于成本价的方式直接或间接提供；

b. 未包括在进口货物的实付或应付价格之中；

c. 与进口货物的生产和向中华人民共和国境内销售有关；

d. 可按适当比例分摊。

下列四项协助费用应计入到进口货物完税价格中：

a. 进口货物所包含的材料、部件、零件和类似货物的价值；

b. 在生产进口货物过程中使用的工具、模具和类似货物的价值；

c. 在生产进口货物过程中消耗的材料的价值；

d. 在境外完成的为生产该进口货物所需的工程设计、技术研发、工艺及制图等工作的价值。

E. 特许权使用费。

特许权使用费是指进口货物的买方为取得知识产权权利人及权利人有效授权人关于专利权、商标权、专有技术、著作权、分销权或者销售权的许可或者转让而支付的费用。

以成交价格为基础审查确定进口货物完税价格时，未包括在该货物实付、应付价格中的特许权使用费需计入完税价格，但是符合以下条件之一的除外：

a. 特许权使用费与该货物无关；

b. 特许权使用费的支付不构成该货物向中华人民共和国境内销售的条件。

F. 返回给买方的转售收益。

如果买方在货物进口之后，把进口货物的转售、处置或使用的收益的一部分返还给卖方，这部分收益的价格应该计入到完税价格中。

上述所有项目的费用或价值计入到完税价格中，必须同时满足三个条件：由买方负担；未包括在进口货物的实付或应付价格中；有客观量化的数据资料。

②扣减项目。

进口货物的价款中单独列明的下列税收、费用，不计入该货物的完税价格：

A. 厂房、机械或者设备等货物进口后发生的建设、安装、装备、维修或者技术援助费用，但是保修费用除外；

B. 货物运抵境内输入地点起卸后发生的运输及其相关费用、保险费；

C. 进口关税、进口环节代征税及其他国内税；

D. 为在境内复制进口货物而支付的费用；

E. 境内外技术培训及境外考察费用。

此外，同时符合下列条件的利息费用不计入完税价格：

A. 利息费用是买方为购买进口货物而融资产生的；

B. 有书面的融资协议的；

C. 利息费用单独列明的；

D. 纳税义务人可以证明有关利率不高于在融资当时当地此类交易通常具有的利率水平，且没有融资安排的相同或者类似进口货物的价格与进口货物的实付、应付价格十分接近的。

（4）成交价格本身须满足的条件。

成交价格必须满足一定的条件才能被海关所接受，否则不能适用成交价格法。根据规定，成交价格必须具备以下四个条件：

① 买方对进口货物的处置和使用不受限制。

如果买方对进口货物的处置权或者使用权受到限制，则进口货物就不适用成交价格法。

有下列情形之一的，是为对买方使用和处置进口货物进行了限制：

A. 进口货物只能用于展示或者免费赠送的；

B. 进口货物只能销售给指定第三方的；

C. 进口货物加工成为成品后只能销售给卖方或者指定第三方的；

D. 其他经海关审查，认定买方对货物的使用和处置受到限制的。

但是以下三种限制并不影响成交价格的成立：国内法律、行政法规规定的限制；对货物转售地域的限制；对货物价格无实质影响的限制。

② 进口货物的价格不应受到某些条件或因素的影响而导致该货物的价格无法确定。

有下列情形之一的，是为进口货物的价格受到了使该货物成交价格无法确定的条件或者因素的影响：

A. 进口货物的价格是以买方向卖方购买一定数量的其他货物为条件而确定的；

B. 进口货物的价格是以买方向买方销售其他货物为条件而确定的;

C. 其他经海关审查,认定货物的价格受到使该货物成交价格无法确定的条件或者因素影响的。

③卖方不得直接或间接从买方获得因转售、处置或使用进口货物而产生的任何收益,除非上述收益能被合理确定。

④买卖双方之间没有特殊关系,或者虽有特殊关系但不影响成交价格。

根据规定,有下列情形之一的,应当认定买卖双方有特殊关系:

A. 买卖双方为同一家族成员;

B. 买卖双方互为商业上的高级职员或董事;

C. 一方直接或间接地受另一方控制;

D. 买卖双方都直接或间接地受第三方控制;

E. 买卖双方共同直接或间接地控制第三方;

F. 一方直接或间接地拥有、控制或持有对方5%以上(含5%)公开发行的有表决权的股票或股份;

G. 一方是另一方的雇员、高级职员或董事;

H. 买卖双方是同一合伙的成员。

此外,买卖双方在经营上互相有联系,一方是另一方的独家代理、经销或受让人,若与以上规定相符,也应当视为有特殊关系。

买卖双方有特殊关系这个事实本身并不能构成海关拒绝成交价格的理由,买卖双方存在特殊关系,但是纳税义务人能证明其成交价格与同时或大约同时发生的下列任何一款价格相近的,视为特殊关系未对进口货物的成交价格产生影响:

A. 向境内无特殊关系的买方出售的相同或类似进口货物的成交价格;

B. 按照倒扣价格估价方法所确定的相同或类似进口货物的完税价格;

C. 按照计算价格估价方法所确定的相同或类似进口货物的完税价格。

海关在使用上述价格进行比较时,需考虑商业水平和进口数量的不同,以及买卖双方有无特殊关系造成的费用差异。

进口货物成交价格法是海关估价中使用最多的一种估价方法,但是如果货物的进口非因销售引起或销售不能符合成交价格需满足的条件,就不能采用成交价格法,而应该依次采用下列方法审查确定货物的完税价格。

2. 相同及类似货物成交价格法

相同及类似货物成交价格法,即以与被估货物同时或大约同时向中华人民共和国境内销售的相同货物及类似货物的成交价格为基础,审查确定进口货物完税价格的方法。

(1) 相同货物或类似货物。

"相同货物",指与进口货物在同一国家或地区生产的,在物理性质、质量和信誉等所有方面都相同的货物,但是表面的微小差异允许存在。

"类似货物",指与进口货物在同一国家或地区生产的,虽然不是在所有方面都相同,但是却具有相似的特征、相似的组成材料、相同的功能,并且在商业中可以互换的货物。

（2）相同或类似货物的时间要素。

时间要素是指相同或类似货物必须与进口货物同时或大约同时进口，其中的"同时或大约同时"指在海关在接受申报之日的前后 45 天以内。

（3）关于相同或类似货物成交价格的运用。

在运用这两种估价方法时，首先应使用和进口货物处于相同商业水平、大致相同数量的相同或类似货物的成交价格，只有在上述条件不满足时，才可采用不同商业水平和不同数量销售的相同或类似进口货物的价格，但不能将上述价格直接作为进口货物的价格，还须对由此而产生的价格方面的差异做出调整。

此外，对进口货物与相同或类似货物之间由于运输距离和运输方式不同而在成本和其他费用方面产生的差异应进行调整。

上述调整都必须建立在客观化的数据资料的基础上。

同时还应注意，在采用相同或类似货物成交价格法确定进口货物完税价格时，首先应使用同一生产商生产的相同或类似货物的成交价格，只有在没有同一生产商生产的相同或类似货物的成交价格的情况下，才可以使用同一生产国或地区不同生产商生产的相同或类似货物的成交价格。如果有多个或类似货物的成交价格，应当以最低的成交价格为基础估定进口货物的完税价格。

3. 倒扣价格法

倒扣价格法即以进口货物、相同或类似进口货物在境内第一个环节的销售价格为基础，扣除境内发生的有关费用来估定完税价格。上述"第一环节"是指有关货物进口后进行的第一次转售，且转售者与境内买方之间不能有特殊关系。

（1）用以倒扣的上述销售价格应同时符合的条件。

①在被估计货物进口时或大约同时，将该货物、相同或类似进口货物在境内销售的价格；

②按照货物进口时的状态销售的价格；

③在境内第一环节销售的价格；

④向境内无特殊关系方销售的价格；

⑤按照该价格销售的货物合计销售总量最大。

（2）倒扣价格法的核心要素。

①按进口时的状态销售。

必须首先以进口货物、相同或类似进口货物按进口时的状态销售的价格为基础。如果没有按进口时的状态销售的价格，应纳税人要求，可以使用经过加工后在境内销售的价格作为倒扣的基础。

②时间要素。

必须是在被估货物进口时或大约同时转售给国内无特殊关系方的价格，其中"进口时或大约同时"为在进口货物接受申报之日的前后 45 天以内。如果进口货物、相同或类似货物没有在海关接受进口货物申报之日前后 45 天内在境内销售，可以将在境内销售的时间延长至接受货物申报之日前后 90 天内。

③合计的货物销售总量最大。

必须使用被估的进口货物、相同或类似进口货物售予境内无特殊关系方合计销售总量最大的价格为基础估定完税价格。

（3）倒扣价格法的倒扣项目。

确定销售价格以后，在使用倒扣价格法时，还必须扣除一些费用，这些倒扣项目根据规定有以下四项：

①该货物的同级或同种类货物在境内第一环节销售时通常支付的佣金以及利润和一般费用；

②货物运抵境内输入地点之后的运输及其相关费用、保险费；

③进口关税、进口环节代征税及其他国内税；

④加工增值额，如果以货物经过加工后在境内转售的价格作为倒扣价格的基础，则必须扣除上述加工增值部分。

4. 计算价格法

计算价格法既不是以成交价格，也不是以在境内的转售价格作为基础，它是以发生在生产国或地区的生产成本作为基础的价格。

（1）计算价格的构成项目。

按有关规定采用计算价格法时进口货物的完税价格由下列各项目的总和构成：

①生产该货物所使用的料件成本和加工费用。

"料件成本"是指生产被估货物的原料成本，包括原材料的采购价值，以及原材料投入实际生产之前发生的各类费用。"加工费用"是指将原材料加工成制成品过程中发生的生产费用，包括人工成本、装配费用及有关间接成本。

②向境内销售同等级或同种类货物通常的利润和一般费用（包括直接费用和间接费用）。

③货物运抵中华人民共和国境内输入地点起卸前的运输及相关费用、保险费。

（2）运用计算价格法的注意事项。

计算价格法按顺序为第五种估价方法，但如果进口货物纳税义务人提出要求，并经海关同意，可以与倒扣法颠倒顺序使用。此外，海关在征得境外生产商同意并提前通知有关国家或地区政府后，可以在境外核实该企业提供的有关资料。

5. 合理方法

合理方法是指当海关不能根据成交价格估价法、相同货物成交价格估价法、类似货物成交价格估价法、倒扣价格估价法和计算价格估价法确定完税价格时，根据公平、统一、客观的估价原则，以客观化的数据资料为基础审查确定进口货物完税价格的估价方法。

在运用合理方法估价时，禁止使用以下六种价格：

（1）境内生产的货物在境内的销售价格；

（2）在两种价格中较高的价格；

（3）依据货物在出口的市场的销售价格；

（4）以计算价格法规定之外的价值或者费用计算的相同或类似货物的价格；

（5）依据出口的第三国或地区货物的销售价格；

（6）依据最低限价或垄断、虚构的价格。

（二）特殊进口货物完税价格的审定

1. 加工贸易进口料件或者其制成品一般估价方法

由于种种原因，部分加工贸易进口料件或者其制成品不能按有关合同、协议约定复出口，经海关批准转为内销，须依法对其实施估价后征收进口税款。对加工贸易进口货物估价的核心问题有两个：一是按制成品征税还是按料件征税，二是征税的环节是在进口环节还是在内销环节。具体有以下四种情况：

（1）进口时需征税的进料加工进口料件，以该料件申报进口时的成交价格为基础审查确定完税价格。进口时需征税的进料加工进口料件，主要是指不予保税部分的进料加工进口料件。一般来讲，进料加工进口料件在进口环节都有成交价格，因此以该料件申报进口时的价格确定。

（2）进料加工进口料件或者其制成品（包括残次品）内销时，以料件原进口成交价格为基础审查确定完税价格。制成品因故转为内销时，以制成品所含料件原进口成交价格为基础审查确定完税价格。料件原进口成交价格不能确定的，海关以接受内销申报的同时或者大约同时进口的与料件相同或者类似的货物的进口成交价格为基础审查确定完税价格。

（3）来料加工进口料件或者其制成品（包括残次品）内销时，以接受内销申报的同时或大约同时进口的与料件相同或类似的货物的进口成交价格为基础审查确定完税价格。来料加工在料件原进口时没有成交价格，就以其进口料件申报内销的同时或大约同时进口的与料件相同或类似货物的进口成交价格为基础审查确定完税价格。

（4）加工企业内销加工过程中产生的边角料或者副产品，以海关审查确定的内销价格作为完税价格。加工贸易内销货物的完税价格按照上述规定仍然不能确定的，由海关按照合理的方法审查确定。

2. 出口加工区内加工企业内销制成品估价办法

出口加工区内的加工企业内销的制成品（包括残次品），海关以接受内销申报的同时或大约同时进口的相同或类似货物的进口成交价格为基础审查确定完税价格。

出口加工区内的加工企业内销加工过程中产生的边角料或者副产品，以海关审查确定的内销价格作为完税价格。

出口加工区的出口加工企业内销制成品（包括残次品）、边角料或者副产品的完税价格按照上述规定不能确定的，由海关按照合理的方法审查确定。

3. 保税区内加工企业内销进口料件或者其制成品估价方法

保税区内的加工企业内销的进口料件或者其制成品（包括残次品），海关以接受内销申报的同时或大约同时进口的相同或类似货物的成交价格为基础审查确定完税价格。

保税区内的加工企业内销的进口料件加工制成品中，如果有含有从境内采购的料件，海关以制成品所含从境外购入的料件原进口成交价格为基础审查确定完税价格。料件原进口成交价格不能确定的，海关以接受内销申报的同时或大约同时进口的相同或类似货物的进口成交价格为基础审查确定完税价格。

保税区内的加工企业内销的来料加工制成品中，如果含有从境内采购的料件，海关以接受内销申报的同时或大约同时进口的与制成品所含从境外购入的料件相同或者类似货物的进口成交价格为基础审查确定完税价格。

保税区内的加工企业内销加工过程中产生的边角料或副产品，以海关审查确定的内销价格作为完税价格。

保税区内的加工企业内销制成品（包括残次品）、边角料或者副产品的完税价格按照上述规定仍然不能确定的，由海关按照合理的方法审查确定。

4. 从保税区、出口加工区、保税物流园区、保税物流中心等区域、场所进入境内需要征税的货物的估价方法

从保税区、出口加工区、保税物流园区、保税物流中心等区域、场所进入境内，需要征税的货物，海关参照本节一般进口货物完税价格审定的有关规定，以从上述区域、场所进入境内的销售价格为基础审定完税价格，加工贸易进口料件及其制成品除外。如果销售价格中未包括上述区域、场所发生的仓储、运输及其他相关费用的，按照客观量化的数据资料予以计入。

（1）出境修理复运进境货物的估价方法。

运往境外修理的机械器具、运输工具或者其他货物，出境时已向海关报明，并在海关规定的期限内复运进境的，海关以境外修理费和料件费审查确定完税价格。

出境修理货物复运进境超过海关规定期限的，由海关按照审定一般进口货物完税价格的规定审查确定完税价格。

（2）出口加工复运进境货物的估价方法。

运往境外加工的货物，出口时已向海关报明，并在海关规定期限内复运进境的，海关以境外加工费和料件费以及该货物复运进境的运输及其相关费用、保险费审查确定完税价格。

出境加工货物复运进境超过海关规定期限的，由海关按照审定一般进口货物完税价格的规定审查确定完税价格。

（3）暂时进境货物的估价方法。

经海关批准的暂时进境货物，应当缴纳税款的，由海关按照本节审定一般进口货物完税价格的规定审查确定完税价格。经海关批准留购的暂时进境货物，以海关审查确定的留购价格作为完税价格。

（4）租赁进口货物的估价方法。

①以租金方式对外支付的租赁货物，在租赁期间以海关审定的该货物的租金作为完税价格，利息予以计入。

②留购的租赁货物以海关审定的留购价格作为完税价格。

③纳税义务人申请一次性缴纳税款的，可以选择申请按照规定估价方法确定完税价格，或者按照海关审查确定的租金总额作为完税价格。

（5）减免税货物的估价方法。

特定减免税货物在监管年限内不能擅自出售、转让、移作他用，如有特殊情况，

经过海关批准可以出售、转让、移作他用，须向海关办理纳税手续。减税或免税进口的货物予以征税时，海关以审定的该货物原进口时的价格，扣除折旧部分价值作为完税价格，其计算公式如下：

完税价格 = 海关审定的该货物原进口时的价格 × ［1-申请补税时实际已进口的时间÷（监管年限×12）］

上述计算公式中"申请补税时实际已进口的时间"，不足一个月但超过 15 日的按照一个月计算；不超过 15 天的，不予计算。

（6）无成交价格货物的估价方法。

以易货贸易、寄售、捐赠、赠送等不存在成交价格的方式进口的货物，总体而言都不适用成交价格法，海关与纳税义务人进行价格磋商后，依照《审价办法》第六条列明的相同货物成交价格估价法、类似价格估价法、倒扣价格估价法、计算价格估价法及合理方法审查确定完税价格。

（7）软件介质的估价方法。

进口载有专供数据处理设备用软件的介质，具有下列情形之一的，以介质本身的价值或者成本为基础审查确定完税价格：

①介质本身的价值或成本与所载软件的价值分列；

②介质本身的价值或成本与所载软件的价值虽未分列，但是纳税义务人能够提供介质本身的价值或者成本的证明文件，或者能提供所载软件价值的证明文件。

含有美术、摄影、声音、录像、影视、游戏、电子出版物的介质不适用上述规定。

（三）完税价格中运输及其相关费用、保险费的计算

1. 运费的计算标准

进口货物的运费，按照实际支付的费用计算。如果进口货物的运费无法确定，海关按照该货物的实际运输成本或者该货物同期运输行业公布的运费率（额）计算运费。

运输工具作为进口货物，利用自身动力进境的，海关在审查确定完税价格时，不再另行计入运费。

2. 保险费的计算标准

进口货物的保险费，按照实际支付的费用计算。如果进口货物的保险费无法确定或者未实际发生，海关按照"货价加运费"两者总额的 3‰计算保险费，其计算公式如下：

保险费 =（货价+运费）×3‰

3. 邮运货物运费计算标准

邮运进口的货物，以邮费作为运输及其相关费用、保险费。

邮运进口货物主要是指快件，而超过一定价值的快件应按货物管理，所以同样存在运保费的问题，而邮运进口货物，其邮费即为运保费。

4. 边境口岸运费计算标准

以境外边境口岸价格条件成交的铁路或者公路运输进口货物，海关应按照境外边境口岸价格的 1%计算运输及其相关费用、保险费。这里所称的"边境口岸"是指与我

国接壤的国家或地区的边境口岸。

三、出口货物完税价格的审定

（一）出口货物的完税价格

出口货物的完税价格由海关以该货物的成交价格为基础审查确定，包括货物运至中华人民共和国境内输出地点装载前的运输及其相关费用、保险费。

（二）出口货物的成交价格

出口货物的成交价格，是指该货物出口销售时，卖方为出口该货物向买方直接收取和间接收取的价款总额。

（三）不计入出口货物完税价格的税收、费用

以下几种不计入出口货物完税价格的税收、费用：

（1）出口关税；

（2）在货物价款中单独列明的货物运至中华人民共和国境内输出地点装载后运费及其相关费用、保险费；

（3）在货物价款中单独列明由卖方承担的佣金。

（四）出口货物的其他估价方法

出口货物的成交价格不能确定的，海关经了解相关情况，并与纳税义务人进行价格磋商后，依次以下列价格审查确定该货物的完税价格：

（1）同时或者大约同时向同一国家或者地区出口的相同货物的成交价格；

（2）同时或者大约同时向同一国家或者地区出口的类似货物的成交价格；

（3）根据境内生产相同或类似货物的成本、利润和一般费用（包括直接费用和间接费用）、境内发生的运输及其相关费用、保险费计算所得的价格；

（4）按照合理方法估定的价格。

如果出口货物的销售价格中包含了出口关税，则出口货物完税价格的计算公式如下：

出口货物完税价格 = FOB（中国境内口岸）－出口关税

= FOB（中国境内口岸）÷（1+出口关税税率）

第三节　进口货物原产地的确定与税率适用

一、进出口货物原产地的确定

在国际贸易中，原产地这个概念是指货物生产的国家（地区），就是货物的"国籍"。

随着世界经济一体化和生产国际化的发展，准确认定出口货物的"国籍"变得更为重要。因为确定了进口货物"国籍"，就直接确定了其依照进口国的贸易政策所适用

的关税和非关税待遇。原产地的不同决定了进口商品所享受的待遇不同。

（一）原产地规则的含义

各国为了适应国际贸易的需要，并为执行本国关税和非关税方面的国别歧视性贸易措施，必须对进出口商品的原产地进行认定。为此，各国以本国立法形式制定出其鉴别货物"国籍"的标准，这就是原产地规则。

世界贸易组织《原产地规则协议》将原产地规则定义为：一国（地区）为确定货物的原产地而实施的普遍适用的法律、法规和行政决定。

（二）原产地规则的类别

从适用目的讲，原产地规则分为两大类：一类为优惠原产地规则，另一类为非优惠原产地规则。

1. 优惠原产地规则

优惠原产地规则是指一国为了实施国别优惠政策而指定的法律、法规，是以优惠贸易协定通过双边、多边协定形式或者是由本国自主形式指定的一些特殊原产地认定标准，因此也成为协定原产地规则。优惠原产地规则有很强的排他性，优惠范围以受惠国（地区）的进口产品为限，其目的是促进协议方之间的贸易发展。优惠原产地规则主要有以下两种实施方式：一是通过自主方式授予，如欧盟普惠制（GSP）、中国对最不发达国家的特别优惠关税待遇；二是通过协议以互惠性方式授予，如北美自由贸易协定、中国—东盟自贸区协定等。

我国加入世界贸易组织后，为了进一步改善所处的贸易环境，推进市场多元化进程，开创新的格局，截至2010年3月先后签订了《亚太贸易协定》（即原《亚洲和太平洋经济和社会理事会发展中国家成员国关于贸易谈判的第一协定》，又称《曼谷协定》）、《中华人民共和国与东南亚国家联盟全面经济合作框架协议》（以下简称《中国—东盟合作框架协议》）、《内地与香港关于建立更紧密经贸关系的安排》（又称《香港CEPA》）、《内地与澳门关于建立更紧密经贸关系的安排》（又称《澳门CEPA》）、《中华人民共和国政府与巴基斯坦伊斯兰共和国政府自由贸易协定》、对41个最不发达国家（包括31个非洲国家，孟加拉国、柬埔寨、老挝、缅甸等4国，也门、马尔代夫、阿富汗、萨摩亚、瓦努阿图、东帝汶等6国）给予的特别优惠关税待遇（以下简称"特别优惠关税待遇"）、《中华人民共和国政府和智利共和国政府自由贸易协定》、《中华人民共和国政府和新西兰政府自由贸易协定》、《中华人民共和国政府和新加坡共和国政府自由贸易协定》、《中华人民共和国政府和秘鲁共和国政府自由贸易协定》等优惠贸易协定。上述优惠贸易协定中均包含有相应的优惠原产地规则。

2. 非优惠原产地规则

非优惠原产地规则，是一国根据实施其海关税则和其他贸易措施的需要，由本国立法自主制定的，因此也称为自主原产地规则。按照世界贸易组织的规定，适用于非优惠贸易政策措施的原产地规则，其实施必须遵守最惠国待遇原则，即必须普遍地、无差别地适用于所有原产地为最惠国的进口货物。它包括实施最惠国待遇、反倾销和反补贴税、保障措施、数量限制或关税配额、原产地标记或贸易统计、政府采购时所用的原产地规则。

（三）原产地认定标准

在认定货物的原产地时，会出现以下两种情况：一种是货物完全是在一个国家（地区）获得或生产制造，另一种是货物由两个或两个以上国家（地区）生产或制造。无论是优惠原产地规则还是非优惠原产地规则，都要确定这两种货物的原产地认定标准。

对于完全在一国（地区）获得的产品，如农产品或矿产品，各国的原产地认定标准基本一致，即以产品的种植、开采或生产国为原产国，这一标准常称为"完全获得标准"（Wholly Obtained Standard）。对于经过几个国家（地区）加工、制造的产品，各国多以完成最后实质性加工的国家为原产国，这一标准通常称为"实质性改变标准"（Substantial Transformation Standard）。实质性改变标准包括税则归类改变标准、从价百分比标准（或称增值百分比标准、区域价值成分标准等）、加工工序标准、混合标准等。

1. 优惠原产地认定标准

（1）完全获得标准。

完全获得，即从优惠贸易协定成员国或地区（以下简称成员国或地区）直接运输进口的货物是完全在该成员国或地区活的或者生产的，这些货物指：

①在该成员国或地区境内收获、采摘或者采集的植物产品；

②在该成员国或地区境内出生并饲养的活动物；

③在该成员国或地区领土或者领海开采、提取的矿产品；

④其他符合相应优惠贸易协定项下完全获得标准的货物。

原产于优惠贸易协定某一成员国或地区的货物或者材料，在同一优惠贸易协定另一成员国或地区境内用于生产另一货物，并构成另一货物组成部分的，该货物或者材料应当视为原产于另一成员国或地区境内。

为便于装载、运输、储存、销售进行的加工、包装、展示等微小加工或者处理，不影响货物原产地确定。在货物生产过程中使用，本身不构成货物物质成分，也不成为货物组成部件的材料或者物品，其原产地不影响货物原产地确定。

（2）税则归类改变标准。

税则归类改变，是指原产于非成员国或地区的材料在出口成员国或地区境内进行制造、加工后，所得货物在《商品名称及编码协调制度》中税则归类发生了变化。

（3）区域价值成分标准。

区域价值成分，是指出口货物船上交货价格（FOB）扣除该货物生产过程中该成员国或地区非原材料价格后，所余下价款在出口货物船上交货价格（FOB）中所占的百分比。不同协定框架下的优惠原产地规则中的区域价值成分标准各有不同，部分贸易协定的区域价值成分标准如下：

①《亚太贸易协定》项下的原产地规则要求，在生产过程中所使用的非成员国原产的或者不明原产地的材料、零件或产物的总价值不超过该货物船上交货价（FOB）

的 55%，原产于最不发达受惠国（即孟加拉国）的产品的以上比例不超过 65%。

②《中国—东盟合作框架协议》项下的《中国—东盟自由贸易区原产地规则》规定，用于所获得或生产产品中的原产于任何一成员方的成分不低于该货物 FOB 价的40%；或者非中国—东盟自由贸易区原产的材料、零件或者产物的总价值不超过所获得或者生产产品 FOB 价的 60%，且最后生产工序在成员方境内完成。

③《香港 CEPA》和《澳门 CEPA》项下的原产地规则要求，在港、澳获得的材料、组合零件、劳工价值和产品开发支出价值的合计，与在港、澳生产或获得产品 FOB 价的比例应不低于 30%。

④"特别优惠关税待遇"项下进口货物原产地规则的从价百分比标准是指在受惠国对非该国原材料进行制造、加工后的增值部分不小于所得货物价值的 40%。

（4）制造加工工序标准。

制造加工工序，是指赋予加工后所得货物基本特征的主要工序。

（5）其他标准。

其他标准，是指除上述标准之外，成员国或地区一致同意采用的确定货物原产地的其他标准。

（6）直接运输标准。

"直接运输"是指优惠贸易协定项下进口货物从该协定成员国或地区直接运输至中国境内，途中未经过该协定成员国或地区以外的其他国家或地区。

原产于优惠贸易协定成员国或地区的货物，经过其他国家或地区运输至中国境内，不论在运输途中是否转换交通工具或者作临时储存，同时符合下列条件的，视为"直接运输"：

①该货物在经过其他国家或地区时，未做除使货物保持良好状态所必须处理以外的其他处理；

②该货物在其他国家或地区停留的时间未超过相应优惠贸易协定规定的时间；

③该货物在其他国家或地区作临时储存时，处于该国家或地区海关监管之下。

不同框架协议下的优惠原产地规则中的直接运输规则各有不同，部分贸易协定的直接运输规则如下：

④《亚太贸易协定》项下原产地规则的直接运输规则是指：

A. 货物未经任何非成员国境内；

B. 货物运输途中经过非成员国，无论是否在这些国家或地区转换交通工具或作临时储存，同时符合由于地理原因或者仅出于运输需要，货物未在这些国家或地区进入贸易或消费领域，货物在经过这些国家或地区时未做除装卸或者其他为使货物保持良好状态所必须处理以外的其他处理这三个条件。

①《中国—东盟合作框架协议》项下《中国—东盟自由贸易区原产地规则》中的直接运输规则是指：《中国—东盟合作框架协议》项下的进口货物从某一东盟国家直接运输至我国境内，或者从某一东盟国家经过其他中国—东盟自由贸易区成员国境内运输至我国，但途中没有经过任何非自由贸易区成员国（地区）境内。如果原产于东盟国家的进口货物运输途中经过非自由贸易区成员国（地区）境内（包括转换交通工具

或者作临时储存）运输至我国，并同时符合下列条件的，视为从东盟国家直接运输：

A. 仅是由于地理原因或者运输需要；

B. 产品经过上述国家时未进行贸易或消费；

C. 除装卸或为保持产品良好状态而进行的加工外，产品在上述国家未经过任何其他加工。

②《香港 CEPA》项下的香港原产进口货物应当从香港直接运输至内地口岸；《澳门 CEPA》项下的进口货物不能从香港以外的地区或者国家转运。

③"特别优惠关税待遇"项下进口货物原产地规则要求申报享受特别关税待遇的进口货物，应当直接从受惠国运输至我国境内，途中未经过中国和该受惠国以外的其他国家（地区）。如货物经过其他国家（地区）运输至我国境内的，是由于地理原因或运输需要，且在经过其他国家（地区）时未做除装卸和为使货物保持良好状态或者运输所必须处理以外的其他处理，同时未进入该国家（地区）进行贸易或消费的，才能视为直接运输。

2. 非优惠原产地认定标准

目前，我国的非优惠原产地认定标准主要有完全获得标准和实质性改变标准。

（1）完全获得标准。

完全获得标准是完全在一个国家（地区）获得的货物，以该国（地区）为原产地；两个以上国家（地区）参与生产的货物，以最后完成实质性改变的国家（地区）为原产地。

以下货物是在一国（地区）的"完全获得"：

①在该国（地区）出生并饲养的活动物；

②在该国（地区）野外捕捉、捕捞、搜集的动物；

③在该国（地区）的活的动物获得的未经加工的物品；

④在该国（地区）收获的植物和植物产品；

⑤在该国（地区）采掘的矿物；

⑥在该国（地区）获得的上述①~⑤项范围之外的其他天然生成的物品；

⑦在该国（地区）生产过程中产生的只能弃置或回收用作材料的废碎料；

⑧在该国（地区）收集的不能修复或修理的物品，或从该物品中回收的零件或材料；

⑨由合法悬挂该国旗帜的船舶从其领海以外海域获得的还有捕捞物和其他物品；

⑩在合法悬挂该国旗帜的加工船上加工上述第⑨项所列物品获得的产品；

⑪从该国领海以外享有专有开采权的海床或海床底土获得的物品；

⑫在该国（地区）完全从上述①~⑪项所列物品中生产的产品。

（2）实质性改变标准。

实质性改变标准是以税则归类改变为基本标准，税则归类改变不能反映实质性改变的，以从价百分比、制造或加工工序等为补充标准。

税则归类改变，是指在某一国家（地区）对该国（地区）原产材料进行制造、加工后，所得货物在《进出口税则》中的 4 位数税号一级的税则归类发生改变。

制造或者加工工序，是指在某一国家（地区）进行的赋予制造、加工后所得货物基本特征的主要工序。

从价百分比，是指在某一国家（地区）对该国（地区）原产材料进行制造、加工后的增值部分，不低于所得货物价值的30%。用公式表示如下：

$$（工厂交货价-非该国（地区）原产材料价值）÷工厂交货价×100\% ≥30\%$$

这里应注意：上述"工厂交货价"是指支付给制造厂所生产的成品的价格；"非该国（地区）原产材料价值"是指直接用于制造或装配最终产品而进口原料、零部件的价值（含原产地不明的原料、零配件），以其进口的成本、保险费加运费价格（CIF价）计算。

以上述"制造或者加工工序"和"从价百分比"作为标准来判定实质性改变的货物在有关的"适用制造或者加工工序及从价百分比标准的货物清单"中具体列明，并按列明的标准判定是否发生实质性改变。对未列入上述清单货物的，其实质性改变的判定，应当适用税则归类改变标准。上述清单由海关总署会同商务部、国家质量监督检验检疫总局根据实际情况修订并公告。

上述实质性改变标准适用于非优惠性贸易措施项下两个及以上国家（地区）所参与生产的货物原产地的确定。

（四）原产地证书

原产地证书是由出口国政府有关机构签发的一种证明货物原产地或制造地的证明文件。它主要用于进口国海关实行差别关税，实施进口税率和进口配额等不同国别政策的依据。原产地证书是出口商按进口商的要求提供的，有着多种形式，其中应用最多的是原产地证书和普惠制产地证，通常多用于不需要提供海关发票或领事发票的国家或地区。

原产地证书并不是确定货物原产地的唯一标准。若海关通过查验货物或审核单证认为所提供的原产地证书可能不真实，海关可以请求出口国（地区）的有关机构对该货物的原产地进行核查。

二、税率适用

（一）税率适用的规定

进口税则分设最惠国税率、协定税率、特惠税率、普通税率、关税配额税率等税率。对进口货物在一定期限内可以实行暂定税率。根据我国加入世界贸易组织时承诺的关税减让义务，2007年以来我国的进口关税总水平保持在9.8%。

出口税则按进口税则列目方式确定出口税则税目，对部分出口商品实行暂定出口税率。

1. 进口税率

对于同时适用多种税率的进口货物，在选择适用的税率时，基本的原则是"从低适用"，特殊情况除外。

（1）原产于共同适用最惠国待遇条款的世界贸易组织成员的进口货物，原产于与中华人民共和国签订含有互相给予最惠国待遇条款的双边贸易协定的国家或者地区的进口货物，以及原产于中华人民共和国境内的进口货物，适用最惠国税率。

原产于与中华人民共和国签订含有关税优惠条款的贸易协定的国家或者地区的进口货物，适用协定税率。原产于与中华人民共和国签订含有特殊关税优惠条款的贸易协定的国家或者地区的进口货物，或者原产于中华人民共和国自主给予特别优惠关税待遇的国家或者地区的进口货物，适用特惠税率。

上述之外的国家或者地区的进口货物，以及原产地不明的进口货物，适用普通税率。

（2）适用最惠国税率的进口货物有暂定税率的，应当适用暂定税率；适用协定税率、特惠税率的进口货物有暂定税率的，应当从低适用税率；适用普通税率的进口货物，不适用暂定税率。对于无法确定其原产国（地区）的进口货物，按普通税率征税。

（3）按照国家规定实行关税配额管理的进口货物，关税配额内的，适用关税配额税率；关税配额外的，其税率的适用按其所适用的其他相关规定执行。

（4）按照有关法律、行政法规的规定对进口货物才去反倾销、反补贴、保障措施的，其税率的适用按照《中华人民共和国反倾销条例》、《中华人民共和国反补贴条例》和《中华人民共和国保障措施条例》的有关规定执行。

（5）任何国家或者地区违反与中华人民共和国签订或者共同参加的贸易协定及相关协定，对中华人民共和国在贸易方面采取禁止、限制、加征关税或者其他影响正常贸易的措施的，对原产于该国家或者地区的进口货物可以征收报复性关税，适用报复性关税税率。征收报复性关税的货物、适用国别、税率、期限和征收办法，由国务院关税税则委员会决定并公布。

（6）凡进口原产于与我国达成优惠贸易协定的国家或者地区并享受协定税率的商品，同时该商品又属于我国实行反倾销或反补贴措施范围内的，应按照优惠贸易协定税率计征关税；凡进口原产于与我国达成优惠贸易协定的国家或者地区并享受协定税率的商品，同时该商品又属于我国采取保障措施范围内的，应在该商品全部或部分中止、撤销、修改关税减让义务后所确定的适用税率基础上计征关税。

（7）执行国家有关进出口关税减征政策时，首先应当在最惠国税率基础上计算有关税目的减征税率，然后根据进口货物的原产地及各种税率形式的适用范围，将这一税率与同一税目的特惠税率、协定税率、进口暂定最惠国税率进行比较，税率从低执行，但不得在暂定最惠国税率基础上再进行减免。

（8）从 2002 年起我国对部分非全税目信息技术产品的出口按 ITA（Information Tchnology Associates）税率征税。

同时有两种及以上税率可适用的进口货物最终适用的税率汇总表，如表 3-1 所示。

表 3-1 进口货物最终适用汇率汇总表

进口货物可选用的税率	税率适用的规定
同时适用最惠国税率、进口暂定税率	应当适用暂定税率
同时适用协定税率、特惠税率、进口暂定税率	应当从低适用税率
同时适用国家优惠政策、进口暂定税率	按照国家优惠政策进口暂定税率商品时，以优惠政策计算确定的税率与暂定税率两者取低计征关税，但不得在暂定税率基础上再进行减免
适用普通税率的进口货物，存在进口暂定税率	适用普通税率的进口货物，不适用暂定税率
适用关税配额税率、其他税率	关税配额内的，适用关税配额税率；关税配额外的，适用其他税率
同时适用 ITA 税率、其他税率	适用 ITA 税率
反倾销税、反补贴税、保障措施关税、报复性关税	适用反倾销税率、反补贴税率保障措施税率、报复性关税税率

2. 出口税率

对于出口货物，在计算出口关税时，出口暂定税率的执行优先于出口税率。

（二）税率的适用时间

《关税条例》规定，进出口货物应当适用海关接受该货物申报进口或者出口之日实施的税率。

在实际运用时应区分一下不同情况：

（1）进口货物到达前，经海关核准先行申报的，应当适用装载该货物的运输工具申报进境之日实施的税率。

（2）进口转关运输货物，应当适用指运地海关接受该货物申报进口之日实施的税率，货物运抵指运地前，经海关核准先行申报的，应当适用装载该货物的运输工具抵达指运地之日实施的税率。

（3）出口转关运输货物，应当适用起运地海关接受该货物申报出口之日实施的税率。

（4）经海关批准，实行集中申报的进出口货物，应当适用每次货物进出口时海关接受该货物申报之日实施的税率。

（5）因超过规定期限未申报而由海关依法变卖的进口货物，其税款计征应当适用装载该货物的运输工具申报进境之日实施的税率。

（6）因纳税义务人违反规定需要追征税款进出口货物，应当适用违反规定的行为发生之日实施的税率；行为发生之日不能确定的，适用海关发现该行为之日实施的税率。

（7）已申报进境并放行的保税货物、减免税货物、租赁货物或者已申报进出境并放行的暂时进出境货物，有下列情形之一需缴纳税款得，应当适用海关接受纳税义务人再次填写报关单申报办理纳税及有关手续之日实施的税率：

①保税货物经批准不复运出境的；

②保税仓储货物转入国内市场销售的；

③减免税货物经经批准转让或者移作他用的；

④可暂不缴纳税款的暂时进出境货物，经批准不复运出境或进境的；

⑤租赁进口货物，分期缴纳税款的。

进出口货物关税的补征和退还，按照上述规定确定适用的税率。

第四节 进出口税费的减免、缴纳与退补

一、减免税规定

（一）法定减免税

法定减免税是指按照《海关法》、《关税条例》和其他法律、行政法规的规定，进出口货物可以享受的减免关税优惠。海关对法定减免税货物一般不进行后续管理。

下列进出口货物、进出境物品，减征或者免征关税：

（1）关税税额在人民币 50 元以下的一票货物；

（2）无商业价值的广告品和货样；

（3）外国政府、国际组织无偿赠送的物资；

（4）在海关放行前遭受损坏或者损失的货物；

（5）进出境运输工具装载的途中必需的燃料、物料和饮食用品；

（6）中华人民共和国缔结或者参加的国际条约规定减征、免征关税的货物、物品；

（7）法律规定减征、免征关税的其他货物、物品。

（二）特定减免税

特定减免税是指海关根据国家规定，对特定地区、特定用途和特定企业给予的减免关税和进口环节海关代征税的优惠，也称政策性减免税。特定减税或者免税的范围和办法由国务院规定，海关根据国务院的规定单独或会同国务院其他主管部门指定具体实施办法并加以贯彻执行。

为配合全国增值税转型改革，规范税制，自 2009 年 1 月 1 日起，国家对部分进口税收优惠政策进行相应调整。目前实施特定减免税的项目主要有：

1. 外商投资项目投资额度内进口自用设备

（1）根据对外商投资的法律法规规定，在中国境内依法成立，并领取中华人民共和国外商投资企业批准证书和外商投资企业营业执照等有关法律文件的中外合资企业、中外合作经营企业和外资企业（以下统称外商投资企业），所投资项目符合《外商投资产业指导目录》中鼓励类或《中西部地区外商投资优势产业目录》的产业条目，在投资总额内进口的自用设备及随设备进口的配套技术、配件、备件（以下简称自用设备），除《外商投资项目不予免税的进口商品目录》、《进口不予免税的重大技术装备和产业目录》所列商品外，免征关税，进口环节增值税照章征收。

中外投资者采取发起或募集方式在境内设立外商投资股份有限公司，或已设立的外商投资有限责任公司转变为外商投资股份有限公司，并且外资股比不低于25%的，在投资总额内进口的自用设备，以及内资有限责任公司和股份有限公司转变为外资股比不低于25%的外商投资股份有限公司，并且同时增资，其增资部分对应的进口自用设备，可享受外商投资项目进口税收优惠政策。

持有外商投资企业批准证书的A股上市公司股权分置改革方案实施后增发新股，或原外资法人股东出售股份，但外资股比不低于25%，在投资总额内进口的自用设备可享受外商投资项目税收优惠政策。

外商投资企业向中西部地区再投资设立的企业或其通过投资控股的公司，注册资本中外资比例不低于25%，并取得外商投资企业批准证书，其在投资总额内进口的自用设备可享受外商投资项目进口税收优惠政策。

（2）下列情况中，所投资项目符合《外商投资产业指导目录》中鼓励类或《中西部地区外商投资优势产业目录》的产业条目，在投资总额内进口的自用设备，除《国内投资项目不予免税的进口商品目录》、《进口不予免税的重大技术装备和产品目录》所列商品外，可以免征关税，进口环节增值税照章征收：

① 外国投资者的投资比例低于25%的外商投资企业；

② 境内内资企业发行B股或发行海外股（H股、N股、S股、T股或红筹股）转化为外商投资股份有限公司；

③ 外商投资企业向中西部地区再投资设立的外资比例低于25%的企业，以及向中西部以外地区再投资设立的企业。

2. 外商投资企业自有资金项目

属于国家鼓励发展产业的外商投资企业（外国投资者的投资比例不低于25%）、外商研究开发中心、先进技术型、产品出口型的外商投资企业，在企业投资额意外的自有资金（指企业储备基金、发展基金、折旧、税后利润）内，对原有设备更新（不包括成套设备和生产线）和维修进口国内不能生产或性能不能满足需要的设备，以及与上述设备配套的技术、配件、备件，除《国内投资项目不予免税的进口商品目录》、《进口不予免税的重大技术装备和产品目录》所列商品外，可以免征进口关税，进口环节增值税照章征收。

3. 国内投资项目进口自用设备

属于国家重点鼓励发展产业的国内投资项目，在投资总额内进口的自用设备，以及按照合同随设备进口的技术及配套件、备件，除《国内投资项目不予免税的进口商品目录》、《进口不予免税的重大技术装备和产品目录》所列商品外，免征进口关税，进口环节增值税照章征收。

4. 贷款项目进口物资

外国政府贷款和国际金融组织贷款项目，在项目额度或投资总额内进口的自用设备，以及按照合同随设备进口的技术及配件套、备件，除《国内投资项目不予免税的进口商品目录》、《进口不予免税的重大技术装备和产品目录》所列商品外，免征进口关税。

对贷款项目进口自用设备，经确认按有关规定增值税进项税额无法抵扣的，除《国内投资项目不予免税的进口商品目录》、《进口不予免税的重大技术装备和产品目录》所列商品外，同时免征进口环节增值税。

5. 贷款中标项目进口物资

为了鼓励国内机电制造企业积极参与利用国际金融组织贷款和外国政府贷款项目采购设备的国际招标活动，平衡国内外中标设备的税收负担，在利用世界银行贷款、亚洲开发银行贷款、日本国际协力银行贷款以及其捐赠款的国际招标中，国内中标单位为生产中标机电设备而进口国内不能生产或性能不能满足需要的零部件免征进口关税，进口环节增值税照章征收。

6. 重大技术装备

为提高我国企业的核心竞争力及自主创新能力，推动产业调整和升级，促进国民经济可持续发展，贯彻落实国务院关于装备制造业振兴计划和加快振兴装备制造业有关调整税收优惠政策的决定，自 2009 年 7 月 1 日起，对经认定符合规定条件的国内企业为生产国家支持发展的重大技术装备和产品进口规定范围内的关键零部件、原材料商品，除《进口不予免税的重大技术装备和产品目录》所列商品外，免征关税和进口环节增值税。

国家支持发展的重大技术装备和产品，以及重大技术装备和产品进口关键零部件、原材料商品主要是：大型清洁高效发电设备，特高压输变电设备，大型石化设备，大型煤化工设备，大型冶金成套设备，大型煤炭综合设备，大型施工机械及基础设施专用设备，大型、精密、高速数控设备，数控系统、功能部件与基础制造装备（振兴计划），新型纺织机械，新型、大马力农业装备等。

7. 特定区域物资

保税区、出口加工区等特定区域进口的区内生产性基础设施项目所需的机器、设备和基建物资可以免税；区内企业、进口企业自用的生产、管理设备和自用数量合理的办公用品及其所需的维修零配件，生产用燃料，建设生产厂房、仓储设备所需的物资、设备可以免税；行政管理机构自用合理数量的管理设备和办公用品及其所需的维修零配件，可以免税。

8. 科教用品

为了促进科学研究和教育事业的发展，推动科教兴国战略的实施，国务院规定对国务院部委和直属机构以及省、自治区、直辖市、计划单列市所属专门从事科学研究工作的科学研究机构，和国家承认学历的实施专科及以上高等学历教育学校，或财政部会同国务院有关部门核定的其他科学研究机构和学校，以科学研究和教学为目的，在合理数量范围内进口国内不能生产或性能不能满足需要的科学研究和教学用品，免征关税和进口环节增值税、消费税。

9. 科技开发用品

为了鼓励科学研究和技术开发，鼓励技术进步，规范科技开发用品的免税进口行为，国务院规定经国家有关部门核准从事科技开发的科学研究、技术开发机构，在2010 年 12 月 31 日前，在合理数量范围内进口国内不能生产或性能不能满足需要的科技开发用品，免征关税和进口环节增值税、消费税。

10. 无偿援助项目进口物资

外国政府、国际组织无偿赠送及我国履行国际条约规定进口物资，其减免税范围包括根据中国与外国政府、国际组织间的协定或协议，由外国政府、国际组织直接无偿赠送的物资或由其提供无偿赠款，由我国受赠单位按照协定或协议规定用途自行采购进口的物资；外国地方政府或民间组织受外国政府委托无偿赠送进口的物资；国际组织成员受国际组织委托无偿赠送进口的物资；我国履行国际条约规定减免税进口的物资。

11. 救灾捐赠物资

对外国民间团体、企业、友好人士和华侨、港澳居民和台湾同胞无偿向境内受灾地区（限于新华社对外发布和民政部中国灾情信息公布的受灾地区）捐赠的直接用于救灾的物资，在合理数量范围内，免征关税和进口环节增值税、消费税。

12. 扶贫慈善捐助物资

为促进公益事业的健康发展，经国务院批准下发了《扶贫、慈善性捐赠物资免征进口税收的暂行办法》，对境外捐赠人（指中华人民共和国境外的自然人、法人或者其他组织）无偿向受赠人捐赠的直接用于扶贫、慈善事业（指非营利性的扶贫济困、慈善救助等社会慈善和福利事业）的物资，免征关税和进口环节增值税、消费税。

13. 残疾人专用品

为支持残疾人的康复工作，国务院制定了《残疾人专用品免征进口税收暂行规定》，对民政部直属企事业单位和省、自治区、直辖市民政部门所属福利机构、假肢厂、荣誉军人康复医院等，中国残疾人联合会直属事业单位和省、自治区、直辖市残联所属福利机构和康复机构进口国内不能生产的残疾人专用物品，免征进口关税和进口环节增值税、消费税。

14. 集成电路项目进口物资

我国对集成电路生产企业进口自用生产性原材料及净化室专用建筑材料等实施税收优惠政策，对在中国境内设立的投资额超过 80 亿元或集成电路线宽小于 0.25 微米的集成电路生产企业进口自用生产性原料、消耗品，净化室专用建筑材料、配套系统，集成电路生产设备零、配件，免征进口关税，进口环节增值税照章征收。

15. 海上石油、路上石油项目进口物资

国家在我国海洋（指我国内海、领海、大陆架以及其他属于中华人民共和国海洋资源管辖海域，包括浅海滩涂）和陆上特定地区开采石油（天然气）进口物资实施税收优惠政策。凡在我国海洋和特定地区进行石油和天然气开采作业的项目，进口直接用于开采作业的设备、仪器、零附件、专用工具，依照规定免征关税和进口环节增值税。

16. 进口远洋渔船及船用关键设备和部件

为发展远洋渔业，我国对国内远洋渔业企业和船舶及船用设备制造企业进口的船用关键设备和部件实施了进口税收优惠政策。"十一五期间"国家继续对在国内订造、改造远洋渔船进口的船用关键设备和部件，进口少量带有入渔配额的二手远洋渔船，以及进口国内尚不能建造的特种渔船，实施进口税收优惠政策。

17. 远洋渔业项目进口自捕水产品

对经农业部批准获得《农业部远洋渔业企业资格证书》的远洋渔业企业运回的品种，及产地符合要求的自捕水产品执行不征收进口关税和进口环节增值税的政策。

此外，国家还根据不同时期的需要制定了相关的减免税政策。

（三）临时减免税

临时减免税是指法定减免税和特定减免税以外的其他减免税，国务院根据某个单位、某类商品、某个时期或某批货物的特殊情况和需要，给予特别的临时性减免税优惠，如汶川地震灾后重建进口物资。为支持和帮助汶川受灾地区积极开展生产自救，重建家园，自 2008 年 7 月 1 日起，对受灾地区企业、单位，或支援受灾地区重建的企业、单位，进口国内不能满足供应并直接用于灾后重建的大宗物资、设备等，3 年内免征进口关税和进口环节增值税。

二、税款缴纳

（一）缴纳地点与方式

纳税义务人应当在货物的进出境地向海关缴纳税款，经海关批准也可以在纳税义务人所在地向其主管海关缴纳税款（即"属地纳税"）。

纳税义务人向海关缴纳税款的方式主要有两种：一种是持缴款书到指定银行营业柜台办理税费缴付手续（即"柜台支付税费"）；另一种是向签有协议的银行办理电子缴付税费（即"网上支付税费"）手续。

网上支付税费是指纳税义务人、银行、中国电子口岸数据中心和海关按照网上支付项目管理规定，通过中国电子口岸数据平台办理进出口税费缴纳手续的付税方式。目前，实行网上支付的税费有：进出口关税、反倾销税及其他特别税、进口增值税、进口消费税以及缓税利息。

网上支付税费银行担保是税费网上支付和税收担保制度的结合，是根据进出口税费担保的有关规定，由银行对纳税义务人在一定时期内通过网上支付方式申请缴纳的进出口税费提供的总担保。

（二）缴纳凭证

1. 进出口关税和进口环节代征税的缴纳凭证

海关征收进出口关税和进口环节税时，应向纳税义务人或其代理人填发《海关专用缴款书》（含关税、进口环节税）。纳税义务人或其代理人持凭《海关专用缴款书》向银行缴纳税款。

海关填发的《海关专用缴款书》第一联为"收据"，由国库收款签章后交缴款单位或缴款人；第二联为"付款凭证"，由缴库单位开户银行作付出凭证；第三联为"收款凭证"，由收款国库作收入凭证；第四联为"回执"，由国库盖章后退回海关财务部门；第五联为"报查"，关税由国库收款后退回海关，进口环节代征税送当地税务机关；第六联为"存根"，由填发单位存查。

进口货物收货人或其代理人缴纳税款后，应将《海关专用缴款书》第一联送签发海关验核，海关凭以办理有关手续。

2. 滞纳金的缴纳凭证

滞纳金缴款书的格式与税款缴款书相同。海关征收进出口货物的关税、进口环节增值税、进口环节消费税、船舶吨税等的滞纳金时，应向纳税义务人或其代理人填发《海关专用缴款书》。纳税义务人或其代理人应持凭《海关专用缴款书》向银行缴纳滞纳金。

三、税款退还

（一）退税的范围

以下情况经海关核准可予以办理退税手续：

（1）已缴纳进口关税和进口环节代征税税款的进口货物，因品质或规格原因原状退货复运出境的；

（2）已缴纳出口关税的出口货物，因品质或规格原因原状退货复运进境，并已重新缴纳因出口而退还的国内环节有关税收的；

（3）已缴纳出口关税的货物，因故未装运出口，已退关的；

（4）已征税放行的散装进出口货物发生短卸、短装，如果该货物的发货人、承运人或者保险公司已对短卸、短装部分退还或者赔偿相应货款的，纳税义务人可以向海关申请退还进口或者出口短卸、短装部分的相应税款；

（5）进出口货物因残损、品质不良、规格不符等原因，由进出口货物的发货人、承运人或者保险公司赔偿相应货款的，纳税义务人可以向海关申请退还赔偿货款部分的相应税款。

（6）因海关误征，致使纳税义务人多缴税款的。

（二）退税的期限及要求

海关发现多征税款的，应当立即通知纳税义务人办理退还手续。

纳税义务人发现多缴税款的，自缴纳税款之日起1年内，可以以书面形式要求海关退还多缴的税款并加算银行同期活期存款利息。所退利息按照海关填发收入退还书之日中国人民银行规定的活期储蓄存款利息计算，计算所退利息的期限自纳税义务人缴纳税款之日起至海关填发收入退还书之日止。

进口环节增值税已予抵缴的除国家另有规定外不予退还。已征收的滞纳金不予退还。

海关应当自受理退税申请之日起30日内查实并通知纳税义务人办理退还手续。纳税义务人应当自收到通知书之日起3个月内办理有关退税手续。

退税必须在原征税海关办理。办理退税时，纳税义务人应填写"退税申请表"并持凭原进口或出口报关单、原盖有银行收款章的税款缴纳收据正本及其他必要单证（合同、发票、协议、商检机构证明等）送海关审核，海关同意后，应按原征税或者补税之日所实施的税率计算退税额。

（三）退税凭证

海关退还已征收的关税和进口环节代征税时，应填发《收入退还书》（海关专用），同时通知原纳税义务人或其代理人。海关将《收入退还书》（海关专用）送交指定银行划拨款。

《收入退还书》（海关专用）第一联为"收账通知"，交由收款单位；第二联为"付款凭证"，由退款国库作付出凭证；第三联为"收款凭证"，由收款单位开户银行作收入凭证；第四联为"付款通知"，由国库随收入统计表送退库海关；第五联为"报查凭证"，由国库将进口环节代征税的送当地税务机关，关税的送退库海关；第六联为"存根"，由填发海关存查。

四、税款追征和补征

（一）追征和补征税款的范围

（1）进出口货物放行后，海关发现少征或者漏征税款的；

（2）因纳税义务人违反规定造成少征或者漏征税款的；

（3）海关监管货物在海关监管期内因故改变用途按照规定需要补征税款的。

（二）追征、补征税款的期限和要求

（1）进出口货物放行后，海关发现少征税款的，应当自缴纳税款之日起 1 年内，向纳税义务人补征税款；海关发现漏征税款的，应当自货物放行之日起 1 年内，向纳税义务人补征税款。

（2）因纳税义务人违反规定造成少征或者漏征税款的，海关可以自缴纳税款或者货物放行之日起 3 年内追征税款，并按规定加收滞纳金。

（3）海关发现海关监管货物因纳税义务人违反规定造成少征或者漏征税款的，应当自纳税义务人应缴税款之日起 3 年内追征，并按规定加收滞纳金。

（三）追征、补征税款凭证

海关追征或补征进出口货物关税和进口环节代征税时，应向纳税义务人填发《海关专用缴款书》（含关税、进口环节代征税）。纳税义务人持凭《海关专用缴款书》向指定银行或开户银行缴纳税款。进口货物收货人或其代理人缴纳税款后，应将盖有"收讫"章的《海关专用缴款书》第一联送签发海关验核，海关凭以办理有关手续。

五、延期纳税

纳税义务人因不可抗力或者国家税收政策调整不能按期缴纳税款的，应当在货物进出口前向办理进出口申报纳税手续所在地直属海关提出延期缴纳税款的书面申请并随附相关材料，同时还应当提供缴税计划，由海关总署审核批准。

货物实际进出口时，纳税义务人要求海关先放行货物的，应当向海关提供税款担保。

延期缴纳税款的期限，自货物放行之日起不得超过 6 个月。

纳税义务人在批准的延期缴纳税款期限内缴纳税款的，不征收滞纳金；逾期缴纳税款的，自延期缴纳税款期限届满之日起至缴清税款之日止按日加收滞纳税款 0.5‰的滞纳金。

第五节　进出口税费计算

海关征收的关税、进口环节增值税、进口环节消费税、船舶吨税、滞纳金等税费一律以人民币计征，起征点为人民币 50 元。完税价格、税额采用四舍五入法计算至分。

进出口货物的成交价格及有关费用以外币计价的，计算税款前海关按照该货物适用税率之日所适用的计征汇率折合为人民币计算完税价格。海关每月使用的计征汇率为上一个月第三个星期三（第三个星期三为法定节假日的，顺延采用第四个星期三）中国人民银行公布的外币对人民币的基准汇率。以基准汇率币种以外的外币计价的，采用同一时间中国银行公布的现汇买入价和现汇卖出价的中价值（人民币元后采用四舍五入法保留 4 位小数）。如果上述汇率发生重大波动，海关总署认为必要时，可另行规定计征汇率，并对外公布。

一、进出口关税计算

（一）进口关税计算

1. 计算程序

（1）按照归类原则确定税则归类，将应税货物纳入适当的税号；

（2）根据原产地规则和税率适用规定，确定应税货物所适用的税率；

（3）根据完税价格审定办法的有关规定，确定应税货物的完税价格或实际进出口数量；

（4）根据汇率适用规定，将外币计价格折算成人民币；

（5）按照计算公式正确计算应征税款。

2. 计算实例

（1）国内某公司从香港购进日本某品牌轿车 10 辆，成交价格合计为 FOB 香港120 000.00 美元，实际支付运费 5 000 美元，保险费 800 美元。已知小轿车的汽缸容量2 000 毫升，适用中国人民银行的外汇折算价为 1 美元＝人民币 6.839 6 元，计算应征进口关税。

计算方法：

①确定税则归类，汽缸容量 2 000 毫升的小轿车归入税号 8703.2341；

②原产国日本适用最惠国税率 25%；

③审定完税价格为 125 800 美元（120 000 美元+5 000 美元+800 美元）；

④将外币价格折算成人民币为 860 421.68 元。

应征进口关税税额 = 完税价格×完税税率 = 860 421.68×25% = 215 105.42（元）

（2）国内某公司从香港购进日本某彩色胶卷 50 400 卷（宽度 35 毫米，长度 1.8 米），成交价格为 CIF 境内某口岸 10.00 港币/卷，已知适用中国人民银行的外汇折算价格为 1 港币 = 人民币 0.881 5 元；以规定单位换算表折算，规格"135/36"的彩色胶卷 1 卷 = 0.05775 平方米，计算应征进口关税。

计算方法：

①确定税则归类，彩色胶卷归入税号 3702.5410；

②原产国日本适用最惠国税率 26.00 元/平方米；

③确定其实际进口量 50 400 卷×0.05775 平方米/卷 = 2910.6 平方米；

④审定完税价格为 504 000 港币，将外币总价格折算成人民币为 444 276.00 元（计征进口环节增值税时需要）。

应征进口关税税额 = 货物数量×单位吨税 = 2 910.6×26.00 = 75 675.60（元）

（二）出口关税计算

1. 计算程序

（1）按照归类原则确定税则归类，将应税货物归入适当的税号；

（2）根据反倾销税有关规定，确定应税货物所适用的反倾销税税率；

（3）根据审定完税价格的有关规定，确定应税货物的完税价格；

（4）根据汇率适用规定，将外币折算成人民币；

（5）按照计算公式正确计算应征反倾销税税款。

2. 计算实例

国内某企业从广州出口硅铁一批，申报成交价格为 FOB 广州黄埔港 8 705.50 美元，其适用中国人民银行的外汇折算价为 1 美元 = 人民币 6.839 6 元，计算出口关税。

计算方法：

（1）确定税则归类，该批硅铁归入税号 7202.2100，出口税率为 25%；

（2）审定 FOB 为 8 705.50 美元；

（3）将外币折算为人民币为 59 542.14 元。

出口关税税额 = ［成交价格÷（1+出口关税税率）］×出口关税税率

= ［59 542.14÷（1+25%）］×25% = 47 633.71×25%

= 11 908.43（元）

二、进口环节税计算

（一）进口消费税计算

1. 计算程序

（1）按照归类原则确定税则归类，将应税货物归入适当的税号；

（2）根据有关规定，确定应税货物所适用的消费税税率；

（3）根据审定完税价格的有关规定，确定货物的 CIF 价格；

（4）根据汇率适用规定，将外币折算成人民币（完税价格）；

（5）按照计算公式正确计算消费税税款。

2. 计算实例

某进出口公司进口丹麦产啤酒 3 800 升（988 升＝1 吨），经海关审核其成交价格总值为 CIF 境内某口岸 1 672.00 美元，其适用中国人民银行的外汇折算价为 1 美元＝人民币 6.839 6 元，计算应征的进口环节消费税税款。

计算方法：

（1）确定税则归类，啤酒归入税号 2203.0000；

（2）消费税税率为从量税，进口完税价格≥370 美元/吨的消费税税率为 270 元/吨，进口完税价格<370 美元/吨的消费税税率为 220 元/吨；

（3）进口啤酒数量：3 800 升÷988 升/吨＝3.846 吨；

（4）计算完税价格单价：1672 美元÷3.846 吨＝434.74 美元/吨（进口完税价格>370 美元/吨），则消费税税率为 250 元/吨；

（5）按照计算公式计算进口环节消费税：

应征消费税税额＝应征消费税消费品数量×消费税单位吨税＝3.846×250＝961.50（元）

（二）进口增值税计算

1. 计算程序

（1）按照归类原则确定税则归类，将应税货物归入适当的税号；

（2）根据有关规定，确定应税货物所适用的增值税税率；

（3）根据审定完税价格的有关规定，确定应税货物的 CIF 价格；

（4）根据汇率适用规定，将外币折算成人民币（完税价格）；

（5）按照计算公式正确计算消费税税款；

（6）按照计算公式正确计算消费税税款、增值税税款。

2. 计算实例

某公司进口货物一批，经海关审核其成交价格为 1 239.50 美元，其适用中国人民银行的外汇折算价为 1 美元＝人民币 6.839 6 元。已知该批货物的关税税率为 12%，消费税税率为 10%，增值税税率为 17%，计算应征增值税税额。

计算方法：

首先计算关税税额，然后计算消费税税额，最后再计算增值税税额。

（1）将外币价格折算成人民币为 8 477.68 元；

（2）计算关税税额：

应征关税税额 ＝ 完税价格×关税税率＝ 8 477.68×12% ＝1 017.32（元）

（3）计算消费税税额：

应征消费税税额＝［（完税价格＋关税税额）÷（1－消费税税率）］×消费税税率

$$＝［（8 477.68＋1 017.32）÷（1－10%）］×10%$$
$$＝10 550.00×10%$$
$$＝1 055.00（元）$$

（4）计算增值税税额：

应征增值税税额 =（完税价格+关税税额+消费税税额）×消费税税率

$$= （8\ 477.68 + 1\ 017.32 + 1\ 055.00）×17\% = 10\ 550.00×17\%$$

$$= 1\ 793.50（元）$$

三、滞纳金的计算

（一）滞纳金征税规定

按照规定，海关征收的关税、进口环节增值税和消费税、船舶吨税，进出口货物的纳税义务人，应当自海关填发税款缴纳通知书之日起 15 日内缴纳税款；如纳税义务人或其代理人逾期缴纳税款的，由海关自缴纳期限届满之日起至缴清税款之日止，按日加收滞纳税款 0.5‰ 的滞纳金。纳税义务人应当自海关填发滞纳金缴款书之日起 15 日内向指定银行缴纳滞纳金。

在实际计算纳税期限内，应从海关填发税款缴纳款书之日的第二天起计算。缴纳期限的最后一日是星期六、星期天或法定节假日的，关税缴纳期限顺延至周末或法定节假日过后的第一个工作日。如果税款缴纳期限内含有星期六、星期天或法定节假日，则不予扣除。滞纳天数从缴纳期限最后一日的第二天算起，按照实际滞纳天数计算，滞纳期限内的星期六、星期天或法定节假日一并计算。

（二）滞纳金计算公式

关税滞纳金金额 = 滞纳关税税额×0.5‰×滞纳天数

进口环节税滞纳金金额 = 滞纳的进口环节税税额×0.5‰×滞纳天数

（三）计算实例

国内某进口公司从香港购进日本某品牌轿车一批，已知该批货物应征关税为 352 793.52 元，应征进口环节消费税为 72 860.70 元，进口环节增值税为 247 726.38 元。海关于 2010 年 3 月 4 日填发海关专用缴款书，该公司于 2010 年 3 月 30 日缴纳税款。现计算应征的滞纳金。

计算方法：

首先确定滞纳天数，然后再分别计算应缴纳税款的关税、进口环节消费税和增值税的滞纳金，对其中滞纳金金额超过起征点 50 元人民币的，予以征收。

税款缴纳期限为 2010 年 3 月 19 日（星期五），3 月 20 日至 3 月 30 日为滞纳期，共滞纳 11 天。

按照计算公式分别计算进口关税、进口环节消费税和增值税的滞纳金。

关税滞纳金金额 = 滞纳关税税额×0.5‰×滞纳天数 = 352 793.52×0.5‰×11 = 1 940.36（元）

消费税滞纳金 = 滞纳消费税税额×0.5‰×滞纳天数 = 72 860.70×0.5‰×11 = 400.3（元）

增值税滞纳金 = 滞纳增值税税额×0.5‰×滞纳天数 = 247 726.38×0.5‰×11 = 1 362.50（元）

技能训练

一、某单位出口鳗鱼苗一批，离岸价格（FOB）为人民币 10 万元。2010 年暂定出口税率为 10%，最惠税率为 20%。试计算该批出口货物的关税。

二、某加工生产企业内销一批配额外未梳棉花 1 吨，原产地为美国，成交价格为 CIF 某口岸 1 053.58 美元/吨。企业已向海关提交由国家发展改革委授权机构出具的《关税配额外优惠关税税率进口棉花配额证》，经海关审核确认后，征收滑准关税。已知其适用中国银行的外汇折算价为 1 美元 = 人民币 6.839 6 元，计算应征进口关税税款。

三、山东华丰食品进出口贸易有限公司从法国进口冷冻整鸡 2 000 千克，以每千克 1.95 美元 CIF 青岛价格条件成交，买方自行向其购货代理人支付佣金 200 美元。经查，冷冻整鸡税目税号 02071200，按从量税征收进口关税，最惠国税税率为 1.30 元/千克，增值税税率为 13%，该商品无进口环节消费税，海关计征汇率为 1 美元 = 人民币 7.20 元。经海关审定以成交价格作为完税价格征收进口关税和进口环节增值税。试计算，该批冷冻整鸡应总计缴纳多少进口税费？

四、浙江捷达汽车国际贸易有限公司从日本进口排气量为 300 毫升，装有往复式活塞内燃发动机摩托车 10 辆，以每辆 3 500 美元 CFR 上海价格条件成交，由买方自行投保，支付保险费 185 美元。海关以成交价格并计入保险费估定该进口货物的完税价格。经查阅进口税则获知，该商品税目税号为 87113010，进口关税最惠国税税率为 45%，进口环节增值税税率 17%，进口环节消费税税率 10%，当时的计征汇率为 1 美元 = 人民币 7.50 元。试计算该批进口货物应征进口关税、进口环节增值税、进口环节消费税以及总计税额各多少？

五、某贸易公司于 2012 年 5 月 11 日（周五）申报进口一批货物，海关于当日开出税款缴款书。其中关税税款为人民币 24 000 元，增值税税款为人民币 35 100 元，消费税税款为人民币 18 900 元。该公司实际缴纳税款日期为 6 月 7 日（周四）。计算该公司应缴纳的滞纳金。

六、广东天宇贸易有限公司从新加坡进口一批"SONY"牌彩色数字电视机，该产品采用日本牌号和商标，其中显像管为新加坡生产，集成电路板为香港生产，机壳由马来西亚生产，最后在新加坡组装成整机。经查《海关进口税则》获知，该产品最惠国税税率为 30%，中国—东盟协定税率为 12%，普通税率 130%。

假如你是"天宇贸易有限公司"的报关员，请完成以下任务：

1. 向海关申报时，该彩色数字电视机的原产地应填报哪个国家？

2. 该进口货物在申报时，应适用哪个税率？

3. 应如何向海关进行申报？

第四章　进出口商品归类

实训指南

一、实训目的

本章节主要围绕进出口商品归类总归则展开实训，内容涉及《商品名称及编码协调制度》（Harmonized Commodity Description and Coding System，简称 HS 或《协调制度》）中有关进出口商品归类总归则的适用条件、归类技巧的训练，包括品目条文、类注、章注的归类技巧，具体列名、基本特征、从后归类三条规定的使用，商品包装物归类的规则以及同一品目项下各子目商品的归类规则等。通过本节实训应达到以下教学目标：

1. 了解和掌握《协调制度》基本结构和分类原则、商品分布框架；

2. 熟悉掌握协调制度归类总归则的适用条件；

3. 熟悉掌握归类技巧；

4. 能准确查找商品编码，进行税则归类。

二、实训要点

1. 类、章及分章的标题的作用，具有法律效力的归类依据，特殊条件下的归类方法；

2. 不完整品、未制成品、未组装件或拆散件（尚未组装或已拆散）、混合物和组合物的归类；

3. 比较同类商品比较中具体列名、基本特征和从后归类原则的应用；

4. 包装材料或包装容器的归类技巧；

5. 同一品目项下各子目商品的归类技巧。

三、主要技能

1. 能正确使用类、章及分章的标题，确定商品查找范围；

2. 能正确运用"基本特征"标准进行归类；

3. 熟练使用具体列名、基本特征、从后归类三条规定对同类商品进行正确归类；

4. 熟练掌握特殊包装物和通用包装物与所盛装的商品的归类技巧；

5. 熟练掌握同一品目项下各子目商品的归类技巧。

第一节　商品名称与编码协调制度

一、《协调制度》的产生

海关进出口商品归类是建立在商品分类目录基础上的。早期的国际贸易商品分类目录只是因为对进出本国的商品征收关税而产生的，其结构较为简单。后来随着社会化大生产的发展，进出口商品品种与数量的增加，除了税收的需要，人们还要了解进出口贸易情况，即还要进行贸易统计，因此，海关合作理事会（1995年更名为世界海关组织）与联合国统计委员会分别编制了两个独立的商品分类目录，即《海关合作理事会商品分类目录》（简称CCCN）和《国际贸易标准分类目录》（简称SITC）。

由于商品分类目录的不同，一种商品有时在一次国际贸易过程中要使用不同的编码，给国际贸易带来极大的不便。因此，海关合作理事会于1983年6月通过了《协调制度公约》及其附件《协调制度》。《协调制度》既满足了海关税则和贸易统计需要，又满足了运输及制造业等行业要求，因此，该目录自1988年1月1日起正式生效后，即被广泛应用于海关税则、国际贸易统计、原产地规则、国际贸易谈判、贸易管制等多种领域。截至2010年3月，已有204个国家、地区和国际组织采用《协调制度》分类目录。

随着新产品的不断出现和国际贸易结构的变化，《协调制度》一般每隔若干年就要修订一次。自1988年生效以来，《协调制度》共进行了4次修订，形成了1988年、1992年、1996年、2002年和2007年共5个版本。

为了帮助人们正确理解《协调制度》，海关合作理事会在制定《协调制度》的同时还制定了《商品名称及编码协调制度注释》（简称《协调制度注释》）。《协调制度注释》是对《协调制度》的官方解释，同时与《协调制度》的各个版本同步修订。我国通过法律程序批准在我国实行的《协调制度注释》称为《进出口税则商品及品目注释》。

二、《协调制度》的基本结构

《协调制度》将国际贸易涉及的各种商品按照生产类别、自然属性和不同功能用途等分为21类97章，每一章由若干品目构成，品目项下又细分出若干一级子目和二级子目。为了避免各品目和子目所列商品发生交叉归类，在类、章下加有类注、章注和子目注释。为了保证《协调制度》解释的统一性，设立了归类总规则，作为整个《协调制度》商品归类的总原则。

《协调制度》是一部系统的国际贸易商品分类目录，所列商品名称的分类和编排是有一定规律的。

从分类来看，它基本上按社会生产的分工分类，如农业在第一、第二类，化学工业在第六类，纺织工业在第十一类，冶金工业在第十五类，机电制造业在第十六类等。

从章来看，基本上按商品的自然属性或功能、用途来划分。第一章至第八十三章

（第六十四章至第六十六章除外）基本上是按商品的自然属性来分章，如第一章至第五章是活动物和动物产品，第六章至第十四章是活植物和植物产品，第二十五章至第二十七章是矿产品。又如第十一类包括了动、植物和化学纤维的纺织原料及其产品，其中，第五十章和第五十一章是蚕丝、羊毛及其他动物毛，第五十二章和第五十三章是棉花、麻及其他植物纺织纤维，第五十四章和第五十五章为化学纤维。商品之所以按自然属性分类是因为其种类成分或原料比较容易区分，同时也因为商品价值的高低往往取决于构成商品本身的原材料。另外，第六十四章至第六十六章和第八十四章至第九十七章则是按货物的用途或功能来分章的，其中，第六十四章是鞋，第六十五章是帽，第八十四章是机械设备，第八十五章是电气设备，第八十七章是车辆，第八十八章是航空航天器，第八十九章是船舶等。这样分类的原因一是因为这些物品往往由多种材料构成，难以将这些物品作为某一种材料制成的物品来分类；二是因为商品的价值主要体现在生产该物品的社会必要劳动时间上，如一台机器，其价值一般主要看生产这台机器所耗费的社会必要劳动时间，而不是看机器用了多少贱金属等。

从品目的排列看，一般也是原材料先于成品，加工程度低的产品先于加工程度高的产品，列名具体的品种先于列名一般的品种。如在第三十九章内，品目 3901 至 3914 是初级形状的塑料，品目 3916 至 3921 是塑料半成品，品目 3922 至 3926 是塑料制成品。

三、我国海关进出口商品分类目录的产生

我国海关自 1992 年 1 月 1 日起开始采用《协调制度》，进出口商品归类工作成为我国海关最早实现与国际接轨的执法项目之一。

根据海关征税和海关统计工作的需要，我国在《协调制度》的基础上增设本国子目（三级子目和四级子目），形成了我国海关进出口商品分类目录，然后分别编制出《进出口税则》和《中华人民共和国海关统计商品目录》（以下简称《统计商品目录》）。

为了明确增设的本国子目的商品含义和范围，我国又制定了《中华人民共和国进出口税则本国子目注释》，作为归类时确定三级子目和四级子目的依据。

根据《协调制度公约》对缔约国权利义务的规定，《进出口税则》和《统计商品目录》与《协调制度》的各个版本同步修订。

四、我国海关进出口商品分类目录的基本结构

《进出口税则》中的商品号列称为税则号列，为征税需要，每项税则号列后列出了该商品的税率；《统计商品目录》中的商品号列称为商品编号，为统计需要，每项商品编号后列出了该商品的计量单位，并增加了第二十二类"特殊交易品及未分类商品"，内分第九十八章、第九十九章。

《协调制度》中的编码只有 6 位数，而《进出口税则》中的编码为 8 位数，其中第 7 位、第 8 位是我国根据实际情况加入的"本国子目"。

编码的编排是有一定规律的，以 0301.9210 "鳗鱼苗"为例说明如下：

编码：0 3 0 1 9 2 1 0

位数：1 23 45 678

含义：章号 顺序号 一级子目 二级子目 三级子目 四级子目

从以上可以看出：第5位编码代表一级子目，第6位编码代表二级子目，第7位、第8位依此类推。需要指出的是，若第5~8位上出现数字"9"，则通常情况下代表未具体列名的商品，即在"9"的前面一般留有空序号以便用于修订时增添新商品。如上述编码0301.9210中第5位的"9"代表除观赏鱼以外的其他活鱼，其中1~9之间的空序号可以用于将来增添新的其他需要具体列名的活鱼。

第二节 《协调制度》归类总规则

一、规则一

（一）条文内容

类、章及分章的标题，仅为查找方便而设；具有法律效力的归类，应按品目条文和有关类注或章注确定，如品目、类注或章注无其他规定，按以下规则确定。

（二）条文解释

（1）尽管《协调制度》系统地将商品按类、章（部分章内还设有分章）分类，每类、章、分章标有标题，并使这些标题尽可能地概括该类、章、分章所包含的商品。但是由于各类、章、分章所包含的商品种类繁多，类、章、分章的标题不可能将其——列出而全部包括进去，例如第八十六章的标题是"铁道及电车道机车、车辆及其零件；铁道及电车道轨道固定装置及其零件、附件；各种机械（包括电动机械）交通信号设备"，但实际上，除了上述商品外，该章还包括章的标题所没有列出的"集装箱"。

反之，由于类、章、分章的标题只是一个大概，无法规定具体内容，即同一类的商品在不同条件下可能有不同的分类，而这种情况在标题上是无法得到体现的，所以类、章、分章的标题所列出的商品也有可能不归入该类、章、分章。例如第一章的标题是"活动物"，但实际上，马、牛、羊等活动物归入该章，而活的鱼、甲壳动物、软体动物及其他水生无脊椎动物却是归入第三章。

另外，标题之间还会产生交叉，例如"塑料鞋"既属于第三十九章标题"塑料及其制品"所列的商品，又属于第六十四章标题"鞋靴、护腿和类似品及其零件"所列的商品，所以仅根据这两章的标题无法确定"塑料鞋"应归入第三十九章还是第六十四章。

综上所述，类、章、分章标题只为方便查找，本身不是归类的依据。

（2）归类的法律依据应该是品目条文和类注、章注。例如"针织女式胸衣"，如果直接看标题，似乎符合第六十一章的标题"针织或钩编的服装及衣着附件"而可以归入第六十一章，但由于标题不是归类依据，所以应根据品目条文和类注、章注来确定。按第六十一章章注二（一）、第六十二章章注一和6212品目条文的规定，该商品应归入品目 6212。

（3）如果按品目条文、类注或章注还无法确定归类，则按下面的其他规则（规则二、三、四、五）确定品目的归类。

二、规则二

（一）条文内容

（1）品目所列货品，应视为包括该项货品的不完整品或未制成品，只要在进口或出口时该项不完整品或未制成品具有完整品或制成品的基本特征；还应视为包括该货品的完整品或制成品（或按本款可作为完整品或制成品归类的货品）在进口或出口时的未组装件或拆散件。

（2）品目中所列材料或物质，应视为包括该种材料或物质与其他材料或物质混合或组合的物品。品目所列某种材料或物质构成的货品，应视为包括全部或部分由该种材料或物质构成的货品。由一种以上材料或物质构成的货品，应按规则三归类。

（二）条文解释

（1）规则二（一）将某一些列出物品的品目范围扩大为不仅包括完整的物品，而且还包括该物品的不完整品或未制成品，只要报验时它们具有完整品或制成品的基本特征。

不完整品指货品缺少某些部分、不完整；未制成品指货品尚未完全制成，需进一步加工才成为制成品。

但是，"基本特征"的判断有时是很困难的，例如缺少了多少零部件的冰箱仍具有冰箱的基本特征，仍可以按冰箱归类。由于商品的繁杂，寄希望于通过制定几条"一刀切"的规则来确定货品的基本特征是行不通的，所以对于具体的某种不完整品或未制成品，需要综合结构、性能、价值、作用等方面的因素进行具体分析才能确定。但作为一般原则可以这样判断：

对于不完整品而言，主要是看其关键部件是否存在，以冰箱为例，如果压缩机、蒸发器、冷凝器、箱体这些关键部件存在，则可以判断为具有冰箱的基本特征；

对于未制成品而言，主要看其是否具有制成品的特征，例如齿轮的毛坯，须经进一步完善方可作为制成品或制成零件使用，但已具有制成品或制成零件的大概形状或轮廓，则可以判断为具有齿轮的基本特征。

（2）规则二（一）的第二部分规定，完整品或制成品的未组装件或拆散件应归入已组装物品的同一品目。例如，品目 8517 不仅包括已组装好的电话机，还应包括电话机的未组装件或拆散件。

未组装件或拆散件指货品尚未组装或已拆散。货品以未组装或拆散形式报验，通常是由于包装、装卸或运输上的需要，或是为了便于包装、装卸或运输。

本款规则也适用于以未组装或拆散形式报验的不完整品或未制成品，只要按照本规则第一部分的规定，它们可作为完整品或制成品看待。例如，缺少某些非关键零件（如螺丝、螺帽、垫圈等）的电话机的散件，同样应按电话机归入品目 8517。

鉴于第一类至第六类各品目的商品范围，规则二（一）的规定一般不适用于这六类所包括的货品。

（3）规则二（二）是针对混合及组合的材料或物质，以及由两种或多种材料或物质构成的货品而设的，目的在于将任何列出某种材料或物质的品目扩大为包括该种材料或物质与其他材料或物质的混合品或组合品，同时还将任何列出某种材料或物质构成的货品的品目扩大为包括部分由该种材料或物质构成的货品。它所适用的是列出某种材料或物质的品目。

例如，品目 4503 是"天然软木制品"，该品目属于"某种材料或物质构成的货品"，根据本规则，如果是"涂蜡的热水瓶软木塞子"（已加入了其他材料或物质），则仍应归入品目 4503。

但是，本款规则绝不意味着将品目范围扩大到不按照规则一的规定，将不符合品目条文的货品也包括进来，即由于添加了另外一种材料或物质，使货品丧失了原品目所列货品特征的情况。例如，稻谷中加入了杀鼠剂，已经成为了一种用于杀灭老鼠的毒饵，就不能再按品目 1006 的"稻谷"归类。

（4）只有在规则一无法解决时，方能运用规则二。例如，品目 1503 的品目条文规定为"液体猪油，未经混合"，而混合了其他油的液体猪油，不能运用规则二（二）归入品目 1503。

三、规则三

（一）条文内容

当货品按规则二（二）或由于其他原因看起来可归入两个或两个以上品目对，应按以下规则归类：

（1）列名比较具体的品目，优先于列名一般的品目。但是如果两个或两个以上品目都仅述及混合或组合货品所含的某部分材料或物质，或零售的成套货品中的某些货品，即使其中某个品目对该货品描述得更为全面、详细，这些货品在有关品目的列名应视为同样具体。

（2）混合物，不同材料构成或不同部件组成的组合物以及零售的成套货品，如果不能按照规则三（一）归类时，在本款可适用的条件下，应按构成货品基本特征的材料或部件归类。

（3）货品不能按照规则三（一）或规则三（二）归类时，应按号列顺序归入其可归入的最末一个品目。

（二）条文解释

（1）对于根据规则二（二）或其他原因看起来可归入两个或两个以上品目的货品，本规则规定了三条归类办法。这三条办法应按照其在本规则的先后次序加以运用。据此，只有在不能按照规则三（一）归类时，才能运用规则三（二）；不能按照规则三（一）和规则三（二）两款归类时，才能运用规则三（三）。因此，它们优先权的次序为：①具体列名；②基本特征；③从后归类。

（2）只有在品目条文和类注、章注无其他规定的条件下，才能运用本规则。例如，第九十七章章注四（二）规定，根据品目条文既可归入品目9701至9705中的一个品目，又可归入品目9706的货品，应归入品目9706以前的有关品目，即货品应按第九十七章章注四（二）的规定而不能根据本规则进行归类。

（3）规则三（一）是本规则的第一条归类办法，它规定列名比较具体的品目应优先于列名比较一般的品目。一般说来：

①列出品名比列出类名更为具体。例如，电动剃须刀应归入品目8510"电动剃须刀、电动毛发推剪及电动脱毛器"，而不应归入品目8509"家用电动器具"。

②如果某一品目所列名称更为明确地述及某一货品，则该品目要比所列名称不那么明确述及该货品的其他品目更为具体。例如，确定为用于小汽车的簇绒地毯，不应作为小汽车附件归入品目8708"机动车辆的零件、附件"，而应归入品目5703"簇绒地毯及纺织材料的其他簇绒铺地制品，不论是否制成的"，因为品目5703所列地毯更为具体。

（4）如果两个或两个以上品目都仅述及混合或组合货品所含的某部分材料或物质，或零售成套货品中的某些货品，即使其中某个品目比其他品目对该货品描述得更为全面、详细，这些货品在有关品目的列名应视为同样具体。在这种情况下，货品应按规则三（二）或规则三（三）的规定进行归类。

（5）规则三（二）是指不能按规则三（一）归类的混合物、组合物以及零售的成套货品的归类。它们应按构成货品基本特征的材料或部件归类。

但是，不同的货品，确定其基本特征的因素会有所不同。例如，可根据其所含材料或部件的性质、体积、数量、重量或价值来确定货品的基本特征，也可根据所含材料对货品用途的作用来确定货品的基本特征。例如，由快熟面条、调味包、塑料小叉构成的碗面，由于其中的快熟面条构成了这个零售成套货品的基本特征，所以应按面食归入品目1902。

还要注意，本款规则所称"零售的成套货品"，是指同时符合以下三个条件的货品：

①由至少两种看起来可归入不同品目的不同物品构成的，例如，六把乳酪叉不能作为本款规则所称的成套货品；

②为了迎合某项需求或开展某项专门活动而将几件产品或物品包装在一起的；

③其包装形式适用于直接销售给用户而货物无需重新包装的，例如，装于盒、箱内或固定于板上。

例如，成套理发工具，由一个电动理发推子、一把梳子、一把剪子、一把刷子及一条毛巾，装于一个皮匣子内组成，符合上述的三个条件，所以属于"零售的成套货品"。

不符合以上三个条件时，不能看成是规则三（二）中的零售成套货品。例如"包装在一起的手表与打火机"，由于不符合以上第二个条件，所以只能分开归类。

（6）货品如果不能按照规则三（一）或规则三（二）归类时，应按号列顺序归入其可归入的后一个品目。

例如，"等量的大麦与燕麦的混合麦"，由于其中大麦与燕麦含量相等，"基本特征"无法确定，所以应"从后归类"，即按品目1003与品目1004中的后一个品目1004归类。

四、规则四

（一）条文内容

根据上述规则无法归类的货品，应归入与其最相类似的货品的品目。

（二）条文解释

由于时代的发展，科技的进步，可能会出现一些《协调制度》在分类时无法预见的情况，这时按以上规则一至规则三无法归类的货品，只能用最相类似的货品的品目来替代，即将报验货品与类似货品加以比较以确定其与哪种货品最相类似。然后将所报验的货品归入与其最相类似的货品的同一品目。这里的最相类似指名称、特征、功能、用途、结构等因素，需要综合考虑才能确定。

五、规则五

（1）条文内容

除上述规则外，本规则适用于下列货品的归类：

（2）制成特殊形状仅适用于盛装某个或某套物品并适合长期使用的照相机套、乐器盒、枪套、绘图仪器盒、项链盒及类似容器，如果与所装物品同时进口或出口，并通常与所装物品一同出售的，应与所装物品一并归类。但本款不适用于本身构成整个货品基本特征的容器。

除规则五（一）规定的以外，与所装货品同时进口或出口的包装材料或包装容器，如果通常是用来包装这类货品的，应与所装货品一并归类。但明显可重复使用的包装材料和包装容器可不受本款限制。

（二）条文解释

（1）规则五（一）仅适用于同时符合以下各条规定的容器：

①制成特定形状或形式，专门盛装某一物品或某套物品的，即专门按所要盛装的物品进行设计的，有些容器还制成所装物品的特殊形状；

②适合长期使用的，即容器的使用期限与所盛装的物品相比是相称的，在物品不使用期间（例如，运输或储藏期间），这些容器还起保护物品的作用；

③与所装物品一同报验的（单独报验的容器应归入其所应归入的品目）；

④通常与所装物品一同出售的；

⑤本身并不构成整个货品基本特征的。

例如，与所装电动剃须刀一同报验的电动剃须刀的皮套，由于符合以上条件，因此应与电动剃须刀一并归入品目8510。

但是，本款规则不适用于本身构成整个货品基本特征的容器，例如，装有茶叶的银质茶叶罐。

（2）规则五（二）仅适用于同时符合以下各条规定的包装材料及包装容器：

①规则五（一）以外的；

②通常用于包装有关货品的；

③与所装物品一同报验的（单独报验的包装材料及包装容器应归入其所应归入的品目）；

④不属于明显可重复使用的。

例如，装有电视机的瓦楞纸箱，由于符合以上条件，因此应与电视机一并归入品目 8528。

但是，如果是明显可重复使用的包装材料和包装容器，则本款规定不适用。例如，"煤气罐装有液化煤气"，由于具有明显可重复使用的特性，所以不能与液化煤气一并归类，而应与液化煤气分开归类。

六、规则六

（一）条文内容

货品在某一品目项下各子目的法定归类，应按子目条文或有关的子目注释以及以上各条规则来确定，但子目的比较只能在同一数级上进行。除条文另有规定的以外，有关的类注、章注也适用于本规则。

（二）条文解释

本规则是关于子目应当如何确定的一条原则，子目归类首先按子目条文和子目注释确定；如果按子目条文和子目注释还无法确定归类，则上述各规则的原则同样适用于子目的确定；除条文另有规定的以外，有关的类注、章注也适用于子目的确定。

在具体确定子目时，还应当注意以下两点：

（1）确定子目时，一定要按先确定一级子目，再确定二级子目，然后确定三级子目，最后确定四级子目的顺序进行。

（2）确定子目时，应遵循"同级比较"的原则，即一级子目与一级子目比较，二级子目与二级子目比较，依此类推。

例如，"中华绒螯蟹种苗"在归入品目 0306 项下子目时，应按以下步骤进行：

①先确定一级子目，即将两个一级子目"冻的"与"未冻的"进行比较后归入"未冻的"；

②再确定二级子目，即将二级子目"大螯虾及小龙虾""龙虾""小虾及对虾""蟹""挪威海螯虾""冷水小虾及对虾""其他小虾及对虾""其他"进行比较后归入"蟹"；

③然后确定三级子目，即将两个三级子目"种苗"与"其他"进行比较后归入"种苗"。

所以，"中华绒螯蟹种苗"应归入子目 0306.2410。

第三节　商品归类的一般方法

进出口商品归类尽管复杂，但任何事情总是有一定的方法可循。一般情况下，归类应该按照以下步骤：

一、确定品目（四位数）

商品特性分析的方法为：一初判大概位置；二查品目条文；三查类注、章注；四运用规则二、规则三；五确定品目。具体如下：

第一步：根据有关资料分析商品特性（如组成、结构、加工、用途等）；

第二步：根据《协调制度》的分类规律初步分析该商品可能涉及的类、章和品目（可能有几个）；

第三步：查找涉及的几个有关品目的品目条文；

第四步：查看所涉及的品目所在章和类的注释，检查一下相关章注和类注是否有特别的规定；

第五步：仍然有几个品目可以归类而不能确定时，运用规则二、规则三（主要是规则三）。

通过以上几个步骤，一般即可确定该商品的品目归类。

例如，对于商品"食用调和油（含大豆油60%、花生油20%、菜子油15%、棕榈油5%）"的归类，运用以上方法，按照以下步骤进行：

（1）该商品为植物油，由几种不同植物材料的油脂混合而成，属于混合的植物食用油；

（2）该商品可以考虑第十五章"动、植物油、脂及其分解产品；精制的食用油脂"；

（3）在第十五章查找合适的品目，该商品符合品目1517"本章各种动、植物油、脂及其分离品混合制成的食用油、脂或制品"（注意不能误认为该商品符合品目1507"豆油及其分离品"，因为该商品是混合油而不是单独的豆油）；

（4）查第十五章章注，没有发现对该商品的归类有其他规定，故确定该商品应归入品目1517。

再如，对于商品"纯金烟斗"的归类，运用以上方法，按照以下步骤进行：

（1）该商品的材料为纯金，用途为烟斗；

（2）金为贵金属，"纯金烟斗"属于贵金属制品，可以考虑第七十一章"贵金属及其制品"，而如果按"烟斗"的用途考虑，则可以考虑第九十六章"杂项制品"；

（3）分别在第七十一章和第九十六章查找有关的品目，品目7114的条文为"贵金属或包贵金属制的金银器及其零件"，品目9614的条文为"烟斗（包括烟斗头）和烟嘴及其零件"，显然，仅仅根据品目条文无法确定该商品应该归入品目7114还是9614；

（4）查阅第七十一章和第九十六章的有关注释，其中第七十一章章注三（十四）规定，第七十一章不包括"根据第九十六章章注四应归入该章的物品"，第九十六章章注四为"除品目9601至9606或9615的货品以外，本章的物品还包括全部或部分用贵金属、包贵金属、天然或养殖珍珠、宝石或半宝石（天然、合成或再造）制成的物品"。根据这两个注释可知，品目9614的烟斗可以用贵金属制成，因此本例商品应按功能和用途归入品目9614，而不能按材料归入品目7114。

二、确定子目（八位数）

品目确定之后就是子目的确定，由于品目需要在很大的范围之内确定，并且还要仔细查找和对比很多有关的章注、类注，而相比较而言，子目只需要在品目项下确定，其范围要小得多，所以很多情况下子目的确定是很容易的。

例如，前面例题中的"食用调和油"在品目1517项下确定子目时，由于只有两个一级子目1517.1000"人造黄油，但液态的除外"和1517.9000"其他"，显然，该商品应该归入一级子目1517.9000；然后再归入三级子目1517.9090"其他"。

但是有时子目的确定也是有一定难度的，尤其是子目比较多的时候，所以掌握正确的方法仍然是关键。具体方法是：

查一级子目条文→查子目注释→查二级子目条文→……→确定子目。

例如，对于商品"猪肉制的婴儿均化食品，罐头装，重量250克"的归类，运用以上方法，按照以下步骤进行：

（1）该商品应该归入品目1602项下。在确定其子目时，查一级子目条文，发现该商品同时符合两个一级子目1602.1000"均化食品"和1602.4000"猪的"的规定；

（2）查第十六章子目注释一"子目1602.10的'均化食品'，是指用肉、食用杂碎或动物血经精细均化制成供婴幼儿食用或营养用的零售包装食品（每件净重不超过250克）。归类时该子目优先于品目1602的其他子目"，该商品符合该子目注释的规定，并且根据该规定，子目1602.1000优先于子目1602.4000，所以该商品应该归入子目1602.1000。

再如，对于商品"针织印花棉制床单"的归类，很多人往往会犯盲目"跳级"的错误：

品目6302项下的子目列名如下：

6302	床上、餐桌、盥洗及厨房用的织物制品：
	－－－针织或钩编的床上用织物制品：
6302.1010	－－－柿制
6302.1090	－－－其他纺织材料制
	－－－其他印花的床上用织物制品：
	－－－棉制：
6302.2110	－－－床单
6302.2190	－－－其他

……

很多人在归品目6302项下的子目时，容易直接按"棉制床单"的列名归入子目6302.2110，其错误的根源在于看到"床单"的列名就迫不及待地"跳级"归类，而没有按照"子目的比较只能在同一数级上进行"这一规则，先确定一级子目，再确定二级子目，然后确定三级子目，最后确定四级子目的步骤进行。如果按照正确的步骤，先确定一级子目，由于该床单是针织的，所以应归入品目 6302 项下的第一个一级子目"针织或钩编的床上用织物制品"，然后再确定三级子目（这里没有二级子目），由于该床单是棉制的，所以应归入三级子目 6302. 1010。

技能训练

一、不定项选择题

1. 进口一辆缺少轮子的汽车，在进行该商品的海关税则归类时，应按（   ）归类。
   A. 汽车的零部件   B. 汽车底盘   C. 汽车车身   D. 汽车整车

2. 按照商品归类总规则，下列叙述中正确的是（   ）。
   A. 在进行商品归类时，商品的包装容器应单独进行税则归类
   B. 在进行商品归类时，混合物可以按照其中一种成分进行税则归类
   C. 在进行商品归类时，列明比较具体的税目优先于一般的税目
   D. 从后归类的原则是商品税则归类的普遍使用原则

3. 《协调制度》中的税（品）目中所列货品，除完整品和制成品外，还应包括（   ）。
   A. 在进出口时具有完整品基本特征的不完整品
   B. 在进出口中具有制成品基本特征的未制成品
   C. 完整品或制成品在进出口时的未组装件或拆散件
   D. 具有完整品或制成品基本特征的不完整品或未制成品在进出口时的未组装件或拆散件

4. 下列货品属于《协调制度》归类总规则所规定的"零售的成套货品"的是（   ）。
   A. 一个礼盒、内有咖啡一瓶、咖啡伴侣一瓶、杯子两只
   B. 一个礼盒、内有白兰地酒一瓶、打火机一只
   C. 一个方便面、调料包两包、叉子一把
   D. 一个礼盒、一块巧克力、一个塑料玩具

二、判断题

1.《协调制度》的商品编码由八位数组成。   （   ）
2.《协调制度》有实质内容的章有 97 个。   （   ）
3. 4602. 1010 与 4602. 9000 是同一数级子目。   （   ）
4. 进出口货物的收发货人或其代理人应按照进出口货物的报验状态进行归类。
                                                                （   ）

5.《协调制度》采用结构性商品编码，第一、第二位数字表示品目所在的章，第三、第四位数字表示品目在所属章中的序位。 （　　）

6. 中国海关商品归类信息查询平台的归类查询结果具有法律效力。 （　　）

7. 收发货人或者其代理人申报的商品编码可按规定申请修改。 （　　）

8. 进出口相同货物，适用相同的预归类决定，商品预归类决定具有普遍约束力，中华人民共和国关境内统一适用。 （　　）

9. 商品归类决定由海关总署对外公布。 （　　）

10. 进出口相同货物，适用相同的商品归类决定，商品归类决定具有普遍约束力，中华人民共和国关境内统一适用。 （　　）

三、请查找下列商品的《协调制度》编码

1. 干海马

2. 冻对虾虾仁

3. 计算机网络通讯用的路由器

4. 蓝色机织物，按重量计含 40% 合成纤维、35% 精梳羊毛、25% 的精梳动物细毛（每平方米 210 克、幅宽 180 厘米）

5. 冬虫夏草

6. 家用电动蔬菜榨汁器（3 千克重）

7. 食品罐头成分含量：50% 猪肉块、20% 虾仁、30% 其他配料

8. 湿度记录仪

9. 丙烯——异丁烯共聚物，按重量计含丙烯单体单元 98% 异丁烯单体单元 2%（初级形状）

10. 碳 13（碳的同位素）

11. 旅游鞋（外底为橡胶塑料，鞋面为尼龙机织物，在鞋面上缝有起加固增强作用的聚氨酯合成革条，肉眼所见织物面积小于合成革面积）

12. 人用流感疫苗

13. 真丝领带

14. 块状酒心巧克力

15. 萨克斯管

16. 按摩座椅

17. 铝制压力锅（直径 22 厘米）

18. 填充的玩具熊猫

19. 纯棉男式牛仔裤

20. 家用等离子空气净化器

四、案例题

2009 年 3 月，浙江华通机电进出口公司为杭州瑞丰混凝土公司代理进口 10 辆机动混凝土搅拌车，浙江华通机电进出口公司委托汉德报关行办理商品归类和确定海关监

管条件。

1. 要认知，要"识货"；
2. 套用六大归类总规则；
3. 归出税则号；
4. 利用网络电子途径确定海关监管条件。

第五章　报关单填制

实训指南

一、实训目的

本章节主要通过实训达到以下教学目标：

1. 了解报关单填制规范；
2. 掌握报关单填制技巧；
3. 掌握经营单位、贸易方式、征免性质等重要概念及它们之间的关系。

二、实训要点

1. 掌握进出口货物报关单的法律效力、类别、填制的法律责任；
2. 掌握进出口货物报关单各栏目的填制规范以及相关栏目间的逻辑关系；
3. 了解其他报关单（证）及其适用范围。

三、主要技能

1. 根据原始单据填制进出口报关单；
2. 掌握进出口报关单主要栏目的填制方法；
3. 掌握进出口报关单主要栏目的填制代码。

第一节　进出口货物报关单简介

一、含义

进出口货物报关单是指进出口货物的收发货人或其代理人，按照海关规定的格式对进出口货物的实际情况作出的书面申明，以此要求海关对其货物按适用的海关制度办理报关手续的法律文书。

二、类别

按货物的进出口状态、表现形式、使用性质的不同，进出口货物报关单可分为以下几种类型：

（一）按进出口流向分类

（1）进口货物报关单；

（2）出口货物报关单。

（二）按介质分类

（1）纸质报关单；

（2）电子数据报关单。

（三）按使用性质分类

（1）进料加工进（出）口货物报关单；

（2）来料加工及补偿贸易进（出）口货物报关单；

（3）一般贸易及其他贸易进（出）口货物报关单。

三、进出口货物报关单各联的用途

纸质进口货物报关单一式四联，分别是：海关作业联、企业留存联、海关核销联、进口付汇证明联；纸质出口货物报关单一式五联，分别是：海关作业联、企业留存联、海关核销联、出口收汇证明联、出口退税证明联。

（一）进出口货物报关单海关作业联

进出口货物报关单海关作业联是报关员配合海关查验、缴纳税费、提取或装运货物的重要单据，也是海关查验货物、征收税费、编制海关统计以及处理其他海关事务的重要凭证。

（二）进口货物报关单付汇证明联、出口货物报关单收汇证明联

进口货物报关单付汇证明联和出口货物报关单收汇证明联，是海关对已实际进出境的货物所签发的证明文件，是银行和国家外汇管理部门办理售汇、付汇和收汇及核销手续的重要依据之一。

对需办理进口付汇核销或出口收汇核销的货物，进出口货物的收发货人或其代理人应当在海关放行货物或结关以后，向海关申领进口货物报关单进口付汇证明联或出口货物报关单出口收汇证明联，凭以向银行或国家外汇管理部门办理付汇、收汇核销手续。

（三）进出口货物报关单海关核销联

进出口货物报关单海关核销联是指接受申报的海关对已实际申报进口或出口的货物所签发的证明文件，是海关办理加工贸易合同核销、结案手续的重要凭证。该联在报关时与海关作业联一并提供。加工贸易的货物进出口后，申报人凭以向主管海关办理加工贸易合同核销手续。

（四）出口货物报关单出口退税证明联

出口货物报关单出口退税证明联是海关对已实际申报出口并已装运离境的货物所

签发的证明文件，是国家税务部门办理出口货物退税手续的重要凭证之一。

对可办理出口退税的货物，出口货物发货人或其代理人应当在载运货物的运输工具实际离境，海关办理结关手续后，向海关申领出口货物报关单出口退税证明联，有关出口货物发货人凭以向国家税务管理部门申请办理出口货物退税手续。对不属于退税范围的货物，海关均不予签发该联。

四、进出口货物报关单的法律效力

《海关法》规定："进口货物的收货人、出口货物的发货人应当向海关如实申报，交验进出口许可证件和有关单证。"

进出口货物报关单及其他进出境报关单（证）在对外经济贸易活动中具有十分重要的法律效力，是货物的收发货人向海关报告其进出口货物实际情况及适用海关业务制度、申请海关审查并放行货物的必备法律文书。它既是海关对进出口货物进行监管、征税、统计以及开展稽查、调查的重要依据，又是出口退税和外汇管理的重要凭证，也是海关处理进出口货物走私、违规案件及税务、外汇管理部门查处骗税、逃套汇犯罪活动的重要书证。因此，申报人对所填报的进出口货物报关单的真实性和准确性应承担法律责任。

五、海关对进出口货物报关单填制的一般要求

第一，进出境货物的收发货人或其代理人应按照《中华人民共和国海关进出口货物申报管理规定》、《中华人民共和国海关报关单填制规范》、《统计商品目录》、《中华人民共和国海关进出口商品规范申报目录》等有关规定要求，向海关如实申报，并对申报内容的真实性、准确性、完整性和规范性承担相应的法律责任。

第二，报关单的填报应做到"两个相符"：一是单证相符，即所填报关单各栏目的内容必须与合同、发票、装箱单、提单以及批文等随附单据相符；二是单货相符，即所填报关单各栏目的内容必须与实际进出口货物的情况相符，不得伪报、瞒报、虚报。

第三，不同运输工具、不同航次、不同提运单、不同贸易方式、不同备案号、不同征免性质的货物，均应分单填报。

同一份报关单上的商品不能同时享受协定税率和减免税。

一份原产地证书，只能用于同一批次进口货物。含有原产地证书管理商品的一份报关单，只能对应一份原产地证书；同一批次货物中，实行原产地证书联网管理的，如涉及多份原产地证书或含非原产地证书商品，亦应分单填报。

第四，一份报关单所申报的货物，须分项填报的情况主要有：商品编号不同的，商品名称不同的，计量单位不同的，原产国（地区）/最终目的国（地区）不同的，币制不同的，征免不同的。

第二节　进出口货物报关单填制方法

一、进出口货物报关单表头栏目的填报

进出口货物报关单上方的预录入编号是指预录入单位录入报关单的编号，用于申报单位与海关之间引用其申报后尚未接受申报的报关单。预录入编号由接受申报的海关决定编号规则，由计算机自动打印。

进出口货物报关单上方的海关编号是指海关接受申报时给予报关单的18位顺序编号。一份报关单对应一个海关编号。海关编号由各直属海关在接受申报时确定，并标示在报关单的每一联上。一般来说，海关编号就是预录入编号，由计算机自动打印，不需要填写。

进口报关单和出口报关单分别编号，确保在同一公历年度内，能按进口和出口唯一标识本关区的每一份报关单。报关单海关编号由18位数组成，其中前4位为接受申报海关的编号（关区代码表中相应关区代码），第5~8位为海关接受申报的公历年份，第9位为进出口标志（"1"为进口，"0"为出口；集中申报清单"I"为进口，"E"为出口），第10~18位为报关单顺序编号。例如：

5302　　　　2011　　　　0　　　　027514049
罗湖海关　　年份　　　出口　　报关单顺序编号

进出口货物报关单表头部分包括30个栏目。

（一）进（出）口口岸

报关单中的"进（出）口口岸"特指根据货物实际进出境的口岸海关，本栏目应填报海关规定的"关区代码表"中相应口岸海关的名称及代码。

"关区代码表"由三部分组成，包括关区代码、关区名称和关区简称。关区代码由四位数字组成，前两位为直属海关关别代码，后两位为隶属海关或海关监管场所的代码；关区名称指直属海关、隶属海关或海关监管场所的中文名称；关区简称指关区（海关）的中文简称，一般为四个汉字。例如，货物由天津新港口岸进境，"进口口岸"栏不能填报为"天津关区"＋"0200"，亦不应填报为"天津海关"＋"0201"，而应填报为"新港海关"＋"0202"。

（二）备案号

备案号是指进出口货物收发货人办理报关手续时应递交的海关备案审批文件的编号，如加工贸易手册编号、加工贸易电子账册编号、征免税证明编号、实行优惠贸易协定项下原地证书联网管理的原产地证书编号、适用ITA税率的商品用途认定证明编号等。

备案号的字头为备案或审批文件的标记，如表5-1所列：

表 5-1   备案号字头对应表

首位代码	备案审批文件	首位代码	备案审批文件
B＊①	加工贸易手册（来料加工）	K	保税仓库备案式电子账册
C＊	加工贸易手册（进料加工）	Y＊	原产地证书
D＊	加工贸易不作价进口设备	Z＊	征免税证明
E＊	加工贸易电子账册	RB	减免税货物补税通知书
H	出口加工区电子账册	RT	减免税进口货物同意退运证明
J	保税仓库记账式电子账册	RZ	减免税进口货物结转联系函

填报要求：

（1）一份报关单只允许填报一个备案号。无备案审批文件的报关单，本栏目免予填报。

（2）备案号的首位标记必须与报关单"贸易方式"、"征免性质"、"征免"、"用途"及"项号"等栏目内容相对应。

报关单的"贸易方式"栏为表 5-2 中的监管方式时，"备案号"栏应填报与其相应的编号，不得为空：

（3）加工贸易项下除少量低值辅料按规定不使用加工贸易手册及后续退补税监管方式办理内销征税外的货物，本栏应填写加工贸易手册或账册编号，不得为空。

（4）进出口征减免税审批货物填报征免税证明编号，不得为空。

（5）进口实行原产地证书联网管理的《香港 CEPA》、《澳门 CEPA》项下进口货物，本栏填报"Y"+"11 位原产地证书编号"，如"Y3 M03A000001"；未实行原产地证书联网管理的优惠贸易协定项下进口货物，不在本栏填报原产地证书编号。

（6）进出特殊区域的保税货物，在"备案号"栏应填报标记代码为"H"的电子账册的备案号。进出特殊区域的企业自用设备、基建物资、自用合理数量的办公用品，在"备案号"栏应填报标记代码为"H"、编号第 6 位为"D"的电子账册备案号。

表 5-2   监管方式代码表

代码	监管方式名称	代码	监管方式名称	代码	监管方式名称
0200	料件放弃	0214	来料加工	0245	来料料件内销
0255	来料深加工	0258	来料余料结转	0265	来料料件复出
0300	来料料件退换	0314	加工专用油	0320	不作价设备
0345	来料成品减免	0400	成品放弃	0446	加工设备内销
0456	加工设备结转	0466	加工设备退运	0500	减免设备结转
0513	补偿贸易	1200	保税间货物	0615	进料对口
0644	进料料件内销	0654	进料深加工	0657	进料余料结转
0664	进料料件复出	0700	进料料件退换	0744	进料成品减免

表5-2(续)

代码	监管方式名称	代码	监管方式名称	代码	监管方式名称
0815	低值辅料	0844	进料边角料内销	0845	来料边角料内销
0864	进料边角料复出	0865	来料边角料复出	2025	合资合作设备
2225	外资设备物品	4400	来料成品退换	4600	进料成品退换
5014	区内来料加工	5015	区内进料加工货物	5100	成品进出区
0420	加工贸易设备				

（三）进口日期/出口日期

进口日期是指运载所申报进口货物的运输工具申报进境的日期。

出口日期是指运载所申报出口货物的运输工具办结出境手续的日期。

填报要求：

（1）日期均为8位数字，顺序为年（4位）、月（2位）、日（2位）。例如，2011年8月10日申报进口一批货物，运输工具申报进境日期为2011年8月8日，"进口日期"栏填报为"20110808"。

（2）进口货物进口日期以运载进口货物的运输工具申报进境的日期为准，进口货物申报时无法确知相应的运输工具的实际进境日期时，申报时可免予填报。

（3）出口日期以运载出口货物的运输工具实际离境日期为准，海关与运输企业实行舱单数据联网管理的，出口日期由海关自动生成。本栏目供海关签发打印报关单证明联用，在申报时免予填报。

（4）集中申报的报关单，进出口日期以海关接受报关申报的日期为准。

（5）无实际进出境的报关单，应填报向海关办理申报手续的日期，以海关接受申报的日期为准。

（四）申报日期

申报日期是指海关接受进出口货物的收发货人或受其委托的报关企业向海关申报货物进出口的日期。

以电子数据报关单方式申报的，申报日期为海关计算机系统接受申报数据时记录的日期。以纸质报关单方式申报的，申报日期为海关接受纸质报关单并对报关单进行登记处理的日期。

本栏目在申报时免予填报。

（五）经营单位

进出口货物报关单中的经营单位指在海关注册登记的对外签订并执行进出口贸易合同的中国境内法人、其他组织或个人。本栏目应填报其中文名称及海关注册编码，缺一不可。

1. 海关注册编码

报关单位办理海关注册登记手续后，海关编制的海关注册编码是其办理海关报关手续的唯一标志，编码由 10 位数字或字母组成，是报关单位通关和海关统计的重要标志。海关对报关单位的注册编码管理范围，包括进出口货物收发货人、报关企业、加工生产企业和临时注册登记企业。

第 1~4 位表示企业所在地方行政区划代码，其中第 1、第 2 位数表示省级地方行政区划代码，如北京市为 11，江苏省为 32；第 3、第 4 位表示企业所在地级行政区划（省辖市、地区、省直辖行政单位）。例如：北京西城区 1102，广州市 4401；第 5 位表示企业所在经济区域代码；第 6 位数为企业经济类型；第 7 ~ 10 位为企业顺序编号。

2. 本栏目特殊填报要求

（1）存在代理进出口关系的，"经营单位"栏应填报对外签订并执行进出口贸易合同的企业，即代理方的中文名称及编码。但属外商投资企业委托其他企业进口投资设备、物品的（监管方式为合资合作设备"2025"、外资设备物品"2225"），"经营单位"栏仍填报该外商投资企业的中文名称及编码，并在"标记唛码及备注"栏注明"委托××公司进口"。

（2）进出口货物合同的签订者和执行者非同一企业的，填报执行合同的企业。

（3）援助、赠送、捐赠的进口货物，"经营单位"栏填报直接接受货物的单位的中文名称及编码。

（4）经营单位编码第 6 位数为"8"的单位是只有报关权而没有进出口经营权的企业，不得作为经营单位填报。

（六）运输方式

报关单中的运输方式包括实际运输方式和海关规定的特殊运输方式，前者指货物实际运输方式，按进出境所使用的运输工具分类；后者指货物无实际进出境的运输方式，按货物在境内的流向分类。

"运输方式"栏应根据货物实际进出境的运输方式或货物在境内流向的类别按海关规定的《运输方式代码表及说明》（如表 5-3）选择填报相应的运输方式名称或代码。

表 5-3 运输方式代码表及说明

代码	名称	运输方式说明
0	非保税区	境内非保税区运入保税区退区（退运境内）货物
1 *	监管仓库	境内存入出口监管仓库和出口监管仓库退仓
2 *	水路运输	
3	铁路运输	
4 *	公路运输	
5 *	航空运输	
6	邮件运输	
7	保税区	保税区运往境内非保税区
8 *	保税仓库	保税仓库转内销

表5-3(续)

代码	名称	运输方式说明
9 *	其他运输	人扛、驮畜、输水管道、输油管道、输送带和输电网等方式实际进出境，部分非实际进出境货物
H	边境特殊海关作业区	境内运入深港西部通道港方口岸区
W	物流中心	从境内保税物流中心外运入保税物流中心或从保税物流中心运往境内非保税物流中心
X	物流园区	从境内特殊监管区域之外运入保税物流园区内或从保税物流园区运往境内
Y	保税港区	保税港区（不包括直通港区）运往区外和区外运入保税港区
Z	出口加工区	出口加工区运往加工区外和区外运入出口加工区（区外企业填报）

1. 实际进出境货物填报要求

（1）进境货物的运输方式，按货物运抵我国关境第一个口岸时的运输方式填报；出境货物的运输方式，按货物运离我国关境最后一个口岸时的运输方式填报。运输方式具体包括水路运输、铁路运输、公路运输、航空运输、邮件运输、其他运输。

（2）进口转关运输货物，按载运货物抵达进境地的运输工具填报；出口转关运输货物，按载运货物驶离出境地的运输工具填报。

（3）非邮件方式进出口的快件，按实际进出境运输方式填报。

（4）进出境旅客随身携带的货物，按旅客实际进出境时所乘运输工具填报。

（5）不复运出（入）境而留在境内（外）销售的进出境展览品、留赠转卖物品等，填报"其他运输"。

2. 非实际进出境货物填报要求

（1）境内非保税区运入保税区货物和保税区退区货物，填报"非保税区"（0）；

（2）保税区运往境内非保税区货物，填制进口报关单，"运输方式"填报"保税区"（7）；

（3）境内存入出口监管仓库和出口监管仓库退仓货物，填报"监管仓库"（1）；

（4）保税仓库转内销货物，填制进口报关单，"运输方式"填报"保税仓库"（8）；

（5）从境内保税物流中心外运入中心或从中心运往境内中心外的货物，填报"物流中心"（W）；

（6）从境内保税物流园区外运入园区或从园区运往境内园区外的货物，填报"物流园区"（X）；

（7）从境内保税港区外运入港区或从港区运往境内港区外（不含直通）的货物，区外企业填报"保税港区"（Y），区内企业填报"其他运输"（9），综合保税区比照保税港区填报；

（8）从境内出口加工区、珠澳跨境工业区珠海园区（以下简称珠海园区）外运入加工区、珠海园区或从加工区、珠海园区运重试境内区外的货物，区外企业填报"出口加工区"（Z），区内企业填报"其他运输"（9）；

（9）从境内运入深港西部通道港方口岸区的货物，填报"边境特殊海关作业区"（H）；

（10）其他境内流转货物，填报"其他运输"（9），包括特殊监管区域内货物之间的流转、调拨货物，特殊监管区域、保税监管场所之间相互流转货物，特殊监管区域外的加工贸易余料结转、深加工结转、内销等货物。

（七）运输工具名称

运输工具名称指载运货物进出境的运输工具的名称或运输工具编号、航次编号。

报关单"运输工具名称"与"航次号"的填报内容应与运输部门向海关申报的舱单（载货清单）所列相应内容一致。

在纸质报关单上，"运输工具名称"与"航次号"合并填报在"运输工具名称"一个栏目。

一份报关单只允许填报一个运输工具名称及其航次号。

填报要求具体如下：

1. 实际进出境，直接在进出境地办理报关手续，或者采用"属地申报、口岸验收"通关模式的报关单

（1）水路运输：填报船舶编号（来往港澳小型船舶为监管簿编号）或者船舶英文名称；

（2）公路运输：填报跨境运输车辆的国内行驶车牌号，深圳提前报关模式填报国内行驶车牌号+"/"+"提前报关"（4个汉字）；

（3）铁路运输：填报车厢编号或交接单号；

（4）航空运输：填报航班号；

（5）邮件运输：填报邮政包裹单号；

（6）其他运输：填报具体运输方式名称，例如，管道、驮畜等。

2. 转关运输货物报关单

进口转关运输填报转关标志"@"+16位转关申报单预录入号，出口转关运输填报运输标志"@"+16位转关申报单预录入号。

（八）提（运）单号

提（运）单号是指进出口货物提单或运单的编号。报关单"提运单号"栏所填报的运输单证编号，主要包括：海运提单号、海运单号、铁路运单号、航空运单号。提（运）单号必须与舱单数据一致。

一份报关单只允许填报一个提单或运单号，一票货物对应多个提单或运单时，应分单填报。

1. 实际进出境，直接在进出境地或采用"属地申报，口岸验放"通关模式办理报关手续的

（1）水路运输：填报进出口提单号。如有分提单的，填报进出口提单号+"*"+分提单号；

（2）公路运输：免予填报；

（3）铁路运输：填报运单号；

（4）航空运输：填报总运单号＋"_"（下划线）+分运单号，无分运单的填报总运单号；

（5）邮件运输：填报邮运包裹单号。

2. 实际进出境，转关运输货物的报关单

（1）进口转关。

①水路运输：直转、中转填报提单号，提前报关免予填报；

②铁路运输：直转、中转填报铁路运单号，提前报关免予填报；

③航空运输：直转、中转填报总运单号＋"_"+分运单号，提前报关免予填报；

④其他运输方式：免予填报；

⑤以上各种运输方式进境货物，在广东省内用公路运输转关的，填报车牌号。

（2）出口转关。

①水路运输：中转货物填报提单号；非中转货物，填报承运车辆的车牌号；

②其他运输方式：免予填报，广东省内汽车运输提前报关的转关货物，填报承运车辆的车牌号。

3. 非实际进出境货物

非实际进出境货物，本栏目免予填报。

4. 采用"集中申报"通关方式办理报关手续的

采用"集中申报"通关方式办理报关手续的，报关单填报归并的集中申报清单的进出起止日期按年（4位）月（2位）日（2位）填报。

（九）收货单位/发货单位

收货单位是指已知的进口货物在境内的最终消费、使用单位，包括自行从境外进口货物的单位、委托进出口企业进口货物的单位等。

发货单位是指出口货物在境内的生产或销售单位，包括自行出口货物的单位、委托进出口企业出口货物的单位等。

填报要求具体如下：

（1）有海关注册编码或加工企业编码的收、发货单位，本栏目填报其中文名称及编码；没有编码的，填报其中文名称。

（2）加工贸易报关单的收、发货单位，应与加工贸易手册的"经营企业"或"加工企业"一致。

（3）减免税货物报关单的收、发货单位，应与征免税证明的"申请单位"一致。

（4）进口货物的最终消费、使用单位难以确定的，应以货物进口时预知的最终收货单位为准填报；出口货物的生产或销售单位难以确定的，以最早发运该出口货物的单位为准填报。

（十）贸易方式（监管方式）

进出口货物报关单上所列的贸易方式专指以国际贸易中进出口货物的交易方式为

基础，结合海关对进出口货物监督管理综合设定的对进出口货物的管理方式，即海关监管方式。

具体填报要求如下：

（1）本栏目应根据实际情况按海关规定的《贸易方式代码表》选择填报相应的贸易方式简称或代码。

（2）出口加工区内，企业填制的《出口加工区进（出）境货物备案清单》用于出口加工区货物的监督方式简称或代码。

（3）一份报关单只允许填报一种贸易分式。

（4）加工贸易报关单特殊情况填报要求如下：

①少量低值辅料（即5 000美元以下，78种以内的低值辅料）按规定不使用《加工贸易登记手册》的，辅料进口报关单填报"低值辅料"；使用《加工贸易登记手册》的，按《加工贸易登记手册》上的贸易方式填报。

②外商投资企业按内外销比例为加工内销产品而进口的料件或进口供加工内销产品的料件，进口报关单填报"一般贸易"；外商投资企业为加工出口产品全部使用国内料件的出口合同，成品出口报关单填报"一般贸易"。

③加工贸易料件结转成深加工结转货物，按批准的贸易方式填报。

④加工贸易料件转内销货物（即按料件补办进出手续的转内销成品、残次品及半成品）应填制进口报关单，本栏目填报"（来料或进料）料件内销"；加工贸易成品凭《征免税证明》转为享受减免税进口货物的，应分别填制进、出报关单，本栏目填报"（来料或进料）成品减免"。

⑤加工贸易出口成品因故退运进口及复出口、加工贸易进口料件因换料退运出口及复运进口的，填报与《加工贸易登记手册》备案相应的退换监留方式简称或代码。

⑥备料《加工贸易登记手册》中的料件结转入加工出口《加工贸易登记手册》的填报相应的来料或进料加工贸易方式。

⑦保税工厂加工贸易进出口货物，根据《加工贸易登记手册》填报相应的来料或进料加工贸易方式。

⑧加工贸易边角料内销和副产品内销，进口报关单应填报"（来料或进料）边角料内销"。

⑨加工贸易料件或成品放弃，进口报关单应填报"（进料料件或成品）放弃"。

（十一）征免性质

征免性质是指海关根据《海关法》、《关税条例》及国家有关政策对进出口货物实施的征、减、免税管理的性质类别。征免性质是海关对进出口货物征、减、免税进行分类统计分析的重要基础。

征免性质共有28种，常见有：一般贸易、来料设备、来料加工、进料加工、中外合资、中外合作、外资企业。

填报要求具体如下：

（1）报关单"征免性质"栏应按照海关核发的进出口货物征免税证明中批注的征

免性质填报，或根据实际情况按《征免性质代码表》（见表 5-4）选择填报相应的征免性质简称或代码。

（2）一份报关单只允许填报一种征免性质；涉及多个征免性质的，应分单填报。

（3）加工贸易货物特殊情况填报要求：

①加工贸易转内销货物，按实际应享受的征免性质填报，如"一般征税"、"科教用品"、"其他法定"等；

②加工贸易料件退运出口、成品退运进口的货物填报"其他法定"；

③加工贸易结转货物，本栏目为空。

表 5-4   征免性质代码表

代码	简称	全称
101 *	一般征税	一般征税进出口货物
201	无偿援助	无偿援助进出口物资
299 *	其他法定	其他法定减免税进出口货物
301	特定区域	特定区域进口自用物资及出口货物
307	保税区	保税区进口自用物资
399	其他地区	其他执行特殊政策地区出口货物
401 *	科教用品	大专院校及科研机构进口科教用品
403	技术改造	企业技术改造进口货物
406	重大项目	国家重大项目进口货物
412	基础设施	通信、港口、铁路、公路、机场建设进口设备
413	残疾人	残疾人组织和企业进出口货物
417	远洋渔业	远洋渔业自捕水产品
418	国产化	国家定点生产小轿车和摄录机企业进口散件
420	远洋船舶	远洋船舶及设备部件
421	内销设备	内销远洋船舶用设备及关键部件
422	集成电路	集成电路生产企业进口货物
423	新型显示器件	"新型显示器件"生产企业进口货物
499	ITA 产品	非全税号信息技术产品
501 *	加工设备	加工贸易外商提供的不作价进口设备
502 *	来料加工	来料加工装配和补偿贸易进口料件及出口成品
503 *	进料加工	进料加工贸易进口料件及出口成品
506	边境小额	边境小额贸易进出口货物
510	港澳 OPA	港澳在内地加工的纺织品获证出口
601	中外合资	中外合资经营企业进出口货物
602	中外合作	中外合作经营企业进出口货物

表5-4(续)

代码	简称	全称
603	外资企业	外商独资企业进出口货物
605	勘探开发煤层气	勘探开发煤层气
606	海洋石油	勘探、开发海上石油进口货物
608	陆上石油	勘探、开发陆土石油进口货物
609	贷款项目	利用贷款进口货物
611	贷款中标	国际金融组织贷款和外国政府贷款项目中标机电设备零部件
689	公益收藏	国有公益性收藏单位进口藏品
789*	鼓励项目	国家鼓励发展的内外资项目进口设备
799*	自有资金	外商投资额度外利用自有资金进口设备、备件、配件
801	救灾捐赠	救灾捐赠进口物资
802	扶贫慈善	境外向我境内无偿捐赠用于扶贫慈善的免税进口物资
888	航材减免	经核准的航空公司进口维修用航空器材
898	国批减免	国务院特准减免税的进出口货物
997	自贸协定	
998	内部暂定	享受内部暂定税率的进出口货物
999	例外减免	例外减免税进出口货物

（十二）征税比例/结汇方式

征税比例用于原"进料非对口"贸易方式下的进口报关单。现征税比例政策已取消，进口报关单本栏目免予填报。

结汇方式是指出口货物的发货人或其代理人收结外汇的方式。出口报关单应按照海关规定的《结汇方式代码表》选择填报相应的结汇方式名称或代码。本栏不得为空，出口货物不需要结汇的，填报"其他"。

表5-5　　　　　　　　　　　　结汇方式代码表

代码	结汇方式	英文缩写	英文名称
1*	信汇	M/T	Mail Transfer
2*	电汇	T/T	Telegraphic Transfer
3*	票汇	D/D	Remittance by Banker's Demand Draft
4*	付款交单	D/P	Documents against Payment
5*	承兑交单	D/A	Documents against Acceptance
6*	信用证	L/C	Letter of Credit
7	先出后结		
8	先结后出		
9	其他		

（十三）许可证号

许可证号是指商务部配额许可证事务局、驻各地特派员办事处以及各省、自治区、直辖市、计划单列市及商务部授权的其他省会城市商务厅（局）、外经贸委（厅、局）签发的进出口许可证编号。

监管证件代码表（见表5-6）所列许可证管理商品，申报时应将相关证件编号（不包括证件代码）填报在报关单本栏目。非许可证管理商品本栏目为空。一份报关单只允许填报一个许可证号。

表5-6   监管证件代码表

代码	监管证件名称
1	进口许可证
2	两用物项和技术进口
3	两用物项和技术出口
4	出口许可证
G	两用物项和技术出口许可证（定向）
x	出口许可证（加工贸易）
y	出口许可证（边境小额贸易）

（十四）起运国（地区）/运抵国（地区）

起运国（地区）是指进口货物起始发出直接运抵我国的国家或地区，或者在运输中转国（地区）未发生任何商业性交易的情况下运抵我国的国家或地区。

运抵国（地区）是指出口货物离开我国关境直接运抵的国家或地区，或者在运输中转国（地区）未发生任何商业性交易的情况下最后运抵的国家或地区。

进口货物报关单的"起运国（地区）"栏和出口货物报关单的"运抵国（地区）"栏，应按海关规定的《国别（地区）代码表》（其中主要国别代码见表5-7）选择填报相应国别（地区）的中文名称或代码。

表5-7   主要国别（地区）代码表

代码	中文名称	代码	中文名称
110 *	中国香港	307	意大利
116 *	日本	331	瑞士
121	中国澳门	344 *	俄罗斯联邦
132	新加坡	501	加拿大
133 *	韩国	502 *	美国
142 *	中国	601 *	澳大利亚
143 *	台澎金马关税区	609	新西兰
303 *	英国	701	国（地）别不详的
304	德国	702	联合国及其机构和国际组织
305 *	法国		

（十五）装货港/指运港

装货港指进口货物在运抵我国关境前的最后一个境外装运港。

指运港指出口货物运往境外的最终目的港。出口货物最终目的港不可预知的，指运港按尽可能预知的目的港填报。

本栏目根据实际情况按海关规定的《港口航线代码表》选择填报相应的港口中文名称或代码。装货港/指运港在《港口航线代码表》中无港口中文名称及代码的，可选择填报相应的国家（地区）中文名称或代码。

不经过第三国（地区）转运的直接运输货物，进口报关单"装货港"所属国家（地区）应与"起运国（地区）"一致。出口报关单"指运港"所属国家（地区）应与"运抵国（地区）"一致。发生运输中转的货物，最后一个中转港就是装货港，指运港不受中转影响。在运输中转地换装运输工具但未发生商业性交易的进口货物，运输单证上的装货港可与"起运国（地区）"不一致。

无实际进出境的货物填报"中国境内"（142）。

（十六）境内目的地/境内货源地

境内目的地是指已知的进口货物在我国关境内的消费、使用地区或最终运抵的地点。

境内货源地是指出口货物在我国关境内的生产地或原始发货地（包括供货地点）。

本栏目应根据进口货物的收货单位、出口货物生产厂家或发货单位所属国内地区，按《国内地区代码表》选择国内地区名称或代码填报，代码含义与经营单位代码前5位的定义相同。

进口货物最终使用单位难以确定的，填报货物进口时预知的最终收货单位所在地；出口货物产地难以确定的，填报最早发运该出口货物的单位所在地。

（十七）批准文号

进口货物报关单本栏目免予填报。

出口货物报关单本栏目用于填报实行出口收汇核销管理的出口收汇核销单上的编号，出口不需要使用出口收汇核销单贸易方式的货物，本栏目无须填报。一份报关单允许填报一份出口收汇核销单编号。

需要使用出口收汇核销单的监管方式：

一般贸易（0110）、易货贸易（0130）、来料加工（0214）、来料深加式（0255）、补偿贸易（0513）、进料对口（0615）、进料深加工（0654）、货样广告品A（3010）、对外承包出口（3422）、边境小额（4019）、对台小额（4039）、退运货物（4561）、进料料件复出（0664）、进料料件退换（0700）、进料非对口（0715）、进料边角料复出（0864）、保税工厂（1215）、出料加工（1427）、租赁不满一年（1500）、租赁贸易（1523）、寄售代销（1616）。

（十八）成交方式

在进出口贸易中，进出口商品的价格构成和买卖双方各自应承担的责任、费用和风险，以及货物所有权转移的界限，以贸易术语（价格术语）进行约定。

在填制进出口货物报关单时，应依据发票中的实际成交价格条款，按照海关《成交方式代码表》（见表5-8）选择填报相应的成交方式代码。

表5-8 成交方式代码表

成交方式代码	成交方式名称	成交方式代码	成交方式名称
1*	CIF	4	C&I
2*	CFR（C&F/CNF）	5	市场价
3*	FOB	6	垫仓

应注意的是，海关规定的"成交方式"与国际贸易术语解释通则中的贸易术语内涵并非完全一致。"CIF"、"CFR"、"FOB"等常见的成交方式，并不仅限于水路，而适用于任何国际货物运输方式，主要体现成本、运费、保险费等成交价格构成因素。

《2000通则》13种贸易术语与报关单"成交方式"栏一般对应关系如下：

组别	E组	F组			C组				D组				
术语	EXW	FCA	FAS	FOB	CFR	CPT	CIF	CIP	DAF	DES	DEQ	DDU	DDP
成交方式	FOB				CFR				CIF				

《2010通则》11种贸易术语与报关单"成交方式"栏一般对应关系如下：

组别	E组	F组			C组				D组		
术语	EXW	FCA	FAS	FOB	CFR	CPT	CIF	CIP	DAT	DAP	DDP
成交方式	FOB				CFR				CIF		

无实际进出境的货物，进口成交方式为CIF或其代码，出口成交方式为FOB或其代码。

采用集中申报的归并后的报关单，进口的成交方式必须为CIF或其代码，出口的成交方式必须为FOB或其代码。

（十九）运费

进出口报关单所列的运费是指除货价以外，进口货物运抵我国境内输入地点起卸前的运输费用，出口货物运至我国境内输出地点装载后的运输费用。

进口货物成交价格不包含前述运输费用或者出口货物成交价格含有前述运输费用，即进口成交方式为FOB或出口成交方式为CIF、CFR的，应在本栏填报运费。进口货物成交价格包含前述运输费用或者出口货物成交价格不包含前述运输费用的，本栏目免予填报。

本栏应根据具体情况选择运费单价、运费总价或运费率三种方式之一填报，同时注明运费标记，并按海关规定的"货币代码表"选择填报相应的币种代码。运费标记"1"表示运费率，"2"表示每吨货物的运费单价，"3"表示运费总价。

运保费合并计算的，运保费填报在本栏中。

（二十）保费

进出口报关单所列的保费是指进出口货物在国际运输过程中，由被保险人付给保险人的保险费用。其中，进口货物保费是指货物运抵我国境内输入地点起卸前的保险费用，出口货物保费是指货物运至我国境内输出地点装载后的保险费用。

进口货物成交价格包含前述保险费用或者出口货物成交价格不包含前述保险费用的，本栏目免予填报。进口货物成交价格不包含保险费的和出口货物成交价格含有保险费的，即进口成交方式为 FOB、CFR 或出口成交方式为 CIF 的，应在本栏填报保费。

陆运、空运和海运进口货物的保险费，按照实际支付的费用计算。进口货物保险费无法确定或者未实际发生的，按货价加运费的 3‰ 计算保险费，计算公式：保险费 =（货价+运费）×3‰。

本栏应根据具体情况选择保险费总价或保险费率两种方式之一填报，同时注明保险费标记，并按海关规定的《货币代码表》选择填报相应的币种代码。保险费标记表示"1"表示保险费率，"3"表示保险费总价。

运保费合并计算的，运保费填报在"运费"栏中，本栏目免予填报。

（二十一）杂费

杂费是指成交价格以外的，按照《关税条例》等相关规定应计入完税价格或者应从完税价格中扣除的费用，如手续费、佣金、折扣等费用。具体参见第五章第二节相关内容。

本栏目应根据具体情况选择杂费总价或杂费率两种方式之一填报，同时注明杂费标记，并按海关规定的《货币代码表》选择填报相应的币种代码。杂费标记"1"表示杂费率，"3"表示杂费总价。

应计入完税价格的杂费填报为正值或正率，应从完税价格中扣除的杂费填报为负值或负率。无杂费时，本栏免填。

运费、保费、杂费填写例子如表 5-9 所示：

表 5-9 　　　　　　　　　　　运费、保费、杂费填写例表

项目	率 1	单价 2	总价 3
运费	5% → 5/1	USD50/MT → 502/50/2	HKD5000 → 110/5000/3
保费	0.27% → 0.27/1	——	EUR5000 → 300/5000/3
杂费（计入）	1% → 1/1	——	GBP5000 → 303/5000/3
杂费（扣除）	1% → -1/1	——	JPY5000 → 116/-5000/3

（二十二）合同（协议）号

合同（协议）号是指在进出口贸易中，买卖双方或数方当事人根据国际贸易惯例或国家的法律、法规，自愿按照一定的条件买卖某种商品签订的合同（包括协议或订

单）的编号。

本栏目填报进（出）口货物合同（包括协议或订单）的全部字头和号码。在原始单据上合同号一般表示为"Contract No.：××××××"，此处的"××××××"即为"合同协议号"所应填报内容。

进出口报关单所申报货物必须是在合同中明确包含的货物。

（二十三）件数

件数是指有外包装的单件进出口货物的实际件数，货物可以单独计数的一个包装为一件。

报关单件数栏目不得为空，件数应大于或等于1，不得填报"0"。

舱单件数为集装箱的，填报集装箱个数；舱单件数为托盘的，填报托盘数。

裸装、散装货物填报为"1"。

（二十四）包装种类

进出口货物报关单所列的"包装种类"栏是指进出口货物在运输过程中外表所呈现的状态，包括包装材料、包装方式等。一般情况下，应以装箱单或提运单据所反映的货物处于运输状态时的最外层包装，或以运输包装作为"包装种类"向海关申报，并相应计算件数。

本栏目应根据进出口货物的实际外包装种类，选择填报相应的包装种类，如木箱、纸箱、铁桶、散装、裸装、托盘、包、捆、袋等。

在原始单据（装箱单或提运单据）上件数和包装种类一般为"No. of PKGS"，其后数字即应填报"Packages"（包装）的件数。

填报要求具体如下：

本栏目应根据进出口货物的实际外包装种类，选择填报相应的包装种类。如木箱、纸箱、铁桶、散装、裸装、托盘、包、捆、袋等。

（二十五）毛重

毛重是指商品重量加上商品的外包装物料的重量。

"毛重"栏填报进出口货物及其包装材料的重量之和，不得为空。

毛重计量单位为千克，毛重应大于或等于1，不足1千克的填报为"1"。

应以合同、发票、提运单、装箱单等有关单证中"CROSS WEIGHT（缩写G.W.）"栏所显示的重量确定进出口货物的毛重。

以毛重作为净重计价的，可填毛重。按照国际惯例以公量重计价的货物，如未脱脂羊毛、羊毛条等，填报公量重。

（二十六）净重

净重是指货物的毛重扣除外包装材料后的重量，即商品本身的实际重量。部分商品的净重还包括直接接触商品的销售包装物料的重量（如罐头装食品等）。

"净重"栏填报进出口货物的实际净量，不得为空。

净重的计量单位为千克，净重应大于或等于1，不足1千克的填报为"1"。

商品的净重一般都在合同、发票、装箱单或提运单据的"Net Weight（缩写N.W.）"栏体现。合同、发票等有关单证不能确定净重的货物，可以估重填报。

（二十七）集装箱号

集装箱号是在每个集装箱箱体两侧标示的全球唯一的编号。其组成规则是：箱主代号（3位字母）+设备识别号"U"+顺序号（6位数字）+校验码（1位数字），例如 CRCU5682365。

进出口报关单所列的集装箱号是指装载进出口的货物（包括拼箱货物）集装箱的箱体信息，包括集装箱箱体上标识的全球唯一的编号、集装箱的规格和自重。

纸质报关单填报时涉及多个集装箱的，第一个集装箱号填报在"集装箱号"栏中，其余的依次填报在"标记唛码及备注"栏中。

非集装箱货物，填报为"0"。非实际进出境货物采用集装箱运输的，本栏目免于填报。

填报格式为：集装箱号+"/"+规格+"/"+自重。例如：TEXU3605231/20/2275，表明这是一个20英尺（1英尺=0.304 8米）集装箱，箱号为 TEXU3605231，自重2275千克。

（二十八）随附单据

随附单证，是指随进出口货物报关单一并向海关递交的，除商业、货运单证及"许可证号"栏填报的进出口许可证以外的监管证件。

本栏目填报监管证件的代码及编号，格式为：监管证件代码+"："+监管证件编号。所申报货物涉及多个监管证件的，一个监管证件代码和编号填报在"随附单据"栏，其余监管证件代码和编号填报在"标记唛码及备注"栏中。

（二十九）用途/生产厂家

用途是指进口货物在境内实际应用的范围。应根据进口货物的实际用途，按海关规定的《用途代码表》（见表5-10）选择填报相应的用途名称或代码。

生产厂家是指出口货物的中国境内生产企业的名称，该栏仅供必要时填报。

表5-10 用途代码表

代码	名称	代码	名称	代码	名称
01*	外贸自营内销	02	特区内销	03*	其他内销
04*	企业自用	05*	加工返销	06	借用
07	收保证金	08	免费提供	09	作价提供
10	货样，广告品	11	其他		

（三十）标记唛码及备注

纸质报关单"标记唛码及备注"栏用于填报标记唛码、备注说明和集装箱号等与进出口货物有关的文字或数字。

标记唛码是运输标志的俗称。进出口货物报关单上标记唛码专指货物的运输标志。货物标记唛码中除图形以外的所有文字和数字，填报在本栏"标记唛码"项。

备注是指按报关单固定栏目申报进出口货物有关情况外，需要补充或特别说明的事项，包括关联备案号、关联报关单号，以及其他需要补充或特别说明的事项。

二、进出口货物报关单表体栏目的填报

（一）项号

项号是指申报货物在报关单中的商品排列序号及该项商品在加工贸易手册、征免税证明等备案单证中的顺序编号。

一份报关单表体共有 20 栏，每项商品占据表体的一栏，超过 20 项商品须分单填报。一张纸质报关单表体分为 5 栏，每项商品占据表体的一栏，最多可填写（打印）5 项商品。

纸质报关单中的一项商品分两行填报：第一行填报该项商品在报关单中的商品排列序号；第二行专用于加工贸易、减免税和实行原产地证书联网管理等已备案、审批的货物、填报该项商品在加工贸易手册中的备案项号、征免税证明备案项号或原产地证书上的对应商品项号。

（二）商品编号

商品编号是指在《协调制度》的基础上，按商品归类规则确定的进出口货物的海关监管商品代码。商品编号由 10 位数字组成，前 8 位为《进出口税则》中的税则号列和《统计商品目录》确定的商品编号，后 2 位数为海关附加编号。进出口货物应填报 10 位海关商品编号。

填报要求具体如下：

（1）加工贸易货物，报关单商品编号应与加工贸易手册（账册）中备案的商品编号一致；

（2）减免税货物，报关单商品编号应与征免税证明备案数据一致；

（3）加工贸易保税货物跨关区深加工结转的结转双方的商品编号的前 4 位必须一致。

（三）商品名称、规格型号

商品名称是指国际贸易缔约双方同意买卖的商品的名称。报关单中的商品名称是指进出口货物规范的中文名称。

规格型号是指反映商品性能、品质和规格的一系列指标，如品牌、等级、成分、含量、纯度、尺寸等。

填报要求具体如下：

（1）"商品名称及规格型号"栏分两行填报：第一行填报进出口货物规范的中文名称。如果发票中的商品名称为非中文名称，则需翻译成规范的中文名称填报，必要时加注原文。第二行填报规格型号；

（2）商品名称及规格型号应据实填报，并与合同、商业发票等相关单证相符；

（3）商品名称应当规范，规格型号应足够详细，以能满足海关归类、审价及许可证件的管理要求为准；

（4）同一商品编号、多种规格型号的商品，可归并为一项商品的，按照归并后的商品名称和规格型号填报。

（四）数量及单位

报关单上的"数量及单位"栏指进出口商品的成交数量及计量单位，以及海关法定计量单位和按照海关法定计量单位换算的数量。

海关法定计量单位又分为海关法定第一计量单位和海关法定第二计量单位。海关法定计量单位以《统计商品目录》中规定的计量单位为准。例如，天然水为千升/吨；卷烟为千支/千克；牛皮为千克/张；毛皮衣服为千克/件。

（1）本栏目分三行填报。

①《统计商品目录》列明的第一计量单位及数量填报在第一行；

②《统计商品目录》列明的第二计量单位及数量填报在第二行，无第二法定计量单位的，第二行为空；

③买卖双方在交易过程中所确定的成交计量单位与《统计商品目录》所列计量单位不一致时，在本栏目第三行填报成交计量单位及数量。成交计量单位与《统计商品目录》计量单位一致时，本栏目第三行为空。

《统计商品目录》未列明计量单位的，按成交数量和计量单位申报。

（2）本栏目长度为 13 位整数及 5 位小数。超出上述范围的，允许合理修正实际计量单位，例如将克改为千克或吨。数量栏目不得为空或填报"0"。

（五）原产国（地区）/最终目的国（地区）

原产国（地区）是指进口货物的生产、开采或加工制造的国家或地区。

最终目的国（地区）是指已知的出口货物最后交付的国家或地区，也即最终实际消费、使用或作进一步加工制造的国家或地区。

进口报关单"原产国（地区）"栏目按《国别（地区）代码表》选择填报相应的国家（地区）名称或代码，出口报关单"最终目的国（地区）"栏目按《国别（地区）代码表》选择填报相应的国家（地区）名称或代码。

（六）单价、总价、币制

单价是指进出口货物实际成交的商品单位价格的金额部分。

总价是指进出口货物实际成交的商品总价的金额部分。

币制是指进出口货物实际成交价格的计价货币的名称。

填报要求具体如下：

（1）"单价"栏填报同一项号下进出口货物实际成交的商品单位价格的数字部分。无实际成交价格的，填报单位货值。

（2）"总价"栏填报同一项号下进出口货物实际成交的商品总价的数字部分。无实际成交价格的，填报货值。

（3）"币制"栏根据实际成交情况按海关规定的《货币代码表》（其中常用货币代码见表5-11）选择填报相应的货币名称或代码。如《货币代码表》中无实际成交币种，需将实际成交币种按照申报日外汇折算率折算成《货币代码表》列明的货币填报。

表 5-11　　　　　　　　　　　常用货币代码表

货币代码	货币符号	货币名称	货币代码	货币符号	货币名称	货币代码	货币符号	货币名称
110 *	HKD	港币	116 *	JPY	日本元	132	SGD	新加坡元
142 *	CNY	人民币	133	KRW	韩国元	300 *	EUR	欧元
302	DKK	丹麦克朗	303 *	GBP	英镑	330	SEK	瑞典克朗
331	CHF	瑞士法郎	344	RUB	俄罗斯卢布	501	CAD	加拿大元
502 *	USD	美元	601	AUD	澳大利亚元	609	NZD	新西兰元

（七）征免

征免是指海关依照《海关法》、《关税条例》及其他法律、行政法规，对进出口货物进行征税、减税、免税或特案处理的实际操作方式。

同一份报关单上可以有不同的征减免税方式。

填报要求具体如下：

（1）根据海关核发的征免税证明或有关政策规定，对报关单所列每项商品选择填报海关规定的《征减免税方式代码表》（见表5-12）中相应的征减免税方式的名称；

（2）加工贸易报关单应根据登记手册中备案的征免规定填报。加工贸易手册中备案的征免规定为"保金"或"保函"的，不能按备案的征免规定填报，而应填报"全免"。

表 5-12　　　　　　　　　　　征减免税方式代码表

代码	名称	代码	名称
1	照章征税	5	随征免性质
2	折半征税	6	保证金
3	全免	7	保函
4	特案		

（八）税费征收情况

本栏由海关经办人员填写，主要批注对该份（批）进出口货物的税、费征收和减免的情况，包括税率、税额的情况。

（九）录入员及录入单位

录入员，由负责将该份报关单内容的数据录入海关计算机系统并打印预录入报关单的实际操作人员签名确认。

录入单位，填报经海关核准，允许其将有关报关单内容输入海关计算机系统的单位。

（十）申报单位

本栏目包括申报单位、报关员、申报单位的地址、邮政编码、电话号码等项目。自理报关的，本栏目填报进出口企业的名称及海关注册编码；委托代理报关的，本栏目填报经海关批准的报关企业名称及海关注册编码。

（1）申报单位指向海关办理进出口货物报关手续的法人，主要有已在海关登记注册的进出口收发货人、报关企业。本项填报申报单位的中文名称及编码，并签印。

（2）报关员指具体负责该批货物向海关办理报关手续的人员。由该报关员在该栏中签印。

（3）单位地址主要填报向海关办理报关手续的单位在境内居住或通信联系的地址。

（4）邮编及电话主要填报申报单位所在地区的邮政编码及通讯联系的电话号码。

（5）日期主要指该份报关单的填制日期，由经办的报关员负责填写。电子数据报关单的填制由计算机自动打印。填制日期为 8 位数字，顺序为：年（4 位）、月（2 位）、日（2 位）。

（十一）海关审单批注放行日期（签章）

本栏目共分为审单、审计、征税、统计、查验、放行六项，是海关内部作业时签注的总栏目，由上述各项的经办海关人员完成本项任务后将本人姓名或代码手工填制在预录入报关单上。其中"放行"栏一般填写（签注）海关对接受申报的进出口货物完成上述各项任务作出放行决定的日期（包括经办人员的姓名、日期）。

技能训练

一、以下一些报关单栏目的填制，匹配了背景资料，请判断是否正确，若不对请改正

1. 浙江江南服装进出口公司（3313910194）在对口合同项下进口蓝湿牛皮，委托浙江好嘉皮革有限公司（3313420237）加工牛皮沙发等。经营单位栏填报"浙江江南服装进出口公司 3313910194"，收货单位栏应填报"浙江好嘉皮革有限公司"。

2. 某企业用汽车将一批物资运往出口加工区，向海关申报出口，运输方式栏应填报：汽车运输。

3. 某货物为宁波雅光光学有限公司从美国购买，由洛杉矶起运，途径香港转船，最终运抵青岛大港海关申报，提单显示的信息为 B/L No.：6070035512；CARRIAGE：APL ENGLAND/00127；PORT OF LOADING：LOS ANGELES；PORT OF DISCHARGE：HONG KONG；PLACE OF DELIVERY：NINGBO。则起运国栏填报"美国"，装货港填报"洛杉矶"，运输工具名称填报"APL ENGLAND/00127"，提运单号填报

"6070035512"。

4. 浙江某外贸出口企业按 CIP 贸易术语出口一批货物，则出口货物报关单结汇方式栏应填报"CIP"。

5. PACKING LIST 上显示 PACKING：270KGS NET IN GALVANIZED IRON DRUMS；QUANTITY：680DRUMS，IN 170 PALLETS；共 10 个集装箱。则件数栏填报"10"，包装种类栏填报"集装箱"。

6. 某企业进口适用日产天籁 2.3C 的日产品牌发动机总成若干套。其编号为101009Y4AW，商品名称、规格型号栏第一行填报"发动机总成/日产"，第二行填报"S/101009Y4AW/日产天籁 2.3L"。

7. 某企业进口一批钢管，法定计量单位为千克，提运单显示：G.W.31517.26KGS，G.W.69482.50 LBS，总计 41 640 米，Unit Price 3080USD/MT，Amont USD 97073.16，数量及单位栏填报：31 517.26 千克（第一行），41 640 米（第三行）。

8. 某中国合资企业利用国产料件生产后出口美国，出口报关单征免性质应填报为：中外合资。

9. 某企业一般贸易海运进口超声波诊断仪 3 台，单价为 2 000 美元；心电图记录仪 4 台，单价为 1 500 美元。进口报关单的总价栏应填报：12 000。

10. 上海某纺织品进出口公司出口纺织品一批，成交价格为 CFR 横滨 40 万 USD，保费为 1200USD。其保费栏应填报：502/1200/3。

11. 提单显示：1×20 英尺、1×48 英尺两个集装箱，箱号分别为 FBZU135017、FBBU258912，其中 FBZU135017 集装箱号已填制在"集装箱"栏目。其备注栏应填报为：FBZU135017。

12. 杭州某公司进口布料一批，加工后出口英国，贸易方式栏填报"进料加工"，征免性质栏填报"一般征税"，用途栏填报"企业自用"，征免栏填报"全免"。

二、报关单填制

根据以下三个资料，结合具体的情境资料，完成此票进口货物报关单的填制。

资料 1

本题中进口货物系沈阳沈港电器产业有限公司（2101930XXX）委托辽宁外贸集团公司（21029100XX）进口，用于生产空调设备供应国内市场。该船于 2007 年 3 月 28 日由大连外轮代理公司（21029801XX）申报进境，于船舶进口次日委托大连连孚物流有限公司（2102980XXX）向海关申报。

保险费：USD500.00；

法定计量单位：千克。

资料 2

INVOICE

For Account and Risk of	Invoice No.	Date
LIAONING FOREIGN TRADE GROUP CORP.	LF-02-0110	JAN. 10, 2007

For Account and Risk of
LIAONING FOREIGN TRADE GROUP CORP.
DALIAN,
116001 CHINA
TEL: 0086-0411-86432415

LIAONING BRANCH

Invoice No. LF-02-0110   Date JAN. 10, 2007

L/C No. LC212020098   Date DEC. 19, 2006
Issued by
COMMUNICATION BANK OF CHINA,

Reference No.
CONTRACT NO. LNLF011201HK

Shipped per   Voy. No   Sailing on or about
BIBI   018   JAN. 20, 2007
From   via   To
SAN FRANCISCO, USA   YOKOHAMA, JAPAN   DALIAN, CHINA

Descriptions   Quantity
COLD ROLLED STEEL SHEETS
SPECIFICATION AND CONDITIONS AS BELOW
DALIAN
MANUFACTURER:
UNITED METALS INDUSTRY LTD., UNITED STATES
PACKING: STEEL PACKING
SIZE: 0.5×1000×200CM

Marks & Nos.

LNLF011201HK

SPEC   SIZE
N/WT.   G/WT.
C/NO: 1-60
#UNITED

12,000SHEETS 105.1234M/T
CFR DALIAN IN USD
PRICE (PER M/T OF ACTUAL NET WEIGHT): 500.00
                              SUB-SUB TOTAL: 52561.70
FREIGHT(PER M/T OF ACTUAL NET WEIGHT): 20.00
                              SUB TOTAL: 54664.17
PACKING CHARGES INCLUDED: 200.00
                    LESS 10% OF DISCOUNT: 5486.42
                    TOTAL AMOUNT: 54864.17
                    90% OF INVOICE VALUE: 49377.75

LUKFUD CO., LTD., HONGKONG
(SIGNATURE)

资料 3

PACKING LIST

| For Account and Risk of
LIAONING FOREIGN
TRADE GROUP COR
DALIAN,
116001 CHINA
TEL：0086-0411-86432415

Via YOKOHAMA, JAPAN
To DALIAN, CHINA
Sailing on or about JAN. 20, 2007 | Invoice No. Date
LF-02-0110 JAN. 10, 2007

Bill of Lading No. SYU-3129

Shipped per BIBI
Voy. No　018
From SAN FRANCISCO, USA | Marks & Nos.
LNLF011201HK
DALIAN
SPEC　　SIZE
N/WT.　　G/WT.
C/NO：1-60
#UNITED |

Descriptions

COLD ROLLED STEEL SHEETS

SPECIFICATION AND CONDITIONS AS BELOW

MANUFACTURER：

UNITED METALS INDUSTRY LTD., UNITED STATES

PACKING：STEEL PACKING

SIZE：0.5×1000×200CM

CONTRACT NO.：LNLF011201HK

SAY TOTAL：3 CONTAINERS OF

YMLU4456789（20×8×8）/YMLU4287396（20×8×8）/TOLU3578658（40×8×8）

PKG NO.	NOS. OF PKG	CONTENTS	N/WEIGHT	G/WEIGHT
1-60	60 PKG	12, 000SHEETS	105.1234M/T	110.438M/T
TOTAL：	60PKG	12, 000SHEETS	105.1234M/T	110.438M/T

中华人民共和国海关进口货物报关单

预录入编号：　　　　　　　　　　　　海关编号：

进口口岸		备案号		进口日期	申报日期
经营单位		运输方式	运输工具名称		提运单号
收货单位		贸易方式		征免性质	征税比例
许可证号	启运国（地区）		装货港		境内目的地
批准文号	成交方式	运费		保费	杂费
合同协议号	件数	包装种类		毛重（千克）	净重（千克）
集装箱号	随附单证			用途	

标记唛码及备注

项号	商品编号	商品名称、规格型号	数量及单位	原产国（地区）	单价	总价	币制	证免

税费征收情况

录入员　　　录入单位	兹声明以上申报无讹并承担法律责任	海关审单批注及放行日期（签章） 审单 审价
报关员		征税 统计
单位地址	申报单位（签章）	
邮编　　　电话　　　填制日期		查验 放行

三、报关单查错

根据资料 1、资料 2 和资料 3，从标号 A~T 的 20 个已填栏目中查找出 5 个填制错误的栏目。

资料 1

中韩合资

大连海天服装有限公司

DALIAN HAITIAN GARMENT CO., LTD.

COMMERCIAL INVOICE

For Account & Risk of Messrs: WAN DO APPAREL CO. LTD. 550-17, YANGCHUN-GU, SEOUL, KOREA	Invoice No.: HT01A08
	S/C No.:
Notify Party: SAME AS ABOVE	Payment: D/A
	B/L NO.: DAINE431227 Date:
Port of Loading: DALIAN, CHINA	
Final Destination: INCHON, KOREA Carrier: DAIN V. 431E	

Marks & Num of PKGS	Description	Quantity/Unit	Unit Price	Amount
			FOB DALIAN	
TTL: 260CTNS	LADY'S JUMPER	1300 PCS	@ $11.00	USD14 300.00
	MAN'S JUMPER	1300 PCS	@ $11.00	USD14 300.00
	TOTAL:			USD28 600.00

Signed by:

资料2

中韩合资

大连海天服装有限公司

DALIAN HAITIAN GARMENT CO. LTD.

PACKING LIST

For Account & Risk of Messrs: WAN DO APPAREL CO. LTD. 550-17, YANGCHUN-GU, SEOUL, KOREA	Invoice No.: HT01A08 S/C No.:

Notify Party: SAME AS ABOVE	Payment: D/A B/L NO.: DAINE431227 Date:

Port of Loading: DALIAN, CHINA

Final Destination: INCHON, KOREA	Carrier: DAIN V. 431E

Marks& Num of PKGS	Description	Quantity	Net Weight	Gross Weight	Measurement
1 × 20′ CONTAINER NO.: EASU9608490	LADY'S JUMPER MAN'S JUMPER	1300 PCS 1300 PCS	1, 300KGS 1, 300KGS	1, 690KGS 1, 690KGS	14CBM 14CBM
	TOTAL:	260CTNS (2 600PCS)	2600KGS	3380KGS	28CBM

Signed by:

资料 3

大连海天服装有限公司海关注册编号：2115930064；

该公司在来料加工合同 991113 项下出口男、女羽绒短上衣；

分列手册（编号 B09009301018）第 2、第 3 项；

外汇核销单号：215157263；

计量单位：件/千克。

已填制的报关单如下：

中华人民共和国海关出口货物报关单

预录入编号：　　　　　　　　　　　海关编号：

出口口岸	（A）备案号	出口日期	申报日期
（B）经营单位 大连海天服装有限公司	运输方式	（C）运输工具名称 DAIN/431E	（D）提运单号 DAINE431227
发货单位	（E）贸易方式 来料加工	（F）征免性质 来料加工	（G）结汇方式 L/C
许可证号	运抵国（地区）	指运港	境内货源地
（H）批准文号	（I）成交方式 FOB	运费　　　保费	杂费
（J）合同协议号	（K）件数　（L）包装种类 　　　　　　纸箱	（M）毛重（千克）	（N）净重（千克）
（O）集装箱号 EASU9608490	随附单据	生产厂家	

标记唛码及备注

项号 （P）	商品编号	商品名称、规格型号 （Q）	数量及单位	最终目的国（地区） （R）	单价	总价 （S）	币制	征免 （T）
		羽绒短上衣		韩国			美元	全免

税费征收情况

录入员　录入单位	兹声明以上申报无讹并承担 法律责任	海关审批注及放行日期（签章）	
		审单	审价
报关员		征税	统计
单位地址	申报单位（签章）		
邮编　　电话	填制日期	查验	放行

四、选择题

1. 北京某纺织加工贸易企业，将来料加工后的产品，从北京海关车站办事处（关区代码 0111）结转给天津武清某纺织厂，继续深加工出口。其进口报关单上的"进口口岸"应填报为（　　）。

    A. 天津海关（0200）

    B. 北京海关（0100）

    C. 北京海关车站办事处（0111）

    D. 武清海关（0210）

2. 北京平谷某服装加工贸易企业，在北京海关朝阳办事处（关区代码 0118）申报海运转关出口日本服装一批，由天津新港（关区代码 0202）装船出境。其转关运输货物报关单上的"出口口岸"应填报为（　　）。

    A. 平谷海关（0110）

    B. 新港海关（0202）

3. 北京市残联（海关临时经营单位编码 1100931000），接受日本政府赠送的残疾人轮椅一批。由北京银盾报关行（经营单位编码 1105981810）代为申报进口。其进口货物报关单上的"经营单位"应填报为（　　）。

    A. 北京市残联（1100931000）

    B. 北京银盾报关行（1105981810）

4. 北京机械进出口公司（申报单位编码 1102914832），委托北京银盾报关行（申报单位编码 1105981810），代为申报进口设备一批。其进口货物报关单上的"申报单位"应填报为（　　）。

    A. 北京机械进出口公司（1102914832，报关员：XXX、地址：XXXX、邮政编码：XXXXXX、电话号码：XXXX）

    B. 北京银盾报关行（1105981810，报关员：XXX、地址：XXXX、邮政编码：XXXXXX、电话号码：XXXX）

5. 北京黄河进出口公司（海关注册编码 1105951000），自行进口日本产钢材一批。其进口货物报关单上的"收货单位"应填报为（　　）。

    A. 北京黄河进出口公司（1105951000）

    B. 北京黄河进出口公司

    C. 1105951000

6. 北京土畜产进出口公司（海关注册编码 1106912131），采购北京怀柔后家峪乡出产的板栗。其出口货物报关单上的"发货单位"应填报为（　　）。

    A. 1106912131（北京土畜产进出口公司）

    B. 北京怀柔后家峪乡

7. 北京吉普汽车有限公司，经日本（国别代码 116）转机，从美国（国别代码 502）空运进口汽车零件一批。其进口货物报关单上的"起运国（地区）"应填报为（　　）。

　　A. 日本（116）

　　B. 美国（502）

8. 内蒙古某进出口贸易公司，铁路运输经俄罗斯联邦（国别代码344），向德国（国别代码304）出口工具一批。其出口货物报关单上的"运抵国（地区）"应填报为（　　）。

　　A. 俄罗斯联邦（344）

　　B. 德国（304）

9. 我国某渔业捕捞公司，申报进口，自备捕捞船在公海上采购的、韩国（国别代码133）渔船捕捞的黄鱼一批。其进口货物报关单上的"原产国（地区）"应填报为（　　）。

　　A. 中国（0142）

　　B. 韩国（133）

10. 北京五矿进出口公司，向香港［国别（地区）代码110］某公司，出口铁矿粉一批。该公司又将本批货物，直接卖给日本（国别代码116）某公司。其出口货物报关单上的"最终目的国（地区）"应填报为（　　）。

　　A. 香港（110）

　　B. 日本（116）

11. 北京某合资企业，经海关同意，将原从日本横滨港（港口航线代码1354），海运进口的投资设备，转为内销。其进口货物报关单上的"装货港"应填报为（　　）。

　　A. 日本横滨港（1354）

　　B. 中国境内（0142）

　　C. 中国（0142）

12. 北京某合资企业，经海关同意，将原从美国洛杉矶港（港口航线代码3154），海运免税进口的投资设备，结转给另一个合资企业，作为该企业的投资设备。其出口货物报关单上的"指运港"应填报为（　　）。

　　A. 中国（0142）

　　B. 洛杉矶港（3154）

　　C. 中国境内（0142）

13. 位于北京市朝阳区内（国内地区代码11059）的北京轻工进出口公司，代理位于北京市西城区（国内地区代码11029）的北京西单商场，空运进口法国产化妆品一批。其进口货物报关单上的"境内目的地"应填报为（　　）。

　　A. 朝阳区（11059）

　　B. 西城区（11029）

　　C. 北京西单商场

14. 位于北京市宣武区（国内地区代码11049）的北京机械进出口公司，代理位于北京市朝阳区（国内地区代码11059）的燕京印刷机器厂，向印度海运出口高速五色胶印机一批。其出口货物报关单上的"境内货源地"应填报为（　　）。

　　A. 宣武区（11049）

B. 朝阳区（11089）

C. 北京人民机器厂

15. 北京某服装加工贸易企业，于 2008 年 2 月 1 日，采用 H2000 通关系统，向北京海关朝阳办事处申报，进口 78 种列名客供辅料一批，价值 3 000 美元，用于为日本厂商来料加工护士服。该护士服加工贸易合同的《加工贸易手册》编号为：B01170305211。其进口报关单上的"备案号"应填报为（　　）。

A. B01170305211

B. 免填

第六章　一般进出口货物报关程序

实训指南

一、实训目的

本章节主要通过实训达到以下教学目标：

1. 熟练掌握一般进出口货物报关的基本操作要求；
2. 能正确填制进出口货物报关单；
3. 熟练办理进出口货物报关单的修改和撤销手续；
4. 熟练计算进出口税费、滞报金。

二、实训要点

1. 进出口申报流程；
2. 配合查验流程；
3. 缴纳税费流程；
4. 提取、装运货物流程。

三、主要技能

1. 进出口货物报关单的填制；
2. 进出口货物报关单修改或撤销的申请；
3. 进出口税费的计算；
4. 装运和提取货物手续的办理；
5. 查验货物损坏赔偿额的确定；
6. 证明联手续申请的办理。

第一节　一般进出口货物申报

一、申报的含义、地点、期限、日期、滞报金

（一）申报的含义

申报是指进出口货物收发货人、受委托的报关企业，依照《海关法》及有关法律、

行政法规的要求，在规定的期限、地点，采用电子数据报关单和纸质报关单形式，向海关报告实际进出口货物的情况，并接受海关审核的行为。

（二）申报的地点

进口货物应当由收货人或其代理人在货物的进境地海关申报；出口货物应当由发货人或其代理人在货物的出境地海关申报。

经收发货人申请，海关同意，进口货物的收货人或其代理人可以在设有海关的货物指运地申报，出口货物的发货人或其代理人可以在设有海关的货物起运地申报。

以保税货物、特定减免税货物和暂准进境货物申报进境的货物，因故改变使用目的从而改变货物性质转为一般进口时，进口货物的收货人或其代理人应当在货物所在地的主管海关申报。

（三）申报的期限

进口货物的申报期限为自装载货物的运输工具申报进境之日起 14 日内（从运输工具申报进境之日的第二天开始算，下同）。进口货物自装载货物的运输工具申报进境之日起超过 3 个月仍未向海关申报的，货物由海关提取并依法变卖。对属于不宜长期保存的货物，海关可以根据实际情况提前处理。

出口货物的申报期限为货物运抵海关监管区后、装货的 24 小时以前。

经电缆、管道或其他特殊方式进出境的货物，进出口货物收发货人或其代理人按照海关规定定期申报。

（四）申报日期

申报日期是指申报数据被海关接受的日期。不论是以电子数据报关单方式申报，还是以纸质报关单方式申报，海关接受申报数据的日期即为接受申报的日期。

采用先电子数据报关单申报，后提交纸质报关单，或者仅以电子数据报关单方式申报的，申报日期为海关计算机系统接受申报数据时记录的日期。电子数据报关单经过海关计算机检查被退回的，视为海关不接受申报，进出口货物收发货人或其代理人应当按照要求修改后重新申报，申报日期为海关接受重新申报的日期。海关已接受申报的报关单电子数据，送人工审核后，需要对部分内容进行修改的，进出口货物收发货人或其代理人应当按照海关规定进行修改并重新发送，申报日期仍为海关原接受申报的日期。

先纸质报关单申报，后补报电子数据，或只提供纸质报关单申报的，海关工作人员在报关单上作登记处理的日期，为海关接受申报的日期。

（五）滞报金

进口货物收货人未按规定期限向海关申报产生滞报的，由海关按规定征收滞报金。

进口货物收货人超过规定期限向海关申报的，滞报金的征收，以自运输工具申报进境之日起第 15 日为起始日，以海关接受申报之日为截止日。

进口货物滞报金按日计征。起始日和截止日均计入滞报期间。

进口货物收货人在向海关传送报关单电子数据申报后，未在规定期限或核准的期限内提交纸质报关单，海关予以撤销电子数据报关单处理，进口货物收货人因此重新向海关申报产生滞报的，滞报金的征收，以自运输工具申报进境之日起第15日为起始日，以海关重新接受申报之日为截止日。

进口货物收货人申报并经海关依法审核，必须撤销原电子数据报关单重新申报，产生滞报的，经进口货物收货人申请并经海关审核同意，滞报金的征收以撤销原电子数据报关单之日起第15日为起始日，以海关重新接受申报之日为截止日。

进口货物因收货人在运输工具申报进境之日起超过3个月未向海关申报，被海关提取作变卖处理后，收货人申请发还余款的，滞报金的征收以自运输工具申报进境之日起第15日为起始日，以该3个月期限的最后一日为截止日。

滞报金的日征收金额为进口货物完税价格的0.5‰，以人民币"元"为计征单位，不足人民币1元的部分免予计收。

征收滞报金的计算公式为：滞报金额=进口货物完税价格×0.5‰×滞报期间（滞报天数）

滞报金的起征点为人民币50元。

滞报金的计征起始日如遇法定节假日[①]或休息日，则顺延至其后第一个工作日。

因完税价格调整等原因需补征滞报金的，滞报金金额应当按照调整后的完税价格重新计算，补征金额不足人民币50元的，免予征收。

因不可抗力等特殊情况产生的滞报可以向海关申请减免滞报金。

二、申报的步骤

（一）准备进出口申报单证

准备申报的单证是报关员开始进行申报工作的第一步，是整个报关工作能否顺利进行的关键一步。申报单证可以分为报关单和随附单证两大类，其中随附单证包括基本单证和特殊单证。

报关单是由报关员按照海关规定格式填制的申报单，是指进出口货物报关单或者带有进出口货物报关单性质的单证，比如特殊监管区域进出境备案清单、进出口货物集中申报清单、ATA（Admission Temporaive）单证册、过境货物报关单、快件报关单，等等。一般来说，任何货物的申报，都必须有报关单。

基本单证是指进出口货物的货运单据和商业单据，主要有进口提货单据、出口装货单据、商业发票、装箱单等。一般来说，任何货物的申报，都必须有基本单证。

特殊单证主要有进出口许可证件、加工贸易电子化手册和电子账册、特定减免税证明、作为有些货物进出境证明的原进出口货物报关单证、出口收汇核销单、原产地证明书、贸易合同等。某些货物的申报，必须有特殊单证，比如租赁贸易货物进口申报，必须有租赁合同，而别的货物进口申报则不一定需要贸易合同，所以贸易合同对

---

① 此处所称"法定节假日"是指国务院《全国年节及纪念日放假办法》第二条规定的"全体公民放假的节日"具体包括：新年（1月1日），春节（农历除夕、正月初一、初二），清明节（农历清明当日），劳动节（5月1日），端午节（农历端午当日），中秋节（农历中秋当日），国庆节（10月1日、2日、3日），不含调休日。

于租赁贸易货物申报来说是一种特殊单证。

（二）申报前看货取样

进口货物的收货人在向海关申报前，为了确定货物的品名、规格、型号等，可以向海关提交查看货物或者提取货样的书面申请。海关审核同意的，派员到场监管。

涉及动植物及其产品和其他须依法提供检疫证明的货物，如需提取货样，应当按照国家的有关法律规定，事先取得主管部门签发的书面批准证明。提取货样后，到场监管的海关工作人员与进口货物的收货人在海关开具的取样记录和取样清单上签字确认。

（三）申报

1. 电子数据申报

进出口货物收发货人或其代理人可以选择终端申报方式、委托 EDI （Electronic Data Interchange）方式、自行 EDI 方式、网上申报方式等四种电子申报方式中适用的一种，将报关单内容录入海关电子计算机系统，生成电子数据报关单。

进出口货物收发货人或其代理人在委托录入或自行录入报关单数据的计算机上接收到海关发送的接受申报信息，即表示电子申报成功；接收到海关发送的不接受申报信息后，则应当根据信息提示修改报关单内容后重新申报。

2. 提交纸质报关单及随附单证

海关审结电子数据报关单后，进出口货物收发货人或其代理人应当自接到海关"现场交单"或"放行交单"信息之日起 10 日内，持打印的纸质报关单，备齐规定的随附单证并签名盖章，到货物所在地海关提交书面单证，办理相关海关手续。

3. 修改申报内容或撤销申报

海关接受进出口货物申报后，电子数据和纸质的进出口货物报关单不得修改或者撤销；确有正当理由的，经海关审核批准，可以修改或撤销。

进出口货物收发货人或其代理人申请修改或者撤销进出口货物报关单的，应当向海关提交《进出口货物报关单修改/撤销申请表》，并相应提交可以证明进出口实际情况的合同、发票、装箱单等相关单证，由外汇管理、国税、检验检疫、银行等有关部门出具的相关单证，应税货物的《海关专用缴款书》及用于办理收付汇和出口退税的进出口货物报关单证明联等海关出具的相关单证。

海关发现进出口货物报关单需要进行修改或者撤销，但进出口货物收发货人或其代理人未提出申请的，海关应当通知进出口货物的收发货人或其代理人。海关在进出口货物收发货人或其代理人填写《进出口货物报关单修改/撤销确认书》，确认进出口货物报关单修改或者撤销的内容后，对进出口货物报关单进行修改或者撤销。

第二节　一般进出口货物查验

海关查验是指海关为确定进出口货物收发货人向海关申报的内容是否与进出口货物的真实情况相符，或者为确定商品的归类、价格、原产地等，依法对进出口货物进行实际核查的执法行为。

查验时国家赋予海关一种依法行政的权力。进出口货物，除海关总署特准可以免验的以外，都应接受海关的查验。

海关通过查验，检查报关单位是否伪报、瞒报、申报不实，同时也为海关的征税、统计、后续管理提供可靠的资料。

一、查验的地点与时间

（一）查验地点

查验应当在海关监管区内实施。

因货物易受温度、静电、粉尘等自然因素影响，不宜在海关监管区内实施查验，或者因其他特殊原因，需要在海关监管区外查验的，经进出口货物收发货人或其代理人书面申请，海关可以派员到海关监管区外实施查验。

（二）查验时间

查验时间一般约定在海关正常工作时间内。在一些进出口业务繁忙的口岸，海关也可接受进出口货物收发货人或其代理人的请求，在海关正常工作时间以外实施查验。

对于危险品或者鲜活、易腐、易烂、易失效、易变质等不宜长期保存的货物，以及因其他特殊情况需要紧急验放的货物，经进出口货物收发货人或其代理人申请，海关可以优先实施查验。

二、查验方式

海关实施查验可以彻底查验，也可以抽查。彻底查验是指对一票货物逐件开拆包装，验核货物实际状况；抽查是指按照一定比例有选择地对一票货物中的部分货物验核实际状况。

查验操作可以分为人工查验和设备查验。

（一）人工查验

人工查验包括外形查验、开箱查验。外形查验是指对外部特征直观、易于判断基本属性的货物的包装、运输标志和外观等状况进行验核；开箱查验是指将货物从集装箱、货柜车厢等箱体中取出并拆除外包装后对货物实际状况进行验核。

（二）设备查验

设备查验是指以技术检查设备为主对货物实际状况进行的验核。

海关可以根据货物情况及实际执法需要，确定具体的查验方式。

（三）复验

海关可以对已查验货物进行复验。

有下列情形之一的，海关可以复验：

（1）经初次查验未能查明货物的真实属性，需要对已查验货物的某些性状作进一步确认的；

（2）货物涉嫌走私违规，需要重新查验的；

（3）进出口货物收发货人对海关查验结论有异议，提出复验要求并经海关同意的；

（4）其他海关认为必要的情形。

已经参加过查验的查验人员不得参加对同一票货物的复验。

（四）径行开验

径行开验是指海关在进出口货物收发货人或其代理人不在场的情况下，对进出口货物进行开拆包装查验。

有下列情形之一的，海关可以径行开验：

（1）进出口货物有违法嫌疑的；

（2）经海关通知查验，进出口货物收发货人或其代理人届时未到场的。

海关径行开验时，存放货物的海关监管场所经营人、运输工具负责人应当到场协助，并在查验记录上签名确认。

三、配合查验

海关查验货物时，进出口货物收发货人或其代理人应当到场，配合海关查验。

进出口货物收发货人或其代理人配合海关查验应当做好如下工作：

（1）负责按照海关要求搬移货物，开拆包装，以及重新封装货物；

（2）预先了解和熟悉所申报货物的情况，如实回答查验人员的询问及提供必要的资料；

（3）协助海关提取需要作进一步检验、化验或鉴定的货样，收取海关出具的取样清单；

（4）查验结束后，认真阅读查验人员填写的"海关进出境货物查验记录单"。

查验记录准确清楚的，配合查验人员应即签名确认。配合查验人员如不签名，海关查验人员在查验记录中予以注明，并由货物所在监管场所的经营人签名证明。

四、货物损坏赔偿

在查验过程中，或者证实海关在径行开验过程中，因为海关查验人员的责任造成被查验货物损坏的，进出口货物的收发货人或其代理人可以要求海关赔偿。海关赔偿的范围仅限于在实施查验过程中，由于查验人员的责任造成被查验货物损坏的直接经济损失。直接经济损失的金额根据被损坏货物及其部件的受损程度确定，或者根据修理费确定。

以下情况不属于海关赔偿范围：

（1）进出口货物的收发货人或其代理人搬移、开拆、封装货物或保管不善造成的损失；

（2）易腐、易失效货物在海关正常工作程序所需时间内（含扣留或代管期间）所发生的变质或失效；

（3）海关正常查验时产生的不可避免的磨损；

（4）在海关查验之前已发生的损坏和海关查验之后发生的损坏；

（5）由于不可抗力的原因造成货物的损坏、损失。

进出口货物发货人或其代理人在海关查验时对货物是否受损坏未提出异议，事后发现货物有损坏的，海关不负赔偿的责任。

第三节 一般进出口货物放行

一、海关进出境现场放行和货物结关

（1）海关进出境现场放行是指海关接受进出口货物的申报，审核电子数据报关单和纸质报关单及随附单证，查验货物，征免税费或接受担保以后，对进出口货物作出结束海关进出境现场监管决定，允许进出口货物离开海关监管现场的工作环节。

海关进出境现场放行一般由海关在进口货物提货凭证或者出口货物装货凭证上加盖海关放行章。进出口货物收发货人或其代理人签收进口提货凭证或者出口装货凭证，凭以提取进口货物或将出口货物装上运输工具离境。

在实行"无纸通关"申报方式的海关，海关作出现场放行决定时，通过计算机将海关决定放行的信息发送给进出口货物收发货人或其代理人和海关监管货物保管人。进出口货物收发货人或其代理人从计算机上自行打印海关通知放行的凭证，凭以提取进口货物或将出口货物装运到运输工具上离境。

（2）货物结关是进出境货物办结海关手续的简称。进出境货物由收发货人或其代理人向海关办理完所有的海关手续，履行了法律规定的与进出口有关的一切义务，进口货物可以提取，出口货物可以离境，海关不再进行监管。

（3）海关进出境现场放行有两种情况：一种情况是货物已经结关，对于一般进出口货物，放行时进出口货物收发货人或其代理人已经办理了所有海关手续，因此，海关进出境现场放行即等于结关；另一种情况是货物尚未结关，对于保税货物、特定减免税货物、暂准进出境货物、部分其他进出境货物，放行进进出境货物的收发货人或其代理人并未办完所有的海关手续，海关在一定期限内还需进行监管，所以该类货物的海关进出境现场放行不等于结关。

二、提取货物或装运货物

进口货物收货人或其代理人签收海关加盖海关放行章戳记的进口提货凭证，凭此到货物进境地的港区、机场、车站、邮局等地的海关监管仓库办理提取进口货物的手续。

出口货物发货人或其代理人签收海关加盖放行章戳记的出口装货凭证，凭此到货物出境地的港区、机场、车站、邮局等地的海关监管仓库，办理将货物装上运输工具离境的手续。

三、申请签发报关单证明联和办理其他证明手续

进出口货物收发货人或其代理人，办理完提取进口货物或装运出口货物的手续以后，如需要海关签发有关货物的进口、出口货物报关单证明联或办理其他证明手续的，均可向海关提出申请。

（一）申请签发报关单证明联

常见的报关单证明联主要有以下几种：

1. 进口付汇证明联

对需要在银行或国家外汇管理部门办理进口付汇核销的进口货物，进口货物的收货人或其代理人应当向海关申请签发进口货物报关单付汇证明联。海关经审核，对符合条件的，即在进口货物报关单付汇证明联上签章。同时，通过电子口岸执法系统向银行和国家外汇管理部门发送证明联电子数据。

2. 出口收汇证明联

对需要在银行或国家外汇管理部门办理出口收汇核销的出口货物，出口货物的发货人或其代理人应当向海关申请签发出口货物报关单收汇证明联。海关经审核，对符合条件的，即在出口货物报关单收汇证明联上签章。同时，通过电子口岸执法系统向银行和国家外汇管理都门发送证明联电子数据。

3. 出口退税证明联

对需要在国家税务机构办理出口退税的出口货物，出口货物的发货人或其代理人应当向海关申请签发出口货物报关单退税证明联。海关经审核，对符合条件的，在证明联上签章。同时，通过电子口岸执法系统向国家税务机构发送证明联电子数据。

（二）办理其他证明手续

1. 出口收汇核销单

对需要办理出口收汇核销的出口货物，出口货物的发货人或其代理人应当在申报时向海关提交由国家外汇管理部门核发的出口收汇核销单。海关放行货物后，在出口收汇核销单上签章。出口货物发货人凭出口货物报关单收汇证明联和出口收汇核销单办理出口收汇核销手续。

2. 进口货物证明书

对进口汽车、摩托车，进口货物的收货人或其代理人应当向海关申请签发进口货物证明书，进口货物收货人凭以向国家交通管理部门办理汽车、摩托车的牌照申领手续。海关放行汽车、摩托车后，签发进口货物证明书。同时，将《进口货物证明书》上的内容通过计算机发送给海关总署，再传输给国家交通管理部门。其他进口货物如需申领《进口货物证明书》，收货人或其代理人也可向海关提出申请。

技能训练

一、分析讨论题

1. 有以下这样四种货物：

（1）某加工贸易企业经批准从德国进口机器设备一套用于加工产品出口；

（2）某公司经批准以易货贸易方式进口货物一批在境内出售；

（3）张家港保税区批准出售橡胶一批给青岛汽车轮胎厂；

（4）某境外商人免费提供机器设备一套给境内某企业用以来料加工。

讨论：上述哪种货物适用一般进出口通关制度？为什么？

2. 下列货物哪种不适用于海关后续管理？

（1）外商在经贸活动中赠送的进口货物；

（2）进料加工进口料件；

（3）进境展览品；

（4）香港影视公司摄制电影电视用的暂时进口的摄制仪器。

3. 某外贸企业进口设备 1 台，装载该设备的运输工具于 2013 年 9 月 16 日向海关申报进境，外贸企业于 2013 年 10 月 12 日向海关申报进口。

讨论：外贸企业到底滞报了几天？

4. 济南某企业向香港出口服装一批，该批货物运抵济南海关监管现场前，先向该海关录入出口货物报关电子数据，货物运至海关监管现场后，转头至青岛口岸装运出境。

讨论：这属于转关运输的哪种方式？为什么？

二、不定项选择题

1. 出口货物的申报期限为货物运抵海关监管区后、装货的（　　　）以前。

　　A. 48 小时　　　　B. 24 小时　　　　C. 14 日　　　　D. 15 日

2. 进口货物的申报期限为自装载货物的运输工具申报进境之日起（　　　）内。

　　A. 48 小时　　　　B. 24 小时　　　　C. 14 日　　　　D. 15 日

3. 载运某批进口货物的船舶于 2013 年 4 月 17 日（星期三）向海关申报进境，而货物于 2013 年 5 月 8 日（4 月 29 日至 5 月 1 日为节假日）报关，收货人滞报几日？（　　　）

　　A. 滞报 5 天　　　B. 滞报 4 天　　　C. 滞报 3 天　　　D. 滞报 2 天

4. 在报关程序中，前期阶段适用的范围是（　　　）。

　　A. 进出境展览品　　　　　　　　　B. 一般进出口货物

　　C. 保税加工进出口货物　　　　　　D. 特定减免税货物

5. 电子报关的申报方式有（　　　）。

A. 终端申报方式   B. EDI 申报方式

C. 网上申报方式   D. 提取或装运货物

6. 进口货物自装载货物的运输工具申报进境之日起超过（   ）仍未向海关申报的，货物由海关依照《海关法》的规定提取变卖处理。

A. 14 日   B. 15 日   C. 3 个月   D. 6 个月

7. 某批易腐进口货物通关时，因涉嫌走私被海关扣留，在此期间货物发生变质，对此损失应以下列哪种方式处理？（   ）

A. 因货物发生变质与收货人或其代理人涉嫌走私有关，故该损失由其承担 50%，海关赔偿 50%

B. 因其变质与海关扣留货物有关，故该损失应由海关承担

C. 因其变质是在海关正常工作程序所需时间内发生，海关不予以赔偿

D. 构成走私，损失由收货人或其代理人自负；未构成走私，损失由海关负责赔偿

8. 关于海关接受申报的时间，下列表述错误的是（   ）。

A. 经海关批准单独以电子数据报关单形式向海关申报的，以"海关接受申报"的信息发送给进出口货物收发货人或其代理人，或者公布于海关业务现场的时间为接受申报的时间

B. 经海关批准单独以纸质报关单形式向海关申报的，以海关在纸质报关单上进行登记处理的时间为接受申报的时间

C. 在先以电子数据报关单向海关申报，后以纸质报关单向海关申报的情况下，海关接受申报的时间以海关接受纸质报关申报的时间为准

D. 在采用电子和纸质报关单申报的一般情况下，海关接受申报的时间以海关接受电子数据报关单申报的时间为准

9. 申报单证可以分为两大类，即（   ）。

A. 预备单证   B. 主要单证   C. 基本单证   D. 随附单证

10. 在一般情况下，进出口货物收发货人或其代理人应当自接到海关"现场交单"或者"放行交单"通知之日起（   ）日内，持打印的纸质报关单，备齐规定的随附单证并签名盖章，到货物所在地海关提交单证并办理相关海关手续。

A. 7 日   B. 10 日   C. 14 日   D. 15 日

11. 进出口货物收发货人或其代理人在办理完毕提取进口货物或装运出口货物的手续后，如有需要，可以向海关申请签发有关货物的进口、出口证明。海关签发的常见证明主要有（   ）。

A. 进口货物报关单（付汇证明联）和出口货物报关单（收汇证明联）

B. 出口货物报关单（出口退税证明联）

C. 进口货物报关单（进口货物证明联）

D. 进口货物证明书

12. 某批货物由列车载运进境，经海关批准，收货人（内地某外贸公司）在列车上申报进境 21 天后委托专业报关公司向进境地海关办理转关运输手续，并于货物运抵

指运地后第 8 天向该企业所在地海关正式申报。因下列哪项原因，申报人必须缴付滞报金？（ ）

    A. 未在规定期限向货物指运地海关正式报关

    B. 未在规定期限向进境地海关办理转关运输手续

    C. 未在规定期限向进境地海关正式报关

    D. 既未在规定期限办理转关运输手续，又未在规定期间正式报关

13. 北京某企业将一批机械设备销往南非，该批货物采用出口直转的方式，已向北京海关办理了相关转关手续，并将货物用汽车运至天津口岸，在天津口岸出境时，报关员应该向天津海关出具下列哪些单证资料？（ ）

    A. 北京海关签发的出口货物报关单

    B. 出口转关货物申报单

    C. 出境汽车载货清单

    D. 汽车载货登记簿

14. 北京 A 企业从美国进口一批大豆，货物从天津进境。A 企业在天津海关办理进口货物转关手续前，向北京海关录入《进口货物报关单》电子数据，北京海关受理后，向天津海关传输有关数据。A 企业在向天津海关办理转关手续时要提供（ ）。

    A.《进口转关货物申报单》编号

    B. 提货单

    C. 进口转关货物核放单

    D. 汽车载货登记簿

三、案例题

（一）中国成套设备进出口总公司（北京）（CHINA NATIONAL COMPLETE PLANT IMPORT & EXPORT CORP.）与法国 LECLEC 公司于 2013 年 7 月 8 日在广州签订了出售户外家具（outdoor furniture）的外贸合同，货名：花园椅（Garden Chair，铸铁底座的木椅，按规定出口时需要有动植物检验检疫证明），型号：TG0503，价格：USD58.00/PC FOB Guangzhou，数量：950 把，毛重：20KGS/PC，净重：18KGS/PC，包装：1PC/CTN，集装箱：1X20'，生产厂家：广东南海飞达家具厂，最迟装船日期：2013 年 9 月 8 日，起运港：广州港，目的港：马赛，支付方式：不可撤销信用证。

1. 根据以上资料为出口公司整理一份销售合同/成交确认书。

2. 如果中国成套设备进出口总公司委托广州穗港报关行报关，是否要办理异地报关备案手续？需要的话，应如何办理？

3. 如果订舱的装船时间是 2013 年 9 月 8 日早上 10 点，那么，报关员应最迟何时在何地报关完毕？

4. 如果报关员在 2013 年 8 月 20 日以电子数据报关单向海关申报，2013 年 8 月 22 日收到海关"放行交单"的通知，那么，报关员应不迟于哪一天持打印的纸质报关单，备齐哪些单证到货物所在地海关提交书面单证并办理相关海关手续？

5. 应该缴纳哪些海关规定的税费？

6. 为该批出口货物出货的进行流程设计。

（二）武汉泰华公司（420123××××）在投资总额内委托武汉机械进出口公司（420191××××）于 2012 年 6 月与香港某公司签约进口一套自用设备，该设备属于鼓励类进口项目。设备于 2013 年 6 月 1 日从上海吴淞海关进境，该合资企业委托上海华宇货代公司于 2013 年 6 月 2 日向上海海关办理转关申请手续，后由"长江号"轮船于 2013 年 6 月 5 日（周三）运抵武汉，并于 2013 年 6 月 20 日向武汉江岸办理进口报关手续，货物经海关查验后放行。

1. 在此情境中，属于哪种转关方式？

2. 在向海关递交的进口货物报关单"运输工具名称"一栏应中如何填报？

（提示：水路运输下，直转、提前报关填报"@" +16 位转关申报单预录入号；中转填报进境英文船名）

3. 在此情境中，该企业应该缴纳多少天的滞报金？

4. 在此情境中，在向上海海关办理转关手续时，应提交哪些单证？

第七章　保税进出口货物报关程序

实训指南

一、实训目的

本章通过实训应达到以下教学目标：

1. 熟练掌握加工贸易合同备案的步骤；
2. 能正确填制合同备案的有关单证，提交合同备案所需的单证；
3. 能正确填制进出口货物报关单；
4. 熟练掌握加工贸易合同报核的步骤。

二、实训要点

1. 加工贸易合同备案手续的办理；
2. 加工贸易货物进出境报关手续的办理；
3. 加工贸易合同报核手续的办理。

三、主要技能

1. 加工贸易合同备案手续的办理；
2. 保税加工货物进出境报关手续的办理；
3. 加工贸易合同报核手续的办理。

第一节　保税加工货物概述

一、保税加工货物含义

保税加工货物是指经海关批准未办理纳税手续进境，在境内加工、装配后复运出境的货物。

保税加工货物通常被称为加工贸易保税货物。加工贸易保税货物不完全等同于加工贸易货物。加工贸易货物只有经过海关批准才能保税进口。经海关批准准予保税进口的加工贸易货物才是保税加工货物。

加工贸易，即原材料、零部件、元器件、包装物料、辅助材料等从境外进口，在境内加工装配后，成品运往境外的贸易。

加工贸易通常有以下两种形式：

（一）来料加工

来料加工是指由境外企业提供料件，经营企业不需要付汇进口，按照境外企业的要求进行加工或装配，只收取加工费，制成品由境外企业销售的经营活动。

（二）进料加工

进料加工是指经营企业用外汇购买料件进口，制成成品后外销出口的经营活动。

二、保税加工货物特征

保税加工货物有以下特征：

（1）料件进口时暂缓缴纳进口关税及进口环节海关代征税，成品出口时除另有规定外无需缴纳关税；

（2）料件进口时除国家另有规定外免予交验进口许可证件，成品出口时凡属许可证件管理的，必须交验出口许可证件；

（3）进出境海关现场放行并未结关。

三、保税加工货物范围

保税加工货物包括：

（1）专为加工、装配出口产品而从国外进口且海关准予保税的原材料、零部件、元器件、包装物料、辅助材料（简称料件）；

（2）用进口保税料件生产的成品、半成品；

（3）在保税加工生产过程中产生的副产品、残次品、边角料和剩余料件。

四、保税加工货物管理

海关对保税加工货物的管理，主要可以归纳为以下五点：

（一）商务审批

加工贸易业务须经过商务主管部门审批才能进入海关备案程序。大体上有以下两种情况：

1. 商务主管部门审批加工贸易合同

加工贸易经营企业在向海关办理加工贸易合同备案设立电子化手册之前，先要到商务主管部门办理合同审批手续。经审批后，凭商务主管部门出具的《加工贸易业务批准证书》和《加工贸易企业经营状况和生产能力证明》两个单证及商务主管部门审批同意的加工贸易合同到海关备案。

2. 商务主管部门审批加工贸易经营范围

加工贸易经营企业在向海关申请建立电子账册之前，先要到商务主管部门办理审批加工贸易经营范围的手续，由商务主管部门对加工贸易企业作出前置审批，凭商务主管部门出具的《经营范围批准证书》和《加工贸易企业经营状况和生产能力证明》

到海关申请建立电子账册。

（二）备案保税

加工贸易料件经海关批准才能保税进口。海关批准保税是通过受理备案来实现的。凡是准予备案的加工贸易料件进口时可以暂不办理纳税手续，即保税进口。

电子化手册和电子账册管理下的保税加工货物报关都有备案程序，海关通过受理备案实现批准保税。海关特殊监管区域的保税加工货物报关也有备案程序，主要体现在建立加工贸易电子账册。

海关受理加工贸易料件备案的原则是：

1. 合法经营

所谓合法经营，是指申请保税的料件或保税申请人本身不属于国家禁止的范围，并且获得有关主管部门的许可，有合法进出口的凭证。

2. 复运出境

所谓复运出境，是指申请保税的货物流向明确，进境加工、装配后的最终流向表明是复运出境，而且申请保税的单证能够证明进出基本是平衡的。

3. 可以监管

所谓可以监管，是指申请保税的货物无论在进出口环节，还是在境内加工、装配环节，海关都可以监管，不会因为某种不合理因素造成监管失控。

（三）纳税暂缓

国家规定专为加工出口产品而进口的料件，按实际加工复出口成品所耗用料件的数量准予免缴进口关税和进口环节增值税、消费税。这里所指的免税，是指用在出口成品上的料件可以免税。但是在料件进口的时候无法确定用于出口成品上的料件的实际数量，海关只有先准予保税，在产品实际出口并最终确定使用在出口成品上的料件数量后，再确定征免税的范围，即用于出口的部分不予征税，不出口的部分征税，然后再由企业办理纳税手续。

（1）保税加工货物经批准不复运出境，在征收进口关税和进口环节代征税时要征收缓税利息（边角料和特殊监管区域的保税加工货物除外）。

保税加工货物内销缓税利息根据填发海关税款缴款书时，海关总署参照中国人民银行公布的活期存款利率决定并公布的最新缓税利息率按日征收。

缓税利息计算公式如下：

应征缓税利息＝应征税额×计息期限（天数）×缓税利息率÷360

（2）料件进境时未办理纳税手续，适用海关事务担保，具体担保手续按加工贸易银行保证金台账制度执行。

加工贸易银行保证金台账制度的核心是对不同地区的加工贸易企业和加工贸易涉及的进出口商品实行分类管理，对部分企业进口的部分料件，由银行按照海关根据规定计算的金额征收保证金。

地区分为东部地区和中西部地区。东部地区包含辽宁省、北京市、天津市、河北省、山东省、江苏省、上海市、浙江省、福建省、广东省。中西部地区指东部地区以外的中国其他地区。

加工贸易企业按报关单位分类管理中"收发货人的审定标准"分为 AA 类、A 类、B 类、C 类、D 类五个管理类别。

商品分为禁止类、限制类、允许类三类。

加工贸易禁止类和限制类商品目录由商务部、海关总署会同国家其他有关部门适时公布。

加工贸易银行保证金台账分类管理的大体内容见表 7-1：

表 7-1　　　　　　　　　加工贸易银行保证金台账分类管理表

台账分类管理内容	禁止类商品		限制类商品		允许类商品	
	东部	中西部	东部	中西部	东部	中西部
AA 类企业	不准开展加工贸易		空转			不转
A 类企业						空转
B 类企业			半实转	空转		
C 类企业			实转			
D 类企业	不准开展加工贸易					
特殊监管区域企业	不准开展加工贸易		不转			

注：表中"不转"指不设台账，"空转"指设台账不付保证金，"实转"指设台账付保金，"半实转"指设台账减半支付保证金。

（四）监管延伸

海关对保税加工货物的监管无论是地点，还是时间，都需要延伸。

从地点上说，保税加工的料件运离进境地口岸海关监管场所后进行加工、装配的地方，都是海关监管的场所。

从时间上说，保税加工的料件在进境地被提取并不是海关保税监管的结束，而是继续，海关一直要监管到加工、装配后复运出境或者办结正式进口手续最终核销结案为止。

（五）核销结关

保税加工货物经过海关核销后才能结关。

保税加工货物的核销是非常复杂的工作。保税加工的料件进境后要进行加工、装配，改变原进口料件的形态，复出口的商品不再是原进口的商品。这样，向海关的报核，不仅要确认进出数量是否平衡，而且还要确认成品是否由进口料件生产。在报核的实践中，数量往往是不平衡的。正确处理报核中发生的数量不平衡问题，是企业报核必须解决的问题。

五、海关对保税加工货物的监管模式

海关对保税加工货物的监管模式分为两种模式：

（一）物理围网监管

物理围网监管，是指经国家批准，在关境内（出口加工区）或关境线上（跨境工业区）划地，采用物理围网，让企业在围网内专门从事保税加工业务，由海关进行封闭式的监管，包括出口加工区和跨境工业区。

（二）非物理围网

非物理围网采用纸质手册或计算机联网监管。

1. 纸质手册管理

纸质手册管理是传统的监管模式，主要用于加工贸易合同内容的备案，逐渐被联网监管模式替代。

2. 计算机联网监管

计算机联网监管包括电子账册管理和电子手册管理。电子账册管理主要是针对大型企业，以企业为单元进行管理；电子手册管理主要是针对中小型企业，以合同为单元进行管理。

第二节　保税加工货物进出口报关

一、纸质手册管理下的保税加工货物报关程序

纸质手册管理模式的主要特征是以合同为单元进行监管，其基本程序是合同备案、进出口报关、合同报核。

（一）合同备案

1. 合同备案的含义

加工贸易合同备案是指加工贸易企业持经批准的加工贸易合同到主管海关备案，申请保税并建立加工贸易电子化手册或其他准予备案凭证的行为。

海关受理合同备案，是指海关根据国家规定在接受加工贸易合同备案后，批准合同约定的进口料件保税，并把合同内容转化为手册内容建立电子化手册或核发其他准予备案的凭证。

对不予备案的合同，海关应当书面告知经营企业。

2. 合同备案的企业

国家规定开展加工贸易业务应当由经营企业到加工企业的所在地主管海关办理加工贸易合同备案手续。经营企业和加工企业有可能是同一个企业，也可能不是同一个企业。

（1）经营企业。

经营企业，是指负责对外签订加工贸易进出口合同的各类进出口企业和外商投资企业，以及经批准获得来料加工经营许可的对外加工装配服务公司。

（2）加工企业。

加工企业，是指接受经营企业委托，负责对进口料件进行加工或者装配，且具有

法人资格的生产企业，以及由经营企业设立的虽不具有法人资格，但实行相对独立核算并已经办理工商营业证（执照）的工厂。

3. 合同备案的步骤

企业办理加工贸易合同备案前需要报商务主管部门审批合同，领取《加工贸易业务批准证》和《加工贸易企业经营状况和生产能力证明》；需要领取其他许可证件的还要向有关主管部门申领许可证件。然后进入海关合同备案的程序，其步骤为：

（1）将合同相关内容预录入与主管海关联网的计算机。

（2）由海关审核确定是否准予备案。准予备案的，由海关确定是否需要开设加工贸易银行保证金台账。

（3）需办理开设台账手续的，应向银行（中国银行、中国工商银行）办理台账保证金专用账户设立手续。已设立台账保证金专用账户的企业，凭《海关注册登记证明》向银行进行一次性备案登记。

银行与海关目前采用台账电子化联网管理模式。企业在预录入端收到回执后，直接凭银行签发的电子《银行保证金台账登记通知单》向海关办理加工贸易备案手续，无须再往返于海关与银行之间传递单证，有关单证的电子数据均实现网上传输。

（4）不需要开设台账的，直接向海关建立电子化手册或核发其他备案凭证。

4. 合同备案的内容

（1）备案单证。

① 商务主管部门按照权限签发的《加工贸易业务批准证》和《加工贸易企业经营状况和生产能力证明》；

② 加工贸易合同或合同副本；

③ 加工贸易合同备案申请表及企业加工贸易合同备案呈报表；

④ 属于加工贸易国家管制商品的需交验主管部门的许可证件或许可证件复印件；

⑤ 为确定单耗和损耗率所需的有关资料；

⑥ 其他备案所需要的单证。

（2）备案商品。

① 加工贸易禁止类商品不准备案；

② 进出口消耗臭氧层物质、易制毒化学品、监控化学品，在备案时需要提供进出口许可证或两用物项进出口许可证复印件；

③ 进出口音像制品、印刷品、地图产品及附有地图的产品、进口工业再生废料等，在备案时需要提供有关主管部门签发的许可证件或批准文件。

（3）保税额度。

加工贸易合同项下海关准予备案的料件，包括为履行产品出口合同进口直接用于加工出口产品而在生产过程中消耗掉的数量合理的触媒剂、催化剂、磨料、燃料，全额保税。

加工贸易合同项下海关不予备案的料件，以及试车材料、未列名消耗性物料等，不予保税，进口时按照一般进口货物照章征税。

（4）台账制度。

按加工贸易银行保证金台账分类管理的原则，或不设台账，或设台账不付保证金，或设台账并付保证金。

为了简化手续，进口料件金额在 1 万美元及以下的，适用 AA 类、A 类、B 类管理的加工贸易企业按规定不设台账或台账保证金空转，因此也不必向银行交付保证金。适用 AA 类、A 类、B 类管理的加工贸易企业进口金额在 5 000 美元及以下的服装辅料（拉链、纽扣、鞋扣、扣绊、摁扣、垫肩、胶袋、花边等 78 种）免领手册，但必须凭出口合同向主管海关备案。

5. 合同备案的凭证

海关受理并准予备案后，企业应当领取海关准予的凭证。

（1）电子化手册编号。

按规定可以不设台账的合同，在准予备案后，由企业直接向受理合同备案的主管海关领取电子化手册编号。

按规定在银行开设了台账的合同，由企业凭银行签发的《银行保证金台账登记通知单》，到合同备案主管海关领取海关电子化手册编号。

（2）其他准予备案的凭证。

对为生产出口产品而进口属于国家规定的 78 种列名服装辅料，且金额不超过 5 000 美元的合同，除 C 类企业外，免予建立电子化手册，直接凭出口合同备案准予保税后，凭海关在备案出口合同上的签章和编号直接进入进出口报关阶段。

6. 合同备案的变更

已经海关登记备案的加工贸易合同，其品名、规格、金额、数量、加工期限、单耗、商品编码等发生变化的，须向主管海关办理合同备案变更手续，开设台账的合同还须变更台账。

合同变更应在合同有效期内报原商务审批部门批准。为简化合同变更手续，对贸易性质不变、商品品种不变，合同变更的金额小于 1 万美元（含 1 万美元）和合同延长不超过 3 个月的合同，企业可直接到海关和银行办理变更手续，不需再经商务主管部门重新审批。

1 万美元及以下的备案合同，变更后进口金额超过 1 万美元的，适用 AA 类、A 类、B 类管理的企业，需重新开设台账的，应重新开设台账；东部地区适用 B 类管理的企业的合同金额变更后，进口料件如果涉及限制类商品的，由银行按海关计算的金额加收相应的保证金。

因企业管理类别调整，合同从"空转"转为"实转"的，应对原备案合同交付台账保证金。经海关批准，可只对原合同未履行出口部分收取台账保证金。

管理类别调整为 D 类的企业，经海关批准，对已备案合同允许交付全额台账保证金后继续执行，但合同不得再变更和延期。

对允许类商品转为限制类商品的，已备案合同不再交付台账保证金。对原限制类或允许类商品转为禁止类的，对已备案合同按国家即时发布的规定办理。

（二）进出口报关

电子化手册管理下的保税加工货物报关，适用进出口报关阶段程序，有进出境货物报关、深加工结转货物报关和其他保税加工货物报关等三种情形。

1. 进出境货物报关

保税加工货物进出境由加工贸易经营单位或其代理人向海关申报。

保税加工货物进出境申报必须凭电子化手册编号或持有其他准予合同备案的凭证。

保税加工货物进出境的报关程序与一般进出口货物一样，也有4个环节，其中申报、配合查验、提取货物或装运货物三个环节与一般进出口货物基本一致。有区别的是，保税加工货物进境的报关程序第三个环节不是缴纳税费，而是暂缓纳税，即保税。除此以外，还有以下区别：

加工贸易企业在主管海关备案的情况在计算机系统中已生成电子底账，有关电子数据通过网络传输到相应的口岸海关，因此企业在口岸海关报关时提供的有关单证内容必须与电子底账数据相一致。也就是说，报关数据必须与备案数据一致，一种商品报关的商品编码、品名、规格、计量单位、数量、币制等必须与备案数据无论在字面上，还是计算机格式上都完全一致。若不一致，报关就不能通过。

保税加工货物进出境报关的许可证件管理和税收征管要求如下：

（1）关于进出口许可证件管理。

① 进口料件，除易制毒化学品、监控化学品、消耗臭氧层物质、原油、成品油等个别规定商品外，均可以免予交验进口许可证件。这里所称"免予交验进口许可证件"，并不包括涉及公共道德、公共卫生、公共安全所实施的进出口管制证件。

② 出口成品，属于国家规定应交验出口许可证件的，在出口报关时必须交验出口许可证件。

（2）关于进出口税收征管。

准予保税的加工贸易料件进口时暂缓纳税。加工贸易项下出口应税商品，如系全部使用进口料件加工生产的产（成）品，不征收出口关税。加工贸易项下出口应税商品，如系部分使用进口料件、部分使用国产料件加工的产（成）品，则按海关核定的比例征收出口关税。

具体计算公式是：

出口关税 = 出口货物完税价格 × 出口关税税率 × 出口产（成）品中使用的国产料件和全部料件的价值比例

出口货物完税价格由海关根据《中华人民共和国海关审定进出口货物完税价格办法》（以下简称《审价办法》）的规定审核确定。

加工贸易出口的特殊商品，应征出口关税的，按照有关规定办理。如：加工贸易出口未锻铝，不论是否有国产料件投入，一律按一般贸易出口货物从价计征出口关税。

2. 深加工结转货物报关

加工贸易深加工结转，是指加工贸易企业将保税进口料件加工的产品转至另一加工贸易企业进一步加工后复出口的经营活动。其程序分为计划备案、收发货登记、结转报关三个环节。

（1）计划备案。

加工贸易企业开展深加工结转，转入、转出企业应当向各自主管海关提交保税加工货物深加工结转申请表，申报结转计划。

① 转出企业在申请表（一式四联）中填写本企业的转出计划并签章，凭申请表向转出地海关备案。

② 转出地海关备案后，留存申请表第一联，其余三联退转出企业交转入企业。

③ 转入企业自转出地海关备案之日起20日内，持申请表其余三联，填制本企业的相关内容后，向转入地海关办理报备手续并签章。转入企业在20日内未递交申请表，或者虽向海关递交但因申请表的内容不符合海关规定而未获准的，该份申请表作废。转出、转入企业应当重新填报和办理备案手续。

④ 转入地海关审核后，将申请表第二联留存，第三、第四联交转入、转出企业凭以办理结转收发货登记及报关手续。

（2）收发货登记。

转出、转入企业办理结转计划申报手续后，应当按照经双方海关核准后的申请表进行实际收发货。

转出、转入企业的每批次收发货记录应当在保税货物实际结转情况登记表上进行如实登记，并加盖企业结转专用名章。

结转货物退货的，转入、转出企业应当将实际退货情况在登记表中进行登记，同时注明"退货"字样，并各自加盖企业结转专用名章。

（3）结转报关。

转出、转入企业实际收发货后，应当按照以下规定办理结转报关手续：

① 转出、转入企业分别在转出地、转入地海关办理结转报关手续。转出、转入企业可以凭一份申请表分批或者集中办理报关手续。

转出企业每批实际发货后在90日内办结该批货物的报关手续，转入企业每批实际收货后在90日内办结该批货物的报关手续。

② 转入企业凭申请表、登记表等单证向转入地海关办理结转进口报关手续，并在结转进口报关后的第二个工作日内将报关情况通知转出企业。

③ 转出企业自接到转入企业通知之日起10日内，凭申请表、登记表等单证向转出地海关办理结转出口报关手续。

④ 结转进口、出口报关的申报价格为结转货物的实际成交价格。

⑤ 一份结转进口货物报关单对应一份结转出口货物报关单，两份报关单之间对应的申报序号、商品编号、数量、价格和手册号应当一致。

⑥ 结转货物分批报关的，企业应当同时提供申请表和登记表的原件及复印件。

3. 其他保税加工货物的报关

其他保税加工货物是指履行加工贸易合同过程中产生的剩余料件、边角料、残次品、副产品和受灾保税货物。

剩余料件，是指加工贸易企业在从事加工复出口业务过程中剩余的可以继续用于加工制成品的加工贸易进口料件。

边角料，是指加工贸易企业从事加工复出口业务，在海关核定的单耗标准内、加工过程中产生的、无法再用于加工该合同项下出口制成品的数量合理的废料、碎料及下脚料。

残次品，是指加工贸易企业从事加工复出口业务，在生产过程中产生的有严重缺陷或者达不到出口合同标准，无法复出口的制成品（包括完成品和未完成品）。

副产品，是指加工贸易企业从事加工复出口业务，在加工生产出口合同规定的制成品（主产品）过程中同时产生的，且出口合同未规定应当复出口的一个或一个以上的其他产品。

受灾保税货物，是指在加工贸易企业从事加工出口业务中，因不可抗力原因或其他经海关审核认可的正当理由造成损毁、灭失、短少等导致无法复出口的保税进口料件和加工制成品。

对于履行加工贸易合同中产生的上述剩余料件、边角料、残次品、副产品、受灾保税货物，企业必须在手册有效期内处理完毕。处理的方式有内销、结转、退运、放弃、销毁等。除销毁处理外，其他处理方式都必须填制报关单报关。有关报关单是企业报核的必要单证。

（1）内销。

保税加工货物转内销应经商务主管部门审批，加工贸易企业凭《加工贸易保税进口料件内销批准证》办理内销料件正式进口报关手续，缴纳进口税和缓税利息。

经批准允许转内销的保税加工货物属进口许可证件管理的，企业还应按规定向海关补交进口许可证件；申请内销的剩余料件，如果金额占该加工贸易合同项下实际进口料件总额 3% 及以下，且总值在人民币 1 万元及以下的，免予审批，免予交验许可证件。

内销征税应当遵循如下规定：

① 关于征税的数量。

剩余料件和边角料内销，直接按申报数量计征进口税；制成品和残次品根据单耗关系折算耗用掉的保税进口料件数量计征进口税；副产品内销，按申报时实际状态的数量计征进口税。

② 关于征税的完税价格。

进料加工进口料件或其制成品（包括残次品）内销时，以料件的原进口成交价格为基础确定完税价格。料件的原进口成交价格不能确定的，以接受内销申报的同时或者大约同时进口的、与料件相同或者类似的货物的进口成变价格为基础确定完税价格。

来料加工进口料件或其制成品（包括残次品）内销时，以接受内销申报的同时或者大约同时进口的、与料件相同或者类似的货物的进口成交价格为基础确定完税价格。

加工企业内销加工过程中产生的副产品或者边角料，以内销价格作为完税价格。

③ 关于征税的税率。

经批准正常的转内销征税，适用海关接受申报办理纳税手续之日实施的税率。如内销商品属关税配额管理而在办理纳税手续时又没有配额证的，应当按该商品配额外适用的税率缴纳进口税。

④ 关于征税的缓税利息。

保税加工货物包括加工贸易保税料件或制成品及剩余料件、残次品、副产品和受灾保税货物，经批准内销，凡依法需要征收税款的，除征收税款外，还应加征缓税利息。边角料不加征缓税利息。

缓税利息计息期限的起始日期为内销料件或制成品所对应的加工贸易合同项下首批料件进口之日，终止日期为海关填发税款缴款书之日。

（2）结转。

加工贸易企业可以向海关申请将剩余料件结转至另一个加工贸易合同项下生产出口，但应当在同一经营单位、同一加工厂、同样的进口料件和同一加工贸易方式的情况下结转。

加工贸易企业申请办理剩余料件结转时应当向海关提供以下单证：

① 企业申请剩余料件结转的书面材料；

② 企业拟结转的剩余料件清单；

③ 海关按规定需收取的其他单证和材料。

海关将依法对企业结转申请予以审核，对不符合规定的会做出不予结转决定，并告知企业按照规定将不予结转的料件退出境外、征税内销、放弃或者销毁；对符合规定的会作出准予结转的决定，并向企业签发加工贸易剩余料件结转联系单，由企业在转出手册的主管海关办理出口报关手续，在转入手册的主管海关办理进口报关手续。特殊情况下，对准予结转企业将剩余料件结转到另一加工厂的，还将收取相当于拟结转料件应缴税款金额的保证金或银行保函（对海关收取担保后备案的手册或者已实行银行保证金台账实转的手册，担保金额或者台账实转金额不低于拟结转保税料件应缴税款金额的，可免予收取保证金或银行保函）。

加工贸易企业因合同变更、外商毁约等原因无法履行原出口合同，申请将尚未加工的剩余保税料件结转到另一个加工贸易合同项下加工复出口的，可以比照上述剩余料件结转的办法办理报关手续。

（3）退运。

加工贸易企业因故申请将剩余料件、边角料、残次品、副产品等保税加工货物退运出境的，应持手册等有关单证向口岸海关报关，办理出口手续，留存有关报关单证，以备报核。

（4）放弃。

企业放弃剩余料件、边角料、残次品、副产品等，交由海关处理，应当提交书面申请。对符合规定的，海关将做出准予放弃的决定，开具加工贸易企业放弃加工贸易货物交接单。企业凭以在规定的时间内将放弃的货物运至指定的仓库，并办理货物的报关手续，留存有关报关单证以备报核。

主管海关凭接受放弃货物的部门签章的加工贸易企业放弃加工贸易货物交接单及其他有关单证，核销企业的放弃货物。

经海关核定，有下列情形的，海关将做出不予放弃的决定，并告知企业按规定将有关货物退运、征税内销、在海关或者有关主管部门监督下予以销毁或者进行其他妥善处理：

① 申请放弃的货物属于国家禁止或限制进口的废物的；

② 申请放弃的货物属于对环境造成污染的；

③ 法律、行政法规、规章规定不予放弃的其他情形。

但是，企业进口保税料件不属于国家禁止或限制进口的废物，在国内加工过程中产生的边角料、残次品、副产品属国家禁止或限制进口的废物的，海关应当依企业申请做出准予放弃的决定。

（5）销毁。

被海关做出不予结转决定或不予放弃决定的加工贸易货物或涉及知识产权等原因要求销毁的加工贸易货物，企业可以向海关提出销毁申请，经海关核实同意销毁的，由企业按规定销毁，必要时海关可以派员监督销毁。货物销毁后，企业应当收取有关部门出具的销毁证明材料，以备报核。

（6）受灾保税加工货物的处理。

对于受灾保税加工货物，加工贸易企业须在灾后 7 日内向主管海关书面报告，并提供如下证明材料，海关可视情况派员核查取证：

① 商务主管部门的签注意见；

② 有关主管部门出具的证明文件；

③ 保险公司出具的保险赔款通知书或检验检疫部门出具的有关检验检疫证明文件。

因不可抗力造成的受灾保税加工货物灭失，或者已完全失去使用价值无法再利用的，可由海关审定，并予以免税。

因不可抗力造成的受灾保税货物需销毁处理的，同其他保税加工货物的销毁处理一样。

因不可抗力造成的受灾保税加工货物虽失去原使用价值但可再利用的，按海关审定的受灾保税货物价格，按对应的进口料件适用的税率，缴纳进口税和缓税利息。其对应进口料件属于实行关税配额管理的，按照关税配额税率计征税款。

对非不可抗力因素造成的受灾保税加工货物，海关按照原进口货物成交价格审定完税价格照章征税。属于实行关税配额管理，无关税配额证的，按关税配额外适用的税率计征税款。

因不可抗力造成的受灾保税货物对应的原进口料件内销征税时，如属进口许可证件管理的，免予交验许可证件；反之，不是因不可抗力造成的受灾保税货物对应的原进口料件内销征税时，如属进口许可证件管理的，应当交验进口许可证件。

（三）合同报核

1. 报核和核销的含义

加工贸易合同报核，是指加工贸易企业在加工贸易合同履行完毕，或终止合同并按规定对未出口的货物进行处理后，按照规定的期限和规定的程序，向加工贸易主管海关申请核销、结案的行为。

加工贸易合同核销，是指加工贸易经营企业加工复出口并对未出口的货物办妥有关海关手续后，凭规定单证向海关申请解除监管，海关经审查、核查属实且符合有关法律、行政法规的规定，予以办理解除监管手续的海关行政许可事项。

2. 报核的时间

经营企业应当在规定的期限内将进口料件加工复出口，并自加工贸易电子化手册项下最后一批成品出口之日起或者手册到期之日起30日内向海关报核。

经营企业对外签订的合同因故提前终止的，应当自合同终止之日起30日内向海关报核。

3. 报核的单证

企业报核所需的单证如下：

（1）企业合同核销申请表；

（2）进出口货物报关单；

（3）核销核算表；

（4）其他海关需要的资料。

4. 报核的步骤

企业报核的步骤如下：

（1）合同履约后，及时收集、整理、核对手册和进出口货物报关单；

（2）根据有关账册记录、仓库记录、生产工艺资料等查清此合同加工生产的实际单耗，并据以填写核销核算表（产品的实际单耗如与合同备案单耗不一致，应在最后一批成品出口前进行单耗的变更）；

（3）填写核销预录入申请单，办理报核预录入手续；

（4）携带有关报核需要的单证，到主管海关报核，并填写报核签收回联单。

5. 特殊情况的报核

（1）遗失进出口货物报关单的合同报核。

按规定企业应将报关单留存联报核，在遗失报关单的情况下，可以凭报关单复印件向原报关地海关申请加盖海关印章后报核。

（2）无须建立手册的5 000美元及以下的78种列名服装辅料的合同报核。

企业直接持进出口货物报关单、合同、核销核算表报核。报核的出口货物报关单应当是注明备案编号的一般贸易出口货物报关单。

（3）撤销合同报核。

加工贸易合同备案后因故提前终止执行，未发生进出口而申请撤销的，应报商务主管部门审批，企业凭审批件和手册报核。

（4）有走私违规行为的加工贸易合同报核。

加工贸易企业因走私行为被海关缉私部门或者法院没收保税加工货物的，凭相关证明材料，如《行政处罚决定书》、《行政复议决定书》、《判决书》、《裁决书》等向海关报核。

加工贸易企业因违规等行为被海关缉私部门或法院处以警告、罚款等处罚但不没收保税加工货物的，不予免除加工贸易企业办理相关海关手续的义务。

6. 海关受理报核和核销

海关对企业的报核依法进行审核，对不符合规定的，书面告知企业不予受理的理由，并要求企业重新报核；符合规定的，予以受理。

海关自受理企业报核之日起 20 个工作日内核销完毕，特殊情况下，可以由直属海关的关长批准或者由直属海关关长授权的隶属海关关长批准，延长 10 个工作日。

对未开设台账的电子化手册，经核销准予结案的，海关向经营单位签发《核销结案通知书》；经核销情况正常且开设台账的，签发《银行保证金台账核销联系单》，企业凭此到银行销台账，其中"实转"的台账，企业在银行领回保证金和应得的利息或者撤销保函，并领取《银行保证金台账核销通知单》，凭以向海关领取核销结案通知书。

三、电子账册管理下的保税加工货物报关程序

（一）电子账册管理简介

1. 电子账册的含义

海关对加工贸易企业实施联网监管，是指加工贸易企业通过数据交换平台或者其他计算机网络方式向海关报送能满足海关监管要求的物流、生产经营等数据，海关对数据进行核对、核算，并结合实物进行核查的一种海关保税加工监管方式。

海关为联网企业建立电子底账，联网企业只设立一个电子账册。根据联网企业的生产情况和海关的监管需要确定核销周期，并按照该核销周期对实行电子账册管理的联网企业进行核销。

2. 电子账册的建立

电子账册的建立要经过加工贸易经营企业的联网监管申请和审批、加工贸易业务的申请和审批、建立商品归并关系和电子账册三个步骤。

（1）联网监管的申请和审批。

① 加工贸易经营企业申请电子账册管理模式的加工贸易联网监管，一般应当具备下列条件：

A. 在中国境内具有独立法人资格，并具备加工贸易经营资格，在海关注册的生产型企业；

B. 守法经营，资信可靠，内部管理规范，对采购、生产、库存、销售等实行全程计算机管理；

C. 能按照海关监管要求提供真实、准确、完整并具有被查核功能的数据。

申请电子账册管理模式的加工贸易联网监管的企业在向海关申请联网监管前，应当先向企业所在地商务主管部门办理前置审批手续，由商务主管部门对申请联网监管企业的加工贸易经营范围依法进行审批。

② 经商务主管部门审批同意后，加工贸易企业向所在地直属海关提出书面申请，并提供加工贸易企业联网监管申请表、企业进出口经营权批准文件、企业上一年度经审计的会计报表、工商营业执照复印件、经营范围清单（含进口料件和出口制成品的

品名及 4 位数的《协调制度》的编码）及海关认为需要的其他单证。

③ 主管海关在接到加工贸易企业电子账册管理模式的联网监管申请后，对申请实施联网监管的企业进口料件、出口成品的归类和商品归并关系进行预先审核和确认。经审核符合联网监管条件的，主管海关制发《海关实施加工贸易联网监管通知书》。

（2）加工贸易业务的申请和审批。

联网企业的加工贸易业务由商务主管部门审批。商务主管部门总体审定联网企业的加工贸易资格、业务范围和加工生产能力。

商务主管部门收到联网企业申请后，对非国家禁止开展的加工贸易业务，予以批准，并签发《联网监管企业加工贸易业务批准证》。

（3）建立商品归并关系和电子账册。

联网企业凭商务主管部门签发的《联网监管企业加工贸易业务批准证》向所在地主管海关申请建立电子账册。

海关以商务主管部门批准的加工贸易经营范围、年生产能力等为依据，建立电子账册。

电子账册包括加工贸易"经营范围电子账册"和"便捷通关电子账册"。"经营范围电子账册"用于检查控制"便捷通关电子账册"进出口商品的范围，不能直按报关。"便捷通关电子账册"用于加工贸易货物的备案、通关和核销。电子账册编码为 12 位。"经营范围电子账册"第一、第二位为标记代码"IT"，因此"经营范围电子账册"也叫"IT 账册"；"便捷通关电子账册"第一位为标记代码"E"，因此"便捷通关电子账册"也叫"E 账册"。

电子账册是在商品归并关系确立的基础上建立起来的，没有商品归并关系就不能建立电子账册，所以联网监管的实现依靠商品归并关系的确立。

商品归并关系，是指海关与联网企业根据监管的需要按照中文品名、《协调制度》编码、价格、贸易管制等条件，将联网企业内部管理的"料号级"商品与电子账册备案的"项号级"商品归并或拆分，建立"一对多"或"多对一"的对应关系。

（二）报关程序

1. 备案

（1）"经营范围电子账册"备案。

企业凭商务主管部门的批准证通过网络向海关办理"经营范围电子账册"备案手续，备案内容为：

① 经营单位名称及代码；

② 加工单位名称及代码；

③ 批准证件编号；

④ 加工生产能力；

⑤ 加工贸易进口料件和成品范围（商品编码前 4 位）。

企业在收到海关的备案信息后，应将商务主管部门的纸质批准证交海关存档。

（2）"便捷通关电子账册"备案。

企业可通过网络向海关办理"便捷通关电子账册"备案手续。"便捷通关电子账册"的备案包括以下内容：

① 企业基本情况表，包括经营单位及代码、加工企业及代码、批准证编号、经营范围账册号、加工生产能力等；

② 料件、成品部分，包括归并后的料件、成品名称、规格、商品编码、备案计量单位、币制、征免方式等；

③ 单耗关系，包括出口成品对应料件的净耗、损耗率等。

其他部分可同时申请备案，也可分阶段申请备案，但料件必须在相关料件进口前备案，成品和单耗关系最迟在相关成品出口前备案。

海关将根据企业的加工能力设定电子账册最大周转金额，并对部分高风险或需要重点监管的料件设定最大周转数量。电子账册进口料件的金额、数量，加上电子账册剩余料件的金额、数量，不得超过最大周转金额和最大周转数量。

（3）备案变更。

① "经营范围电子账册"变更。

企业的经营范围、加工能力等发生变更时，经商务主管部门批准后，企业可通过网络向海关申请变更，海关予以审核通过，并收取商务主管部门出具的《联网监管企业加工贸易业务批准证变更证明》等相关书面材料。

② "便捷通关电子账册"变更。

"便捷通关电子账册"的最大周转金额、核销期限等需要变更时，企业应向海关提交申请，海关批准后直接变更。"便捷通关电子账册"的基本情况表中的内容、料件成品发生变化的，包括料件、成品品种、单损耗关系的增加等，只要未超出经营范围和加工能力的，企业不必报经商务主管部门审批，可通过网络直接向海关申请变更，海关予以审核通过。

2. 进出口报关

电子账册模式下联网监管企业的保税加工货物报关与纸质手册模式一样，适用进出口报关阶段程序的，也有进出境货物报关、深加工结转货物报关和其他保税加工货物报关三种情形。

（1）进出境货物报关。

① 报关清单的生成。

使用"便捷通关电子账册"办理报关手续，企业应先根据实际进出口情况，从企业系统导出料号级数据生成归并前的报关清单，通过网络发送到电子口岸。报关清单应按照加工贸易合同填报监管方式，进口报关清单填制的总金额不得超过电子账册最大周转金额的剩余值，其余项目的填制参照报关单的填制规范。

② 报关单的生成。

联网企业进出口保税加工货物，应使用企业内部的计算机，采用计算机原始数据形成报关清单，报送中国电子口岸。电子口岸将企业报送的报关清单根据归并原则进行归并，并分拆成报关单后发送回企业，由企业填报完整的报关单内容后，通过网络向海关正式申报。

③ 报关单的修改、删除。

不涉及报关清单的报关单内容可直接进行修改，涉及报关清单的报关单内容修改必须先修改报关清单，再重新进行归并。

报关单经海关审核通过后，一律不得修改，只能撤销。

④ 填制报关单要求。

联网企业备案的进口料件和出口成品等内容，是货物进出口时与企业实际申报货物进行核对的电子底账。因此申报数据与备案数据应当一致。

企业按实际进出口的"货号"（料件号和成品号）填报报关单，并按照加工贸易货物的实际性质填报监管方式。

海关按照规定审核申报数据，进口货物报关单的总金额不得超过电子账册最大周转金额的剩余值，如果电子账册对某项下料件的数量进行限制，那么报关单上该项商品的申报数量不得超过其最大周转量的剩余值。

⑤ 申报方式选择。

联网企业可根据需要和海关规定分别选择有纸报关或无纸报关方式申报。

联网企业进行无纸报关的，海关凭同时盖有申报单位和其代理企业的提货专用章的放行通知书办理"实货放行"手续；报关单位凭同时盖有经营单位、报关单位及报关员印章的纸质单证办理"事后交单"事宜。

联网企业进行有纸报关的，应由本企业的报关员办理现场申报手续。

有关许可证件管理和税收征管的规定与电子化手册管理下的保税加工货物进出境报关一样，参照纸质手册的有关内容。

（2）深加工结转货物报关。

电子账册管理下的联网企业深加工结转货物报关与电子化手册管理下的保税加工货物深加工结转报关一样，参照纸质手册的有关内容。

（3）其他保税加工货物报关。

经主管海关批准，联网监管企业可按月度集中办理内销征税手续。

按月度集中办理内销征税手续的联网企业，在每个核销周期结束前，必须办结本期所有的内销征税手续。

联网企业以内销、结转、退运、放弃、销毁等方式处理保税进口料件、成品、副产品、残次品、边角料和受灾货物的报关手续，参照电子化手册管理。后续缴纳税款时，缓税利息计息日为电子账册上期核销之日（未核销过的为"便捷通关电子账册"记录首次进口料件之日）的次日至海关开具税款缴纳证之日。

3. 报核和核销

电子账册采用的是以企业为单元的管理方式，一个企业只有一个电子账册，因此，对电子账册模式的核销实行滚动核销的形式，即对电子账册按照时间段进行核销，将某个确定的时间段内企业的加工贸易进出口情况进行平衡核算。

企业必须在规定的期限内完成报核手续，确有正当理由不能按期报核的，经主管海关批准可以延期，但延长期限不得超过 60 天。

企业报核和海关核销程序如下：

（1）企业报核。

① 预报核。

预报核是加工贸易联网企业报核的组成部分。企业在向海关正式申请核销前，在电子账册本次核销周期到期之日起30天内，将本核销期内申报的所有的电子账册进出口报关数据按海关要求的内容，包括报关单号、进出口岸、扣减方式、进出标志等以电子报文形式向海关申请报核。

② 正式报核。

正式报核是指企业预报核通过海关审核后，以预报核海关核准的报关数据为基础，准确、详细地填报本期保税进口料件的应当留存数量、实际留存数量等内容，以电子数据向海关正式申请报核。

海关认为必要时可以要求企业进一步报送料件的实际进口数量、耗用数量、内销数量、结转数量、边角料数量、放弃数量、实际损耗率等内容，对不相符且属于企业填报有误的可以退单，企业必须重新申报。

经海关认定企业实际库存多于应存数，有合理正当理由的，可以计入电子账册下期核销，对其他原因造成的，依法处理。

联网企业不再使用电子账册的，应当向海关申请核销。电子账册核销完毕，海关予以注销。

（2）海关核销。

海关核销的基本目的是掌握企业在某个时段所进口的各项保税加工料件的使用、流转、损耗的情况，确认是否符合以下的平衡关系：

进口保税料件(含深加工结转进口) = 出口成品折料(含深加工结转出口) + 内销料件 + 内销成品折料 + 剩余料件 + 损耗 - 退运成品折料

海关核销除了对书面数据进行必要的核算外，还会根据实际情况采取盘库的方式。经核对，企业报核数据与海关底账数据及盘点数据相符的，海关通过正式报核审核，打印核算结果，系统自动将本期结余数转为下期期初数。企业实际库存量多于电子底账核算结果的，海关会按照实际库存量调整电子底账的当期结余数量；企业实际库存量少于电子底账核算结果且可以提供正当理由的，对短缺部分，联网企业按照内销处理；企业实际库存量少于电子底账核算结果且联网企业不能提供正当理由的，对短缺部分，海关将移交缉私部门处理。

第三节 其他保税加工货物的报关

一、出口加工区进出货物报关程序

（一）出口加工区简介

1. 含义

出口加工区是指经国务院批准在中华人民共和国境内设立的，由海关对进出区货物及区内相关关场所进行封闭式监管的特定区域。

2. 功能

出口加工区具有从事保税加工、保税物流及研发、检测、维修等业务的功能。

出口加工区内设置出口加工企业、仓储物流企业，以及经海关核准专门从事区内货物进出的运输企业。

3. 管理

出口加工区是海关监管的特定区域。出口加工区与境内其他地区之间设置符合海关监管要求的隔离设施及闭路电视监控系统，在进出区通道设立卡口。海关在出口加工区内设立机构，并依照有关法律、行政法规，对进出区的货物及区内相关场所实行24小时监管。区内不得经营商业零售业务，不得建立营业性的生活消费设施。除安全人员和企业值班人员外，其他人员不得在出口加工区内居住。区内企业建立符合海关监管要求的电子计算机管理数据库，并与海关实行电子计算机联网，进行电子数据交换。

出口加工区与境外之间进出的货物，除国家另有规定的外，不实行进出口许可证件管理。国家禁止进出口的货物，不得进出出口加工区。因国内技术无法达到产品要求，须将国家禁止出口商品运至出口加工区内进行某项工序加工的，应报经商务主管部门批准，海关比照出料加工管理办法进行监管，其运入出口加工区的货物，不予签发出口退税报关单。

境内区外进入出口加工区的货物视同出口，办理出口报关手续，除属于取消出口退税的基建物资外，可以办理出口退税手续。

从境外运入出口加工区的加工贸易货物全额保税。出口加工区区内企业开展加工贸易业务不实行加工贸易银行保证金台账制度，适用电子账册管理，出口加工区内企业从境外进口的自用的生产、管理所需设备、物资，除交通运输工具和生活消费用品外，予以免税。

（二）报关程序

出口加工区内企业在进出口货物前，应向出口加工区主管海关申请建立电子账册。出口加工区企业电子账册包括"加工贸易电子账册"和"企业设备电子账册"。出口加工区进出境货物和进出区货物通过电子账册办理报关手续。

1. 出口加工区与境外之间

出口加工区企业从境外运进货物或运出货物到境外，由收发货人或其代理人填写进、出境货物备案清单，向出口加工区海关备案。

对于跨越关区进出境的出口加工区货物，除邮递物品、个人随身携带物品、跨越关区进口车辆和出区在异地口岸拼箱出口货物以外，可以按转关运输中的直转转关方式办理转关。

对于同一直属海关关区内的出口加工区进出境货物，可以按直通式报关。

按转关运输中直转转关方式转关的报关程序如下：

（1）境外货物运入出口加工区。

货物到港后，收货人或其代理人向口岸海关录入转关申报数据，并持《进口转关货物申报单》、《汽车载货登记簿》向口岸海关物流监控部门办理转关手续；口岸海关审核同意企业转关申请后，向出口加工区海关发送转关申报电子数据，并对运输车辆进行加封。

货物运抵出口加工区后，收货人或其代理人向出口加工区海关办理转关核销手续，出口加工区海关物流监控部门核销《汽车载货登记簿》，并向口岸海关发送转关核销电子回执；同时收货人或其代理人录入《出口加工区进境货物备案清单》，向出口加工区海关提交运单、发票、装箱单、电子账册编号、相应的许可证件等单证办理进境报关手续；出口加工区海关审核有关报关单证，确定是否查验，对不需查验的货物予以放行，对需要查验的货物，由海关实施查验后，再办理放行手续，签发有关备案清单证明联。

（2）出口加工区货物运往境外。

发货人或其代理人录入出口加工区出境货物备案清单，向出口加工区海关提交运单、发票、装箱单、电子账册编号等单证，办理出口报关手续，同时向出口加工区海关录入转关申报数据，并持《出口加工区出境货物备案清单》、《汽车载货登记簿》向出口加工区海关物流监控部门办理出口转关手续；出口加工区海关审核同意企业转关申请后，向口岸海关发送转关申报电子数据，并对运输车辆进行加封。

货物运抵出境地海关后，发货人或其代理人向出境地海关办理转关核销手续，出境地海关核销《汽车载货登记簿》，并向出口加工区海关发送转关核销电子回执；货物实际离境后，出境地海关核销清洁载货清单并反馈出口加工区海关，出口加工区海关凭以签发有关备案清单证明联。

2. 出口加工区与境内区外其他地区之间

（1）出口加工区货物运往境内区外。

出口加工区运往境内区外的货物，按照对进口货物的有关规定办理报关手续。由区外企业录入进口货物报关单，凭发票、装箱单、相应的许可证件等单证向出口加工区海关办理进口报关手续。进口报关结束后，区内企业填制出口加工区出境货物备案清单，凭发票、装箱单、电子账册编号等向出口加工区海关办理出区报关手续。

出口加工区海关放行货物后，向区外企业签发进口货物报关单付汇证明联，向区内企业签发出口加工区出境货物备案清单收汇证明联。

出口加工区内企业内销加工贸易制成品，以接受内销申报的同时或者大约同时进口的相同货物或者类似货物的进口成交价格为基础确定完税价格。内销加工过程中产生的副产品，以内销价格作为完税价格。由区外企业缴纳进口关税和进口环节海关代征税，免予交付缓税利息。属于许可证件管理的商品，应向海关出具有效的进口许可证件。

（2）境内区外货物运入出口加工区。

境内区外运入出口加工区的货物，按照对出口货物的有关规定办理报关手续。由区外企业录入出口货物报关单，凭购销合同（协议）、发票、装箱单等单证向出口加工区海关办理出口报关手续。出口报关结束后，区内企业填制出口加工区进境货物备案清单，凭购销发票、装箱单、电子账册编号等单证向出口加工区海关办理进区报关手续。

出口加工区海关查验、放行货物后，向区外企业签发出口货物报关单收汇证明联和出口退税证明联，向区内企业签发出口加工区进境货物备案清单付汇证明联。

从境内区外运进出口加工区，供区内企业使用的国产机器、设备、原材料、零部件、元器件、包装物料、基础设施，加工企业和行政管理部门生产、办公用房合理数量的国产基建物资等，按照对出口货物的管理规定办理出口报关手续，海关签发出口货物报关单退税证明联（除不予退税的基建物资外）。境内区外企业依据出口货物报关单退税证明联向税务部门申请办理出口退（免）税手续。

（3）出口加工区出区深加工结转。

出口加工区货物出区深加工结转是指出口加工区内企业经海关批准并办理相关的手续，将本企业加工生产的产品直接或者通过保税仓库转入其他出口加工区、保税区等海关特殊监管区域内及区外加工贸易企业进一步加工后复出口的经营活动。

出口加工区企业开展深加工结转时，转出企业凭出口加工区管委会批复，向所在地的出口加工区海关办理海关备案手续后方可开展货物的实际结转；对转入其他出口加工区、保税区等海关特殊监管区域的，转入企业凭其所在区域管委会的批复办理结转手续，对转入出口加工区、保税区等海关特殊监管区域外加工贸易企业的，转入企业凭商务主管部门的批复办理结转手续。

对结转至海关特殊监管区域外的加工贸易企业的货物，海关按照对保税加工进口货物的有关规定办理手续，结转产品如果属于加工贸易项下进口许可证件管理商品的，企业应当向海关提供相应的有效进口许可证件。

对转入特殊监管区域的，转出、转入企业分别在自己的主管海关办理结转手续；对转入特殊监管区域外加工贸易企业的，转出、转入企业在转出地主管海关办理结转手续。

对转入特殊监管区域的深加工结转，除特殊情况外，比照转关运输方式办理结转手续；不能比照转关运输方式办理结转手续的，在向主管海关提供相应的担保后，由企业自行运输。

对转入特殊监管区域外加工贸易企业的深加工结转报关程序如下：

① 转入企业在《中华人民共和国海关出口加工区出区深加工结转申请表》（一式四联）中填写本企业的转入计划，凭申请表向转入地海关备案。

② 转入地海关备案后，留存申请表第一联，其余3联退还转入企业，由转入企业送交出口加工区转出企业。

③ 转出企业自转入地海关备案之日起30天内，持申请表其余3联，填写本企业的相关内容后，向主管海关办理备案手续。

④ 转出地海关审核后，留存申请表第二联，将第三、第四联分别交给转出企业、转入企业。

⑤ 转出、转入企业办理结转备案手续后，凭双方海关核准的申请表进行实际收发货。转出企业的每批次发货记录应当在一式三联的《出口加工区货物实际结转情况登记表》上如实登记，转出地海关在卡口签注登记表后，货物出区。

⑥ 转出、转入企业每批实际发货、收货后，可以凭申请表和转出地卡口海关签注的登记表分批或者集中办理报关手续。转出、转入企业每批实际发货、收货后，应当在实际发货、收货之日起30天内办结该批货物的报关手续。转入企业填报结转进口货物报关单，转出企业填报结转出口备案清单。一份结转进口货物报关单对应一份结转出口备案清单。

区内转出的货物因质量不符等原因发生退运、退换的，转入企业为特殊监管区以外的加工贸易企业的，按退运货物或退换货物办理相关手续。

（4）出口加工区机器设备出区处理。

① 从境外进入出口加工区的特定减免税设备。

从境外进入出口加工区按规定予以免税的机器设备，海关在规定的监管年限内实施监管。监管年限自货物进境放行之日起计算，期限5年。使用完毕，原则上应退运出境。

需在监管年限内出区内销的，海关按照特定减免税货物的管理规定征收税款。监管年限届满的，出区时不再征收税款。从境外进入出口加工区时免予提交机电产品进口许可证件的，在其出区时，海关凭与其入境状态一致的机电产品进口许可证件验放。

在监管年限内转让给区外进口同一货物享受减免税优惠待遇的企业的，由区外企业按照特定减免税货物的管理规定办理进口手续，监管年限连续计算；如出区转为加工贸易不作价设备的，由区外企业按照加工贸易不作价设备的管理规定办理进口手续，监管年限连续计算。

② 从境内区外采购入区予以退税的机器设备。

从境内区外采购入区予以退税的机器设备如需内销出区的，在办理进口手续时，按报验状态征税，免予提交相应的进口许可证件。其中，从境内区外采购入区的海关监管年限内的特定减免税进口的机器设备和加工贸易不作价设备，监管年限连续计算，监管年限届满的，出区时不再征收税款；在海关监管年限内的，出区时海关按照特定减免税货物的管理规定征收税款。

二、珠海园区进出货物报关程序

（一）珠海园区简介

1. 含义

珠澳跨境工业区是指经国务院批准设立，在我国珠海经济特区和澳门特别行政区之间跨越珠海和澳门关境线，由中国海关和澳门海关共同监管的海关特殊监管区域。

珠澳跨境工业区由珠海园区和澳门园区两部分组成。

珠海园区，是指经国务院批准设立的珠澳跨境工业区由中国海关按照《海关法》和其他有关法律、行政法规进行监管的珠海经济特区部分的园区。

澳门园区，是指经国务院批准设立的珠澳跨境工业区由澳门海关按照澳门特别行政区的有关规定进行监管的澳门特别行政区部分的园区。

2. 功能

珠海园区具备从事保税物流、保税加工和国际转口贸易的功能。

珠海园区可以开展以下业务：

（1）加工制造；

（2）检测、维修、研发；

（3）储存进出口货物及其他未办结海关手续货物；

（4）国际转口贸易；

（5）国际采购、分销和配送；

（6）国际中转；

（7）商品展示、展销；

（8）经海关批准的其他加工和物流业务。

3. 管理

珠海园区实行保税区政策，与中华人民共和国关境内的其他地区之间进出货物在税收方面实行出口加工区政策。

（1）禁止事项。

① 法律、行政法规禁止进出口的货物、物品，不得进出珠海园区。

② 珠海园区内不得建立商业性生活消费设施。

③ 除安全保卫人员和企业值班人员外，其他人员不得在珠海园区居住。

（2）企业管理。

珠海园区内企业应当具有法人资格，具备向海关缴纳税款及履行其他法定义务的能力，并且在区内拥有专门的营业场所。

特殊情况下，经直属海关批准，区外法人企业可以依法在珠海园区内设立分支机构。

区内企业应当按照《中华人民共和国海关对报关单位注册登记管理规定》及相关规定向海关办理注册登记、变更、注销、行政许可延续及换证等手续。

区内企业应当依据《中华人民共和国会计法》及国家有关法律、行政法规的规定，设置符合海关监管要求的账簿、报表，记录本企业的财务状况和有关进出珠海园区货物、物品的库存、转让、转移、销售、加工、使用和损耗等情况，如实填写有关单证、账册，凭合法、有效凭证记账并且进行核算。

海关对区内企业实行电子账册监管制度和计算机联网管理制度。

（3）加工贸易管理。

区内企业自开展业务之日起，应当每年向珠海园区主管海关办理报核手续，珠海园区主管海关应当自受理报核申请之日起 30 天内予以核销。区内企业有关账册、原始单证应当自核销结束之日起至少保留 3 年。

区内企业开展加工贸易不实行加工贸易银行保证金台账制度。

区内加工贸易货物内销不征收缓税利息。

（二）报关程序

1. 珠海园区与境外之间

海关对珠海园区与境外之间进出的货物，实行备案制管理，由货物的收发货人或其代理人填写进出境货物备案清单，向海关备案。

对于珠海园区与境外之间进出的货物，可以办理集中申报手续。

珠海园区与境外之间进出的货物应当向珠海园区主管海关申报。珠海园区与境外之间进出货物的进出境口岸不在园区主管海关管辖区域的，区内企业应当按照转关运输或者异地报关等方式办理有关手续。

珠海园区与境外之间进出的货物，不实行进出口配额、许可证件管理。

2. 珠海园区与境内区外其他地区之间

海关对珠海园区与境内区外之间进出货物的监管分出区和进区两种情况。

（1）出区。

珠海园区内货物运往区外视同进口。

珠海园区内货物运往区外，由区内企业填制出境货物备案清单向珠海园区主管海关办理申报手续，区外收货人或其代理人填制进口货物报关单向珠海园区主管海关办理申报手续。

区内企业跨关区配送货物或者异地企业跨关区到珠海园区提取货物，可以在珠海园区主管海关办理申报手续，也可以按照规定在异地企业所在地海关办理申报手续。

海关按照货物进口的有关规定办理手续。需要征税的，按照货物出区时的实际状态征税；属于许可证件管理商品的，区内企业或者区外收货人还应当向海关出具进口许可证件。

具体执行如下：

① CEPA（Closer Economic Partenership Arrangement）货物出区。

以一般贸易方式经珠海园区进入境内区外，并且获得香港或者澳门签证机构签发的 CEPA 优惠原产地证书的货物，可以按照规定享受 CEPA 零关税优惠。

② 一般贸易和加工贸易货物出区。

以一般贸易方式经珠海园区进入境内区外或者经园区企业加工进入境内区外的货物，按出区的实际流向办理进口报关手续：

A. 用于加工贸易的，由加工贸易企业或其代理人按加工贸易货物的报关程序办理进口报关手续；

B. 用于可以享受特定减免税的特定地区、特定企业和特定用途的，由享受特定减免税的企业或其代理人按特定减免税货物的报关程序办理进口报关手续；

C. 进入国内市场或使用于境内其他方面，由收货人或其代理人按一般进口货物的报关程序办理进口报关手续。

③ 免税货物出区。

从境外免税进入珠海园区的货物出区进入境内区外的，海关按照货物进口的有关规定办理手续；需要征税的，按照货物出区时的实际状态征税；属于进口配额、许可证件管理商品的，区内企业或者区外收货人还应当向海关出具进口配额、许可证件。

④ 残次品、边角料出区。

区内企业在加工生产过程中产生的残次品内销出区的，海关按内销时的实际状态征税。属于进口配额、许可证件管理的，企业应当向海关出具进口配额、许可证件。

区内企业在加工生产过程中产生的边角料、废品，以及加工生产、储存、运输等过程中产生的包装物料，区内企业提出书面申请并且经海关批准的，可以运往区外，海关按出区时的实际状态征税。属于进口配额、许可证件管理商品的，免领进口配额、许可证件；属于列入《禁止进口废物目录》的废物及其他危险废物需出区进行处置的，有关企业凭珠海园区行政管理机构及所在地的市级环保部门批件等材料，向海关办理出区手续。

⑤ 出区外发加工。

区内企业需要将模具、原材料、半成品等运往区外进行加工的，应当在开展外发加工前，凭承揽加工合同或者协议、承揽企业营业执照复印件和区内企业签章确认的承揽企业生产能力状况等材料，向珠海园区主管海关办理外发加工手续。

委托区外企业加工的期限不得超过 6 个月，加工完的货物应当按期运回珠海园区。在区外开展外发加工产生的边角料、废品、残次品、副产品不运回珠海园区的，海关将按照实际状态征税。

货物运回园区后，区内企业凭出区时的委托区外加工申请书及有关单证，向海关办理验放核销手续。

⑥ 出区展示。

经珠海园区主管海关批准，区内企业可以在区外进行商品展示，并且比照海关对暂准进境货物的有关规定办理进出区手续（具体手续见本章第六节有关内容）。

⑦ 出区检测、维修。

在珠海园区内使用的机器、设备、模具和办公用品等海关监管货物，区内企业或者珠海园区行政管理机构向珠海园区主管海关提出书面申请，并且经珠海园区主管海关核准、登记后，可以运往区外进行检测、维修。区内企业将模具运往区外进行检测、维修的，应当留存模具所生产产品的样品或者图片资料。

运往区外进行检测、维修的机器、设备、模具和办公用品等，不得在区外用于加工生产和使用，并且应当自运出之日起 60 天内运回珠海园区。因特殊情况不能如期运回的，区内企业或者珠海园区行政管理机构应当在期限届满前 7 天内，以书面形式向海关申请延期，延长期限不得超过 30 天。

检测、维修完毕运回珠海园区的机器、设备、模具和办公用品等应当为原物。有更换新零件、配件或者附件的，原零件、配件或者附件应当一并运回区内。

对在区外更换的国产零件、配件或者附件，需要退税的，由区内企业或者区外企业提出申请，园区主管海关按照出口货物的有关规定办理手续，签发出口货物报关单证明联。

⑧ 退运出区。

需要退运到区外的货物，区内企业向珠海园区主管海关提出退运申请，提供注册地税务部门证明其货物未办理出口退税，或者所退税款已退还税务都门的证明材料和出口单证，并且经珠海园区主管海关批准的，可以办理退运手续；属于已经办理出口退税手续并且所退税款未退还税务部门的，应当按照进口货物办理进口手续，需要征税的，按照货物出区时的实际状态征税；属于进口配额、许可证件管理商品的，区内企业或者区外收货人还应当向海关出具进口配额、许可证件。

⑨ 出区深加工结转。

园区企业将加工贸易成品发往境内区外其他特殊监管区域外加工贸易企业开展深加工结转业务，按照出口加工区出区深加工结转的程序办理有关手续。

（2）进区。

货物从境内区外进入珠海园区视同出口。

① 一般贸易和加工贸易货物进区。

海关按照货物出口的有关规定办理手续。属于出口应税商品的，按照有关规定进行征税；属于许可证件管理商品的，区内企业或者区外发货人还应当向海关出具出口许可证件。

从区外进入珠海园区供区内企业使用的国产机器、设备、原材料、零部件、元器件、包装物料及建造基础设施，企业和行政管理部门生产、办公用房所需合理数量的国产基建物资等，除属于取消出口退税的基建物资外，海关按照出口货物的有关规定办理手续，签发出口货物报关单退税证明联。

从区外进入珠海园区供区内企业和行政管理机构使用的生活消费用品、交通运输工具等，海关不予签发出口货物报关单退税证明联。

② 原进口货物进区。

从区外进入珠海园区的进口机器、设备、原材料、零部件、元器件、包装物料、基建物资等，有关企业应当向海关提供上述货物或者物品的清单，并且办理出口报关手续；上述货物或者物品已经缴纳的进口环节税，不予退还。

③ 出区外发加工运回。

区内企业运往境内区外进行外发加工的货物，加工生产过程中使用国内料件并且属于出口应税商品的，加工产品运回区内时，所使用的国内料件应当按规定缴纳出口关税。

④ 进区商品展示。

经珠海园区主管海关批准，区内企业可以承接区外商品的展示，并且比照海关对暂准出境货物的有关规定办理进出区手续。

第四节　保税物流货物报关

一、保税物流货物概述

（一）含义

保税物流货物是指经海关批准未办理纳税手续进境，在境内进行分拨、配送或储存后复运出境的货物，也称作保税仓储货物。

已办结海关出口手续尚未离境，经海关批准存放在海关保税监管场所或特殊监管区域的货物，带有保税物流货物的性质。

（二）特征

保税物流货物有以下特征：

（1）进境时暂缓缴纳进口关税及进口环节海关代征税，复运出境免税，内销应当缴纳进口关税和进口环节海关代征税，不征收缓税利息；

（2）进出境时除国家另有规定外，免予交验进出口许可证件；

（3）进境海关现场放行不是结关，进境后必须进入海关保税监管场所或特殊监管区域，运离这些场所或区域必须办理结关手续。

（三）范围

保税物流货物包括：

（1）进境经海关批准进入海关保税监管场所或特殊监管区域，保税储存后转口境外的货物；

（2）已经办理出口报关手续尚未离境，经海关批准进入海关保税监管场所或特殊监管区域储存的货物；

（3）经海关批准进入海关保税监管场所或特殊监管区域保税储存的加工贸易货物，供应国际航行船舶和航空器的油料、物料和维修用零部件，供维修外国产品所进口寄售的零配件，外商进境暂存货物；

（4）经海关批准进入海关保税监管场所，或特殊监管区域保税的其他未办结海关手续的进境货物。

（四）管理

海关对保税物流货物的监管模式有两大类：一类是非物理围网的监管模式，包括保税仓库、出口监管仓库；另一类是物理围网的监管模式，包括保税物流中心、保税物流园区、保税区、保税港区、综合保税区。

对各种监管形式的保税物流货物的管理，主要可以归纳为以下五点：

1. 设立审批

保税物流货物必须存放在经过法定程序审批设立的保税监管场所或者特殊监管区域。保税仓库、出口监管仓库、保税物流中心，要经过海关审批，并核发批准证书，凭批准证书设立及存放保税物流货物；保税物流园区、保税区、保税港区要经过国务院审批，凭国务院同意设立的批复设立，并经海关等部门验收合格才能进行保税物流货物的运作。

未经法定程序审批同意设立的任何场所或者区域都不得存放保税物流货物。

2. 准入保税

保税物流货物通过准予进入保税监管场所或特殊监管区域来实现保税。海关对于保税物流货物的监管通过对保税监管场所和特殊监管区域的监管来实现，海关应当依法监管这些场所或者区域，按批准存放范围准予货物进入这些场所或者区域，不符合规定存放范围的货物不准进入。

3. 纳税暂缓

凡是进境进入保税物流监管场所或特殊监管区域的保税物流货物在进境时都可以暂不办理进口纳税手续，等到运离海关保税监管场所或特殊监管区域时才办理纳税手续，或者征税，或者免税。在这一点上，保税物流监管制度与保税加工监管制度是一致的，但是保税物流货物在运离海关保税监管场所或特殊监管区域征税时不需同时征收缓税利息，而保税加工货物（特殊监管区域内的加工贸易货物和边角料除外）内销征税时要征收缓税利息。

4. 监管延伸

（1）监管地点延伸。

进境货物从进境地海关监管现场，已办结海关出口手续尚未离境的货物从出口申报地海关现场，分别延伸到保税监管场所或者特殊监管区域。

（2）监管时间延伸。

① 保税仓库存放保税物流货物的时间是 1 年，可以申请延长，最长可延长 1 年；特殊情况下，延期后货物存储期超过 2 年的，由直属海关审批；

② 出口监管仓库存放保税物流货物的时间是 6 个月，可以申请延长，最长可延长 6 个月；

③ 保税物流中心存放保税物流货物的时间是 2 年，可以申请延长，最长可延长 1 年；

④ 保税物流园区、保税区、保税港区存放保税物流货物的时间没有限制。

5. 运离结关

除暂准运离（维修、测试、展览等）需要继续监管以外，每一批货物运离保税监管场所或者特殊监管区域，都必须根据货物的实际流向办结海关手续。

各种监管形式下的保税物流货物的某些管理要点比较见表 7-2：

表 7-2　　　　　　　　各种监管形式下保税物流货物的管理要点表

监管场所、区域名称	存货范围	储存期限	服务功能	注册资本	面积（不低于）		审批权限	入区退税	备注
					东部	中西部			
保税仓库	进口	1 年+1 年	储存	300 万元人民币	公用/维修 2 000 平方米 液体 5 000 立方米		直属海关	否	按月报表
出口监管仓库	出口①	半年+半年	储存/出口配送/国内结转		配送 5 000 平方米 结转 1 000 平方米		直属海关	否②	退换货物先入后出
保税物流中心	进出口	2 年+1 年	储存/全球采购 配送/国内结转 /转口/中转③	5 000 万元人民币	100 000 平方米	50 000 平方米	海关总署等四部委	是	
保税物流园区	进出口	无期限	储存/国际转口 贸易/全球采购 配送/中转/展示				国务院	是	按年报核
保税区	进出口	无期限	物流园区功能 +维修/加工				国务院	否	离境退税
保税港区	进出口	无期限	保税区功能 +港口功能				国务院	是	

注：① 出口配送型仓库可以存放为拼装出口货物而进口的货物。

② 经批准享受入仓即退税政策的除外。

③ 保税物流中心的经营者不得开展物流业务。

二、保税仓库货物的报关程序

（一）保税仓库简介

1. 含义

保税仓库是指经海关批准设立的专门存放保税货物及其他未办结海关手续货物的仓库。

我国的保税仓库根据使用对象分为公用型和自用型两种。

（1）公用型保税仓库。

公用型保税仓库由主营仓储业务的中国境内独立企业法人经营，专门向社会提供保税仓储服务。

（2）自用型保税仓库。

自用型保税仓库由特定的中国境内独立企业法人经营，仅存储供本企业自用的保税货物。

根据所存货物的特定用途，公用型保税仓库和自用型保税仓库下面还衍生出一种专用型保税仓库，即专门用来存储具有特定用途或特殊种类商品的保税仓库，包括液体危险品保税仓库、备料保税仓库、寄售维修保税仓库和其他专用保税仓库。其中液体危险品保税仓库是指符合国家关于危险化学品存储规定的，专门提供石油、成品油或者其他散装液体危险化学品保税仓储服务的保税仓库。

2. 功能

保税仓库的功能单一，就是仓储，而且只能存放进境货物。

经海关批准可以存入保税仓库的进境货物有下列几种：

（1）加工贸易进口货物；

（2）转口货物；

（3）供应国际航行船舶和航空器的油料、物料和维修用零部件；

（4）供维修外国产品所进口寄售的零配件；

（5）外商进境暂存货物；

（6）未办结海关手续的一般贸易进口货物；

（7）经海关批准的其他未办结海关手续的进境货物。

保税仓库不得存放国家禁止进境货物，不得存放未经批准的影响公共安全、公共卫生或健康、公共道德或秩序的国家限制进境货物及其他不得存入保税仓库的货物。

3. 管理

（1）保税仓库所存货物的储存期限为 1 年。需要延长储存期限，应向主管海关申请延期，经海关批准可以延长，无特殊情形，延长的期限最多不超过 1 年。

特殊情况下，延期后货物存储期超过 2 年的，由直属海关审批。

保税仓库货物超出规定的存储期限未申请延期或海关不批准延期申请的，经营企业应当办理超期货物的退运、纳税、放弃、销毁等手续。

（2）保税仓库所存货物，是海关监管货物，未经海关批准并按规定办理有关手续，任何人不得出售、转让、抵押、质押、留置、移作他用或者进行其他处置。

（3）货物在仓库储存期间发生损毁或者灭失，除不可抗力原因外，保税仓库应当依法向海关缴纳损毁、灭失货物的税款，并承担相应的法律责任。

（4）保税仓库货物可以进行分级分类、分拆分拣、分装、计量、组合包装、加刷或刷贴运输标志、改换包装、拼装等辅助性简单作业。在保税仓库内从事上述作业必须事先向主管海关提出书面申请，经主管海关批准后方可进行。

（5）保税仓库经营企业应于每月前 5 个工作日内，向海关提交月报关单报表、库存总额报表及其他海关认为必要的月报单证，将上月仓库货物入、出、转、存、退等情况以计算机数据和书面形式报送仓库主管海关。

（二）保税仓库货物报关程序

1. 进仓报关

保税仓库货物进境入仓，收发货人或代理人应当在仓库主管海关办理报关手续，经主管海关批准，也可以直接在进境口岸海关办理报关手续。保税仓库货物进境入仓，除国家另有规定外，免领进口许可证件。

如果仓库主管海关与进境口岸海关不是同一直属海关的，经营企业可以按照"提前报关转关"的方式，先到仓库主管海关申报，再到口岸海关办理转关手续，货物运到仓库，由主管海关验放入仓；或者按照"直接转关"的方式，先到口岸海关转关，货物运到仓库，向主管海关申报，验放入仓。

如果仓库主管海关与进境口岸海关是同一直属海关的，经直属海关批准，可不按照转关运输方式办理，由经营企业直接在口岸海关办理报关手续，口岸海关放行后，企业自行提取货物入仓。

2. 出仓报关

保税仓库货物出仓可能出现进口报关和出口报关两种情况。

（1）出口报关。

保税仓库出仓复运出境货物，应当按照转关运输方式办理出仓手续。仓库主管海关和口岸海关是同一直属海关的，经直属海关批准，可以不按照转关运输方式，由企业自行提取货物出仓到口岸海关办理出口报关手续。

（2）进口报关。

保税仓库货物出仓运往境内其他地方转为正式进口的，必须经主管海关保税监管部门审核同意。转为正式进口的同一批货物，要填制两份报关单，一份办结出仓报关手续，填制出口货物报关单，"贸易方式"栏填"保税间货物"（代码 1200）；一份办理进口申报手续，按照实际进口监管方式，填制进口货物报关单。进口手续大体可分为：

① 保税仓库货物出仓用于加工贸易的，由加工贸易企业或其代理人按保税加工货物的报关程序办理进口报关手续；

② 保税仓库货物出仓用于可以享受特定减免税的特定地区、特定企业和特定用途的，由享受特定减免税的企业或其代理人按特定减免税货物的报关程序办理进口报关

手续；

③ 保税仓库货物出仓进入国内市场或使用于境内其他方面，包括保修期外维修，按一般进口货物的报关程序办理进口报关手续；

④ 保税仓库内的寄售维修零配件申请以保修期内免税出仓的，由保税仓库经营企业办理进口报关手续，填制进口货物报关单，"贸易方式"栏填"无代价抵偿"（代码3100），并确认免税出仓的维修件在保修期内且不超过原设备进口之日起3年，维修件由外商免费提供，更换下的零部件合法处理。

（3）集中报关。

保税货物出仓批量少、批次频繁的，经海关批准可以办理定期集中报关手续。

集中报关出仓的，保税仓库经营企业应当向主管海关提出书面申请，写明集中报关的商品名称、发货流向、发货频率、合理理由。

集中报关由主管海关的分管关长审批，并按以下要求办理手续：

① 仓库主管海关可以根据企业资信状况和风险度收取保证金；

② 集中报关的时间根据出货的频率和数量、价值合理设定；

③ 为保证海关有效监管，企业当月出仓的货物最迟应在次月前5个工作日内办理报关手续，并且不得跨年度申报。

3. 流转报关

保税仓库与海关特殊监管区域或其他海关保税监管场所往来流转的货物，按转关运输的有关规定办理相关手续。

保税仓库和特殊监管区域或其他海关保税监管场所在同一直属关区内的，经直属海关批准，可不按转关运输方式办理。

保税仓库货物转往其他保税仓库的，应当各自在仓库主管海关报关，报关时应先办理进口报关，再办理出口报关。

三、出口监管仓库货物的报关程序

（一）出口监管仓库简介

1. 含义

出口监管仓库，是指经海关批准设立，对已办结海关出口手续的货物进行存储、保税货物配送，提供流通性增值服务的海关专用监管仓库。

出口监管仓库分为出口配送型仓库和国内结转型仓库。

出口配送型仓库是指存储以实际离境为目的出口货物的仓库。

国内结转型仓库是指存储用于国内结转的出口货物的仓库。

2. 功能

出口监管仓库的功能也只有仓储，主要用于存放出口货物。

经海关批准可以存入出口监管仓库的货物有以下几种：

（1）一般贸易出口货物；

（2）加工贸易出口货物；

（3）从其他海关特殊监管区域、场所转入的出口货物；

（4）其他已办结海关出口手续的货物。

出口配送型仓库还可以存放为拼装出口货物而进口的货物。

出口监管仓库不得存放下列货物：

（1）国家禁止进出境货物；

（2）未经批准的国家限制进出境货物；

（3）海关规定不得存放的货物。

3. 管理

（1）出口监管仓库必须专库专用，不得转租、转借给他人经营，不得下设分库。

（2）出口监管仓库经营企业应当如实填写有关单证、仓库账册，真实记录并全面反映其业务活动和财务状况，编制仓库月度进、出、转、存情况表和年度财务会计报告，并定期报送主管海关。

（3）出口监管仓库所存货物的储存期限为 6 个月。如因特殊情况需要延长储存期限，应在到期之前 10 日向主管海关申请延期，经海关批准可以延长，延长的期限最长不超过 6 个月。

货物存储期满前，仓库经营企业应当通知发货人或其代理人办理货物的出境或者进口手续。

（4）出口监管仓库所存货物，是海关监管货物，未经海关批准并按规定办理有关手续，任何人不得出售、转让、抵押、质押、留置、移作他用或者进行其他处置。

（5）货物在仓库储存期间发生损毁或者灭失，除不可抗力原因外，出口监管仓库应当依法向海关缴纳损毁、灭失货物的税款，并承担相应的法律责任。

（6）经主管海关同意，可以在出口监管仓库内进行品质检验、分级分类、分拣分装、印刷运输标志、改换包装等流通性增值服务。

（二）出口监管仓库货物报关程序

出口监管仓库货物报关，大体可以分为进仓报关、出仓报关、结转报关和更换报关。

1. 进仓报关

出口货物存入出口监管仓库时，发货人或其代理人应当向主管海关办理出口报关手续，填制出口货物报关单。按照国家规定应当提交出口许可证件和缴纳出口关税的，发货人或其代理人必须提交许可证件和缴纳出口关税。

发货人或其代理人按照海关规定提交报关必需单证和仓库经营企业填制的《出口监管仓库货物入仓清单》。

对经批准享受入仓即退税政策的出口监管仓库，海关在货物入仓办结出口报关手续后予以签发出口货物报关单退税证明联；对不享受入仓即退税政策的出口监管仓库，海关在货物实际离境后签发出口货物报关单退税证明联。

经主管海关批准，对批量少、批次频繁的入仓货物，可以办理集中报关手续。

2. 出仓报关

出口监管仓库货物出仓可能出现出口报关和进口报关两种情况。

（1）出口报关。

出口监管仓库货物出仓出境时，仓库经营企业或其代理人应当向主管海关申报。仓库经营企业或其代理人按照海关规定提交报关必须的单证，并提交仓库经营企业填制的《出口监管仓库货物出仓清单》。

出仓货物出境口岸不在仓库主管海关的，经海关批准，可以在口岸所在地海关办理相关手续，也可以在主管海关办理相关手续。

入仓没有签发出口货物报关单退税证明联的，出仓离境后海关按规定签发出口货物报关单退税证明联。

（2）进口报关。

出口监管仓库货物转进口的，应当经海关批准，按照进口货物的有关规定办理相关手续：

① 用于加工贸易的，由加工贸易企业或其代理人按保税加工货物的报关程序办理进口报关手续。

② 用于可以享受特定减免税的特定地区、特定企业和特定用途的，由享受特定减免税的企业或其代理人按特定减免税货物的报关程序办理进口报关手续。

③ 进入国内市场或用于境内其他方面，由收货人或其代理人按一般进口货物的报关程序办理进口报关手续。

3. 结转报关

经转入、转出方所在地主管海关批准，并按照转关运输的规定办理相关手续后，出口监管仓库之间、出口监管仓库与保税区、出口加工区、珠海园区、保税物流园区、保税港区、保税物流中心、保税仓库等特殊监管区域和保税监管场所之间可以进行货物流转。

4. 更换报关

对已存入出口监管仓库因质量等原因要求更换的货物，经仓库所在地主管海关批准，可以进行更换。被更换货物出仓前，更换货物应当先行入仓，并应当与原货物的商品编码、品名、规格型号、数量和价值相同。

四、保税物流中心货物的报关程序

（一）保税物流中心简介

1. 含义

保税物流中心，是指经海关总署批准，由中国境内一家企业法人经营，多家企业进入并从事保税仓储物流业务的海关集中监管场所。

2. 功能

保税物流中心的功能是保税仓库和出口监管仓库功能的叠加，既可以存放进口货物，也可以存放出口货物，还可以开展多项增值服务。

（1）存放货物的范围。

保税物流中心可存放以下货物：

① 国内出口货物；

② 转口货物和国际中转货物；

③ 外商暂存货物；

④ 加工贸易进出口货物；

⑤ 供应国际航行船舶和航空器的物料、维修用零部件；

⑥ 供维修外国产品所进口寄售的零配件；

⑦ 未办结海关手续的一般贸易进口货物；

⑧ 经海关批准的其他未办结海关手续的货物。

（2）开展业务的范围。

保税物流中心可以开展以下业务：

① 保税存储进出口货物及其他未办结海关手续货物；

② 对所存货物开展流通性简单加工和增值服务；

③ 全球采购和国际分拨、配送；

④ 转口贸易和国际中转业务；

⑤ 经海关批准的其他国际物流业务。

但不得开展以下业务：

① 商业零售；

② 生产和加工制造；

③ 维修、翻新和拆解；

④ 存储国家禁止进出口货物，以及危害公共安全、公共卫生或者健康、公共道德或者秩序的国家限制进出口货物；

⑤ 存储法律、行政法规明确规定不能享受保税政策的货物；

⑥ 其他与保税物流中心无关的业务。

3. 管理

（1）保税物流中心经营企业应当设立管理机构负责物流中心的日常工作，制定完善的物流中心管理制度，协助海关实施对进出物流中心的货物及中心内企业经营行为的监管。

（2）保税物流中心经营企业不得在本中心内直接从事保税仓储物流的经营活动。

（3）保税物流中心内货物保税存储期限为 2 年，确有正当理由的，经主管海关同意可以予以延期，除特殊情况外，延期不得超过 1 年。

（4）企业根据需要，经主管海关批准，可以分批进出货物，月度集中报关，但集中报关不得跨年度办理。实行集中申报的进出口货物，应当适用每次货物进出口时海关接受申报之日实施的税率、汇率。

（5）未经海关批准，保税物流中心不得擅自将所存货物抵押、质押、留置、移作他用或者进行其他处置。

保税物流中心内的货物可以在中心内企业之间进行转让、转移，但必须办理相关海关手续。

（6）保税仓储货物在存储期间发生损毁或者灭失的，除不可抗力外，保税物流中心经营企业应当依法向海关缴纳损毁、灭失货物的税款，并承担相应的法律责任。

（二）保税物流中心进出货物报关程序

1. 保税物流中心与境外之间的进出货物报关

（1）保税物流中心与境外之间进出的货物，应当在保税物流中心主管海关办理相关手续。保税物流中心与口岸不在同一主管海关的，经主管海关批准，可以在口岸海关办理相关手续。

（2）保税物流中心与境外之间进出的货物，除实行出口被动配额管理和中华人民共和国参加或者缔结的国际条约及国家另有明确规定的以外，不实行进出口配额、许可证件管理。

（3）从境外进入保税物流中心内的货物，凡属于规定存放范围内的货物予以保税；属于保税物流中心企业进口自用的办公用品、交通运输工具、生活消费品等，以及保税物流中心开展综合物流服务所需进口的机器、装卸设备、管理设备等，按照进口货物的有关规定和税收政策办理相关手续。

2. 保税物流中心与境内之间的进出货物报关

保税物流中心内货物运往所在关区外，或者跨越关区提取保税物流中心内货物，可以在保税物流中心主管海关办理进出中心的报关手续，也可以按照海关其他规定办理相关手续。

保税物流中心与境内之间的进出货物报关按下列规定办理：

（1）出中心。

① 出中心进入关境内的其他地区。

保税物流中心货物出中心进入关境内的其他地区视同进口，按照货物进入境内的实际流向和实际状态填制进口货物报关单，办理进口报关手续；属于许可证件管理的商品，企业还应当向海关出具有效的许可证件。

进口申报流程同保税仓库出库进入境内货物的报关流程相似，具体参照保税仓库有关内容。

从保税物流中心进入境内用于在保修期限内免费维修有关外国产品，并符合无代价抵偿货物有关规定的零部件，或者用于国际航行船舶和航空器的物料，或者属于国家规定可以免税的货物，免征进口关税和进口环节海关代征税。

② 出中心运往境外。

保税物流中心货物出中心运往境外填制出口货物报关单，办理出口报关手续，具体流程同保税仓库和出口监管仓库出库运往境外货物的报关流程相似。

（2）进中心。

货物从境内进入保税物流中心视同出口，办理出口报关手续。如需缴纳出口关税的，应当按照规定纳税；属于许可证件管理的商品，还应当向海关出具有效的出口许可证件。

从境内运入保税物流中心的原进口货物，境内发货人应当向海关办理出口报关手续，经主管海关验放；已经缴纳的关税和进口环节海关代征税，不予退还。

从境内运入保税物流中心已办结报关手续的货物，或者从境内运入中心供中心企业自用的国产机器设备、装卸设备、管理设备、检测检验设备等及转关出口货物（起运地海关在已收到保税物流中心主管海关确认转关货物进入物流中心的转关回执后），海关签发出口货物报关单退税证明联。

从境内运入保税物流中心的下列货物，海关不签发出口货物报关单退税证明联：

① 供中心企业自用的生活消费品、交通运输工具；

② 供中心企业自用的进口的机器设备、装卸设备、管理设备、检测检验设备等；

③ 保税物流中心之间，保税物流中心与出口加工区、保税物流园区和已实行国内货物入仓环节出口退税政策的出口监管仓库等海关特殊监管区域，或者海关保税监管场所往来的货物。

五、保税物流园区进出货物的报关程序

（一）保税物流园区简介

1. 含义

保税物流园区是指经国务院批准，在保税区规划面积内或者毗邻保税区的特定港区内设立的、专门发展现代国际物流的海关特殊监管区域。

2. 功能

保税物流园区的主要功能是保税物流，可以开展以下保税物流业务：

（1）存储进出口货物及其他未办结海关手续的货物；

（2）对所存货物开展流通性简单加工和增值服务，如分级分类、分拆分拣、分装、计量、组合包装、打膜、印刷运输标志、改换包装、拼装等具有商业增值的辅助性服务；

（3）国际转口贸易；

（4）国际采购、分销和配送；

（5）国际中转；

（6）检测、维修；

（7）商品展示；

（8）经海关批准的其他国际物流业务。

3. 管理

保税物流园区是海关监管的特定区域。园区与境内其他地区之间应当设置符合海关监管要求的卡口、围网隔离设施、视频监控系统及其他海关监管所需的设施。

海关在园区派驻机构，依照有关法律、行政法规，对进出园区的货物、运输工具、个人携带物品及园区内相关场所实行 24 小时监管。

（1）禁止事项。

保税物流园有以下禁事项：

① 除安全人员和相关部门、企业值班人员外，其他人员不得在园区内居住；

② 园区内不得建立工业生产加工场所和高业性消费设施；

③ 园区内不得开展商业零售、加工制造、翻新、拆解及其他与园区无关的业务；

④ 法律、行政法规禁止进出口的货物、物品不得进出园区。

（2）企业管理。

保税物流园区行政机构及其经营主体、在保税物流园区内设立的企业等单位的办公场所应当设置在园区规划面积内、围网外的园区综合办公区内。

海关对园区企业实行电子账册监管制度和计算机联网管理制度。

园区行政管理机构或者其经营主体应当在海关指导下通过电子口岸建立供海关、园区企业及其他相关部门进行电子数据交换和信息共享的计算机公共信息平台。

园区企业建立符合海关监管要求的电子计算机管理系统，提供海关查阅数据的终端设备，按照海关规定的认证方式和数据标准与海关进行联网。

园区企业须依照法律、行政法规的规定，规范财务管理，设置符合海关监管要求的账簿、报表，记录本企业的财务状况和有关进出园区货物、物品的库存、转让、转移、销售、简单加工、使用等情况，如实填写有关单证、账册，凭合法、有效的凭证记账核算。

（3）物流管理。

园区内设立仓库、堆场、查验场和必要的业务指挥调度操作场所。园区货物不设存储期限。但园区企业自开展业务之日起，应当每年向园区主管海关办理报核手续。园区主管海关应当自受理报核申请之日起 30 天内予以核库。企业有关账册、原始数据应当自核库结束之日起至少保留 3 年。园区企业须编制月度货物进、出、转、存情况表和年度财务会计报告，并定期报送园区主管海关。

经主管海关批准，园区企业可以在园区综合办公区专用的展示场所举办商品展示活动。展示的货物应当在园区主管海关备案，并接受海关监管。

园区内货物可以自由流转。园区企业转让、转移货物时应当将货物的具体品名、数量、金额等有关事项向海关进行电子数据备案，并在转让、转移后向海关办理报核手续。

未经园区主管海关许可，园区企业不得将所存货物抵押、质押、留置、移作他用或者进行其他处置。

园区与区外非海关特殊监管区域或者保税监管场所之间货物的往来，企业可以使用其他非海关监管车辆承运。承运车辆进出园区通道时应当经海关登记，海关对货物和承运车辆进行查验、检查。

（二）保税物流园区进出货物的报关程序

1. 保税物流园区与境外之间进出货物

海关对园区与境外之间进出货物实行备案制管理，但园区自用的免税进口货物、国际中转货物或者法律、行政法规另有规定的货物除外。

园区与境外之间进出货物应当向园区主管海关申报。园区货物的进出境口岸不在园区主管海关管辖区域的，经主管海关批准，可以在口岸海关办理申报手续。

园区内开展整箱进出、二次拼箱等国际中转业务的，由开展此项业务的企业向海关发送电子舱单数据，园区企业向园区主管海关申请提箱、集运等，凭舱单等单证办理进出境申报手续。

保税物流园区与境外之间进出货物的报关程序如下：

（1）境外运入园区。

境外货物到港后，园区企业及其代理人可以先凭舱单将货物直接运到园区，再凭进境货物备案清单向园区主管海关办理申报手续。除法律、行政法规另有规定的外，境外运入园区的货物不实行许可证件管理。

境外运入园区的下列货物保税：

① 园区企业为开展业务所需的货物及其包装物料；

② 加工贸易进口货物；

③ 转口贸易货物；

④ 外商暂存货物；

⑤ 供应国际航行船舶和航空器的物料、维修用零部件；

⑥ 进口寄售货物；

⑦ 进境检测、维修货物及其零配件；

⑧ 看样订货的展览品、样品；

⑨ 未办结海关手续的一般贸易货物；

⑩ 经海关批准的其他进境货物。

境外运入园区的下列货物免税：

① 园区的基础设施建设项目所需的设备、物资等；

② 园区企业为开展业务所需机器、装卸设备、仓储设施、管理设备及其维修用消耗品、零配件及工具；

③ 园区行政机构及其经营主体、园区企业自用合理数量的办公用品。

境外运入园区的园区行政机构及其经营主体、园区企业自用交通运输工具、生活消费品，按一般进口货物的有关规定和程序办理申报手续。

（2）园区运往境外。

从园区运往境外的货物，除法律、行政法规另有规定外，免征出口关税，不实行许可证件管理。

进境货物未经流通性简单加工，需原状退运出境的，园区企业可以向园区主管海关申请办理退运手续。

2. 保税物流园区与境内区外之间进出货物

园区与区外之间进出的货物，由区内企业或者区外的收发货人或其代理人在园区主管海关办理申报手续。

园区企业在区外从事进出口贸易且货物不实际进出园区的，可以在收发货人所在地的主管海关或者货物实际进出境口岸的海关办理申报手续。

除法律、行政法规规定不得集中申报的货物外，园区企业少批量、多批次进出货物的，经主管海关批准可以办理集中申报手续，并适用每次货物进出口时海关接受该货物申报之日实施的税率、汇率。集中申报的期限不得超过 1 个月，且不得跨年度办理。

保税物流园区与区外之间进出货物的报关程序如下：

（1）园区货物运往区外。

园区货物运往区外，视同进口。园区企业或者区外收货人或其代理人按照进口货物的有关规定向园区主管海关申报，海关按照货物出园区时的实际监管方式办理相关手续：

① 进入国内市场的，按一般进口货物报关，提供相关的许可证件，照章缴纳进口关税，进口环节的增值税、消费税。

② 用于加工贸易的，按保税加工货物报关，提供电子化手册或电子账册编号，继续保税。

③ 用于可以享受特定减免税的特定企业、特定地区或有特定用途的，按特定减免税货物报关，提供《进出口货物征免税证明》和相应的许可证件，免缴进口关税、进口环节的增值税。

园区企业跨关区配送货物或者异地企业跨关区到园区提取货物的，可以在园区主管海关办理申报手续，也可以按照海关规定办理进口转关手续。

供区内行政管理机构及其经营主体和区内企业使用的机器、设备和办公用品等需要运往区外进行检测、维修的，应当向园区主管海关提出申请，经主管海关核准、登记后方可运往区外。

运往区外检测、维修的机器、设备和办公用品等不得留在区外使用，并自运出之日起60天内运回区内。因特殊情况不能如期运回的，园区行政管理机构及其经营主体和园区内企业应当于期满前10天内，以书面形式向园区主管海关申请延期，延长期限不得超过30天。

检测、维修完毕运进园区的机器、设备等应当为原物。有更换新零配件或者附件的，原零配件或者附件应当一并运回园区。

对在区外更换的国产零配件或者附件，如需退税，由区内企业或者区外企业提出申请，园区主管海关按照出口货物的有关规定办理，并签发出口货物报关单退税证明联。

园区企业在区外其他地方举办商品展示活动的，应当比照海关对暂准进境货物的管理规定办理有关手续。

（2）区外货物运入园区。

区外货物运入园区，视同出口，由区内企业或者区外的发货人或其代理人向园区主管海关办理出口申报手续。属于应当缴纳出口关税的商品，应当照章纳税；属于许可证件管理的商品，应当同时向海关出具有效的许可证件。

用于办理出口退税的出口货物报关单证明联的签发手续，按照下列规定办理：

① 从区外运入园区，供区内企业开展业务的国产货物及其包装材料，由区内企业或者区外发货人及其代理人填写出口货物报关单，海关按照对出口货物的有关规定办理，签发出口货物报关单退税证明联；货物从异地转关进入园区的，起运地海关在收到园区主管海关确认转关货物已进入园区的电子回执后，签发出口货物报关单退税证

明联。

② 从区外运入园区，供区内行政管理机构及其经营主体和区内企业使用的国产基建物资、机器、装卸设备、管理设备等，海关按照对出口货物的有关规定办理，除属于取消出口退税的基建物资外，其他的予以签发出口货物报关单退税证明联。

③ 从区外运入园区，供区内行政管理机构及其经营主体和区内企业使用的生活消费品、办公用品、交通运输工具等，海关不予签发出口货物报关单退税证明联。

④ 从区外进入园区的原进口货物、包装物料、设备、基建物资等，区外企业应当向海关提供上述货物或者物品的清单，按照出口货物的有关规定办理申报手续，海关不予签发出口货物报关单退税证明联，原已缴纳的关税、进口环节增值税和消费税不予退还。

⑤ 除已经流通性简单加工的货物外，区外进入园区的货物，因质量、规格型号与合同不符等原因，需原状返还出口企业进行更换的，园区企业应当在货物申报进入园区之日起 1 年内向园区主管海关申请办理退换手续。更换的货物进入园区时，可以免领出口许可证件，免征出口关税，但海关不予签发出口货物报关单退税证明联。

（3）保税物流园区与其他特殊监管区域、保税监管场所之间往来货物。

海关对于园区与海关其他特殊监管区域或者保税监管场所之间往来的货物，继续实行保税监管，不予签发出口货物报关单退税证明联。但货物从未实行国内货物入区、入仓环节出口退税制度的海关特殊监管区域或者保税监管场所转入园区的，按照货物实际离境的有关规定办理申报手续，由转出地海关签发出口货物报关单退税证明联。

园区与其他特殊监管区域、保税监管场所之间的货物交易、流转，不征收进出口环节和国内流通环节的有关税收。

技能训练

一、不定项选择题

1. 保税加工货物内销，海关按规定免征缓税利息的是（　　）。
   A. 副产品　　　　　　　　　　　　B. 残次品
   C. 边角料　　　　　　　　　　　　D. 不可抗力受灾保税货物

2. （　　）不属于海关非物理围网监管模式的监管。
   A. 来料加工企业和进料加工企业　　B. 保税工厂
   C. 保税集团　　　　　　　　　　　D. 出口加工区

3. 加工贸易保税期限表述正确的是（　　）。
   A. 实行纸质手册管理的料件保税期限，原则上不超过一年，经批准可以申请延长，延长最长期限原则上也是一年
   B. 实行电子账册管理的料件保税期限，从企业电子账册记录第一批料件进口之日起到该电子账册撤销止

C. 实行电子手册管理的料件，原则上不超过一年，经批准可以申请延长，延长最长期限原则上也是一年

D. 出口加工区保税加工的保税期限，原则上是从加工贸易料件进区到加工贸易成品出区办结海关手续止

4. 银行根据海关签发的（　　），对加工贸易企业设立"银行保证金台账"。

    A. 银行保证金台账通知书　　　　　B. 设立银行保证金台账联系单

    C. 银行保证金台账核销联系单　　　D. 银行保证金台账变更联系单

5. （　　）在加工贸易企业向海关备案时应提交进口许可证。

    A. 毛豆油　　　　B. 消耗臭氧层物质　C. 蒸馏酒　　　　D. 钢材

6. 加工贸易经营单位委托异地生产企业加工企业加工产品出口，应当向（　　）办理合同备案手续。

    A. 加工企业所在地主管海关　　　　B. 经营单位所在地主管海关

    C. 海关总署　　　　　　　　　　　D. 进口料件进境地海关

7. 某 C 类管理的企业，与外商签订进口 1 000 美元的服装拉链（属于列明的 78 种辅料）加工贸易合同，用以加工产品出口，应（　　）。

    A. 设台账、实转、发手册　　　　　B. 设台账、实转、免手册

    C. 不设台账、发手册　　　　　　　D. 不设台账、免手册

8. 下列是关于加工贸易企业设立银行保证金的表述，哪些选项是正确的？（　　）

    A. 适用 B 类管理的企业经营允许类的商品，银行保证金台账"空转"，经营限制类的商品按照料件应缴税款 50% 付银行保证金

    B. 适用 C 类管理的企业，经营加工贸易允许类和限制类商品，实行保证金台账"实转"

    C. 适用 A、B 类管理的企业，在出口合同中，由外商提供的 78 种列明辅料金额不超过 10 000 美元，不设银行保证金台账

    D. 适用 C 类企业在出口合同中，由外商免费提供的 78 种列明辅料金额不超过 5 000 美元，不设银行保证金台账

9. 下列是关于保税贮存期限的表述，哪些选项是正确的？（　　）

    A. 保税仓库货物的贮存期限为一年，可以申请延长，延长的期限最长不超过一年

    B. 出口监管仓库货物贮存期限为 6 个月，可以申请延长，延长期限不超过 6 个月

    C. 保税物流中心 A 型保税贮存期限为 1 年，可以申请延长，延长期限不超过 1 年；保税物流中心 B 型保税贮存期限为 2 年，可以申请延长，延长期限不超过 1 年

    D. 保税物流园区货物不设贮存期限

10. （　　）由直属海关批准设立。

    A. 保税仓库　　　　　　　　　　　B. 出口监管仓库

    C. 保税物流中心 A 型　　　　　　 D. 保税物流中心 B 型

11. 下述珠海园区可以开展的业务是（　　）。

    A. 加工制造   B. 储存进出口货物

    C. 进出口贸易   D. 国际中转

12. 保税物流中心不能开展的业务是（　　）。

    A. 保税存储进出口货物及其他未办结海关手续货物

    B. 维修、翻新和拆解

    C. 转口贸易和国际中转业务

    D. 对所存货物开展流通性的简单加工和增值服务

13. 下列选项中，哪些选项表述不正确？（　　）

    A. 进口保税仓库自用货架照章征税

    B. 保税区仓储企业进口的自用货架照章征税

    C. 保税物流中心进口的自用货架照章征税

    D. 保税物流园区进口的自用货架照章征税

14. 保税物流园区不可以开展的业务是（　　）。

    A. 进出口贸易

    B. 国际采购、分销和配送

    C. 对所存货物开展流通性简单加工和增值服务

    D. 加工制造、翻新和拆解

15. 从境外进入物流园区的货物，下列哪些选项表述是正确的？（　　）

    A. 园区企业为开展业务所需货物及其包装材料进口保税

    B. 园区加工贸易企业进口的料件保税

    C. 贮存的进口货物保税

    D. 贮存的为办结海关手续的进口货物保税

16. 下列哪一选项从境外进口要照章征税？（　　）

    A. 出口加工区从境外进口的区内企业自用的生产管理设备

    B. 保税区企业从境外进口的仓储设备

    C. 保税物流园区进口的仓储设备、管理设备

    D. 出口加工区从境外进口的自用交通工具、生活消费品

17. 从境外进口的自用物资（交通工具、消费品除外）可以享受特定减免税的优惠待遇（　　）。

    A. 保税仓库   B. 出口监管仓库

    C. 保税物流中心   D. 保税物流园区

18. 物流中心、物流园区、出口加工区、保税区货物出区到境内区外，表述正确的是（　　）。

    A. 出区报进口，海关一律按照一般进口货物照章征税并办理其他相应报关手续

    B. 出区报进口，如用于境内消费，海关按照一般进口货物报关程序照章征税，并办理相应的海关手续

  C. 出区报进口，如用于境内消费，海关按照特定减免税报关程序办理海关手续

  D. 出区报进口，如用于加工贸易，海关按照加工贸易报关程序办理海关手续

19. 境内区外货物进入物流中心、物流园区、出口加工区、保税区，下列选项表述正确的是（　　）。

  A. 进区报出口，对进入物流中心、物流园区、出口加工区货物在办理进区出口手续时，海关即可签发出口退税报关单证明联（自用交通工具、生活物资等除外）

  B. 进区报出口，对进入保税区的货物，在办理进区出口手续时，海关不立即签发出口退税报关的证明联，待货物实际运输出境，经海关核实再签发出口退税报关单证明联

  C. 进区报出口，对境内区外的国产设备进入物流中心、物流园区、出口加工区自用，在办理进区出口手续时，海关即可签发出口退税报关单证明联；对进入保税区自用的国产设备，应向海关备案，不填写报关单，不缴纳出口税，海关不签发出口退税报关单证明联

  D. 对进入物流中心、物流园区、出口加工区、保税区自用的原进口设备，在办理进区手续时，海关不退还原进口时已征得进口税款，也不签发出口退税报关单证明联

二、综合实务题

（一）注册于上海的某加工贸易经营企业（属海关 A 类管理企业）与韩国一电子企业签订了一份来料加工合同，委托苏州某加工企业（属海关 B 类管理企业）进行加工。在料件进口前，该企业已向海关办理了加工贸易合同登记备案手续。2013 年 3 月 6 日企业购进的料件（限制类）从上海海关申报进境，进境后随之运到加工企业进行加工。一个月以后由于国际市场需求变化，该企业的进口料件生产的部分半成品在经过批准后内销到国内市场。企业持相关批文于 2013 年 4 月 19 日向海关办理了内销申报手续。剩余的加工成品，企业于 2013 年 5 月 5 日返销出口，企业在成品出口后向海关核销结案。

根据上述案例，回答下列问题。

1. 该加工企业应（　　）。

  A. 设保证金台账，实转

  B. 设保证金台账，付应征税款的 50% 为保证金

  C. 不设保证金台账

  D. 设保证金台账，空转

2. 海关在对该项跨关区异地加工贸易合同进行分类管理时，应该按照（　　）进行管理。

  A. A 类   B. B 类   C. C 类   D. D 类

3. 题中申报内销的货物应适用于（　　）的税率。

    A. 2013 年 3 月 6 日　　　　　　　　　B. 2013 年 4 月 19 日

    C. 2013 年 5 月 5 日　　　　　　　　　D. 以上都不对

4. 该来料加工合同应该向（　　）办理加工贸易合同登记备案。

    A. 上海海关　　　B. 苏州海关　　　C. 海关总署　　　D. 三者都要办理

5. 企业在合同报核时应提交的单证为（　　）。

    A. 企业合同核销申请表

    B. 加工贸易保税进口料件内销批准证

    C. 加工贸易登记手册

    D. 进出口报关单

（二）江西南昌出口加工区某企业履行进料加工合同，料件从上海口岸进口，同时从境外与境内区外各购进加工设备 1 台。加工中因工艺原因，需将加工的半成品运往区外进行加工，产品运回加工区后返销境外，余料与边角料内销。

6. 对于跨关区进出境的出口加工区货物，符合海关监管要求的操作是（　　）。

    A. 按直通式报关　　　　　　　　　B. 按直转转关方式报关

    C. 按转关运输中提前式报关　　　　D. 按中转转关方式报关

7. 从境外与境内区外进区的加工设备，符合海关税收政策的是（　　）。

    A. 前者免税，后者征税　　　　　　B. 前者征税，后者免税

    C. 两者均免税　　　　　　　　　　D. 两者均征税

8. 出口加工区内企业企业需要将有关半制成品运往区外外发加工，其正确程序是（　　）。

    A. 由区外企业向加工区主管海关申报进口，缴纳进口关税，区内企业在加工区海关备案

    B. 由区外企业向加工区主管海关缴纳与进口税费等值的保证金或银行保函，办理出区手续

    C. 由区外企业向加工区主管海关办理加工贸易合同登记备案，按保税货物进口办理相关手续

    D. 由出口加工区企业向接受委托的区外主管海关办理转关手续

9. 区内企业在加工中产生的边角料的处理，正确的做法是（　　）。

    A. 应当复运出境

    B. 经海关核准内销的，按内销时状态确定归类并征税

    C. 经海关核准内销的，可免予进口许可证件管理

    D. 经海关核准内销的，可免纳进口关税，但不豁免进口许可证件管理

三、案例题

1. 上海某专营进料加工集成电路块出口的外商投资企业 A 公司是适用海关 B 类管理的企业。该企业与 2013 年 3 月对外签订了主料硅片（非限制类商品）等原材料的进口合同，按合同企业 30% 加工成品内销，70% 加工成品外销，原料 4 月底交货。2013 年 6 月份与境外商人订立了集成电路块出口合同，交货期为 10 月底。2013 年 9 月底产

品全部储运。

作为 A 公司的报关员，要完成这个进料加工报关业务，须进行的以下工作：

（1）外销部分须申领登记手册。如何去领？

（2）办理主料进口报关，如何办理？（提示：有个"三七开"的问题）

（3）办理成品出口手续，如何办理？

（4）办理合同核销手续，如何办理？

2. 保税区某企业进料加工，生产激光光盘出口，其中部分料件为进区国产料件。因外商要求变更合同，减少光盘出口数量，部分产品未能如约出口而出区进入国内市场或出区移作他用，在加工过程中产生的残次品、边角料亦运往区外。

须进行的以下工作：

（1）办理国产料件进区，如何办理？

（2）部分产品出境应如何办理？

（3）部分产品、残次品、边角料出区内销应如何办理？

第八章　其他进出口货物的报关程序

实训指南

一、实训目的

本章通过实训应达到以下教学目标：

1. 熟练掌握减免税报关货物的报关程序、基本技能和"进出口货物征免税证明"申请；

2. 熟练掌握暂准进出口货物的报关程序和 ATA 单证册申领手续的办理；

3. 熟练掌握转关运输货物的报关程序；

4. 掌握过境、转运、通运货物的申报手续和处理货物转关运输中的相关业务。

二、实训要点

1. 海关对减免税货物的监管要求；

2. 海关对暂准进出口货物的监管要求；

3. 特殊通关货物的报关程序。

三、主要技能

1. 减免税报关货物的报关手续和处置方法；

2. 暂时进出口货物的申请及延期手续、申报手续和核销结关手续；

3. 转关运输货物的申报手续和相关手续的办理。

第一节　减免税货物的报关

一、关税减免概述

关税减免又称为关税优惠，是减征关税和免征关税的全称。根据《海关法》第五十六条、第五十七条和第五十八条的规定，关税减免分为三大类，即法定减免税、特定减免税和临时减免税。实际上，特定减免税和临时减免税都属于政策性减免税范围，两者并无明显的区别。

法定减免税，一般是指《海关法》、《进出口关税条例》以及其他法律、法规所实施的减免税，大多与国际通行规则相一致，除外国政府、国际组织无偿赠送的物资外，其他法定减免税货物一般无须办理减免税审批手续。

政策性减免税，是指根据国家政治、经济政策的需要，经国务院批准，对特定地区、特定企业或者有特定用途的进出口货物，给予减免进出口税收的优惠政策，包括基于特定目的实行的临时减免税政策。

二、减免税货物的管理

（1）除海关总署另有规定外，在海关监管年限内，减免税申请人应当按照海关规定保管、使用进口减免税货物，并依法接受海关监管。

进口减免税货物的监管年限为：

①船舶、飞机，8 年；

②机动车辆，6 年；

③其他货物，5 年。

监管期限自货物进口之日起计算。

（2）减免税申请人可以自行向海关申请办理减免税备案、审批、税款担保和后续管理业务等相关手续，也可以委托他人办理前述手续。

进口货物减免税申请人，是指根据有关进口税收优惠政策和有关法律法规的规定，可以享受进口税收优惠，并依法向海关申请办理减免税相关手续的具有独立法人资格的企事业单位、社会团体、国家机关；符合规定的非法人分支机构；经海关总署审查确认的其他组织。

已经在海关办理注册登记并取得报送注册登记证书的报关企业，或者进出口货物收发人可以接受减免税申请人委托，代为办理减免税相关事宜。

（3）有下列情形之一的，减免税申请人可以向海关申请凭税款担保先予办理货物放行手续：

①主管海关按照规定已经受理减免税备案或者审批申请，尚未办理完毕的；

②有关进口税收优惠政策已经国务院批准，具体实施措施尚未明确，海关总署已确认减免税申请人属于享受该政策范围的；

③其他经海关总署核准的情况。

（4）在海关监管年限内，减免税申请人应当自进口减免税货物放行之日起，在每年的第一季度向主管海关递交减免税货物使用状况报告书，报告减免税货物使用状况。在海关监管年限及其后 3 年内，海关依照《海关法》和《稽查条例》有关规定对减免税申请人进口和使用减免税货物情况实施稽查。

（5）在海关监管年限内，减免税货物转让给进口同一货物享受同等减免税优惠待遇的其他单位的，不予恢复减免税货物转出申请人的减免税额度，减免税货物转入申请人的减免税额度按照海关审定的货物结转时的价格、数量或者应缴税款予以扣减。减免税货物因品质或者规格原因原状退运出境，减免税申请人以无代价抵偿方式进口同一类型货物的，不予恢复其减免税额度；未以无代价抵偿方式进口同一类型货物的，减免税申请人在原减免税货物退运出境之日起 3 个月内向海关提出申请，经海关批准，可以恢复其减免税额度。对于其他提前解除监管的情形，不予恢复减免税额度。

三、特定减免税货物的报关程序

（一）减免税备案和审批

减免税申请人应当向其所在地海关申请办理减免税备案、审批手续，特殊情况除外。

1. 减免税备案

减免税申请人按照有关进出口税收优惠政策的规定申请减免税进出口相关货物，海关需要事先对减免税申请人的资格或者投资项目等情况进行确认的，减免税申请人应当在申请减免税审批手续前，向主管海关申请办理减免税备案手续。

2. 减免税审批

减免税备案后，减免税申请人应当在货物进口前，向主管海关申请办理进出口货物减免税审批手续，并同时提交下列材料：

（1）进出口货物征免税申请表；

（2）企业营业执照或者事业单位法人证书、国家机关设立文件、社团登记证书、民办非企业单位登记证书、基金会登记证书等证明材料；

（3）进出口合同、发票及相关货物的产品情况资料；

（4）相关政策规定的享受进出口税收优惠政策资格的证明材料；

（5）海关认为需要提供的其他材料。

减免税申请人按照本条规定提交证明材料的，应当交验原件，同时提交加盖减免税申请人有效印章的复印件。

海关收到减免税申请人的减免税审批申请后，经审核符合相关规定的，确定其所申请货物的征税、减税或者免税的决定，并签发"进出口货物征免税证明"。

（二）进口报关

政策性减免税货物进口报关程序，可参见"一般进出口货物的报关程序"的有关内容。但是特定减免税货物进口报关的有些具体手续与一般进出口货物的报关有所不同：

（1）减免税货物进口报关时，进口货物收货人或其代理人除了向海关提交报关单及随附单证以外，还应当向海关提交"进出口货物征免税证明"。海关在审单时从计算机查阅征免税证明的电子数据，核对纸质的"进出口货物征免税证明"。

（2）减免税货物进口填制报关单时，报关员应当特别注意报关单上"备案号"栏目的填写。"备案号"栏内填写"进出口货物征免税证明"上的12位编号，12位编号写错将不能通过海关计算机逻辑审核，或者在提交纸质报关单证时无法顺利通过海关审单。

（三）减免税货物的处置

1. 变更使用地点

在海关监管年限内，减免税货物应当在主管海关核准的地点使用。需要变更使用地点的，减免税申请人应当向主管海关提出申请，说明理由，经海关批准后方可变更使用地点。

2. 结转

在海关监管年限内，减免税申请人将进口减免税货物转让给进口同一货物享受同等减免税优惠待遇的其他单位的，应当按照下列规定办理减免税货物结转手续：

（1）减免税货物的转出申请人持有关单证向转出地主管海关提出申请，转出地主管海关审核同意后，通知转入地主管海关。

（2）减免税货物的转入申请人向转入地主管海关申请办理减免税审批手续。转入地主管海关审核无误后签发征免税证明。

（3）转出、转入减免税货物的申请人应当分别向各自的主管海关申请办理减免税货物的出口、进口报关手续。

（4）转出地主管海关办理转出减免税货物的解除监管手续。结转减免税货物的监管年限应当连续计算，转入地主管海关在剩余监管年限内对结转减免税货物继续实施后续监管。

（5）转入地海关和转出地海关为同一海关的，按照本条第一款规定办理。

3. 转让

在海关监管年限内，减免税申请人将进口减免税货物转让给不享受进口税收优惠政策，或者进口同一货物不享受同等减免税优惠待遇的其他单位的，应当事先向减免税申请人主管海关申请办理减免税货物补缴税款和解除监管手续。

4. 移作他用

在海关监管年限内，减免税申请人需要将减免税货物移作他用的，应当事先向主管海关提出申请。经海关批准，减免税申请人可以按照海关批准的使用地区、用途，企业将减免税货物移作他用。

5. 变更、终止

（1）变更。

在海关监管年限内，减免税申请人发生分立、合并、股东变更、改制等变更情形的，权利义务承受人应当自营业执照颁发之日起 30 日内，向原减免税申请人的主管海关报告主体变更情况及原减免税申请人进口减免税货物的情况。

经海关审核，需要补征税款的，承受人应当向原减免税申请人主管海关办理补税手续；可以继续享受减免税待遇的，承受人应当按照规定申请办理减免税备案变更或者减免税货物结转手续。

（2）终止。

在海关监管年限内，因破产、改制或者其他情形导致减免税申请人终止，没有承受人的，原减免税申请人或者其他依法应当承担关税及进口环节海关代征税缴纳义务的主体，应当自资产清算之日起 30 日内向主管海关申请办理减免税货物的补缴税款和解除监管手续。

6. 退运、出口

在海关监管年限内，减免税申请人要求将进口减免税货物退运出境或者出口的，应当报主管海关核准。

减免税货物退运出境或者出口后，减免税申请人应当持出口货物报关单向主管海关办理原进口减免税货物的解除监管手续。减免税货物退运出境或者出口的，海关不再对退运出境或者出口的减免税货物补征相关税款。

7. 贷款抵押

在海关监管年限内，减免税申请人要求以减免税货物向金融机构办理贷款抵押的，应当向主管海关提出书面申请。经审核符合有关规定的，主管海关可以批准其办理贷款抵押手续。

减免税申请人不得以减免税货物向金融机构以外的公民、法人或者其他组织办理贷款抵押。

减免税申请人以减免税货物向境外金融机构办理贷款抵押的，应当向海关提交与货物应缴税款等值的保证金或者境内金融机构提供的相当于货物应缴税款的保函。

8. 解除监管

减免税货物监管期届满时，自动解除监管，减免税申请人可以不用向海关申请领取"中华人民共和国海关进口减免税货物解除监管证明"。减免税申请人需要海关出具解除监管证明的，可以自办结补缴税款和解除监管等相关手续之日或者自海关监管年限届满之日起1年内，向海关申请领取除监管证明。海关审批同意后出具"中华人民共和国海关进口减免税货物解除监管证明"。

在海关监管期限内的进口减免税货物，减免税申请人书面申请提前解除监管的，应当向主管海关申请办理补缴税款和解除监管手续。按照国家有关规定在进口时免予提交许可证件的进口减免税货物，减免税申请人还应当补交有关许可证件。

第二节　暂准进出口货物的报关

一、暂准进出境货物概述

（一）含义

暂准进出境货物是暂准进境货物和暂准出境货物的合称。

暂准进境货物是指为了特定的目的，经海关批准暂时进境，按规定的期限原状复运出境的货物。

暂准出境货物是指为了特定的目的，经海关批准暂时出境，按规定的期限原状复运进境的货物。

（二）范围

暂准进出境货物分为两大类。

第一类暂准进出境货物，包括：

（1）在展览会、交易会、会议及类似活动中展示或者使用的货物；

（2）文化、体育交流活动中使用的表演、比赛用品；

（3）进行新闻报道或者摄制电影、电视节目使用的仪器、设备及用品；

（4）开展科研、教学、医疗活动使用的仪器、设备和用品；

（5）上述4项活动中使用的交通工具及特种车辆；

（6）货样；

（7）供安装、调试、检测设备时使用的仪器、工具；

（8）盛装货物的容器；

（9）其他用于非商业目的的货物。

第二类是指第一类以外的暂准进出境货物。如工程施工中使用的设备、仪器及用品。

（三）特征

1. 暂时免予缴纳税费

第一类暂准进出境货物，在进境或出境时向海关缴纳相当于应纳税款的保证金或者提供其他担保的，暂时免予缴纳全部税费；第二类暂准进出境货物，应当按照该货物的完税价格和其在境内滞留时间与折旧时间的比例计算征收进口关税。

2. 免予提交进出口许可证件

暂准进出境货物不是实际进出口货物，只要按照暂准进出境货物的有关法律、行政法规办理进出境手续，可免予交验进出口许可证件。但是，涉及公共道德、公共安全、公共卫生所实施的进出境管制制度的暂准进出境货物应当凭许可证件进出境。

3. 规定期限内按原状复运进出境

暂准进出境货物应当自进境或者出境之日起6个月内复运出境或者复运进境；经收发货人申请，海关可以根据规定延长复运出境或者复运进境的期限。

4. 按货物实际使用情况办结海关手续

暂准进出境货物都必须在规定期限内，由货物的收发货人根据货物不同流向向海关办理核销结关手续。

二、暂准进出境货物的报关程序

（一）使用 ATA 单证册的暂准进出境货物

1. ATA 单证册概述

（1）含义。

ATA 单证册是"暂准进口单证册"的简称，是指世界海关组织通过的《货物暂准进口公约》及其附约 A 和《关于货物暂准进口的 ATA 单证册海关公约》（以下简称《ATA 公约》）中规定使用的，用于替代各缔约方海关暂准进出口货物报关单和税费担保的国际性通关文件。

（2）格式。

一份 ATA 单证册一般由 8 页 ATA 单证组成：一页绿色封面单证、一页黄色出口单证、一页白色进口单证、一页白色复出口单证、两页蓝色过境单证、一页黄色复进口单证、一页绿色封底。

我国海关只接受用中文或者英文填写的 ATA 单证册。

（3）适用。

在我国，使用 ATA 单证册的范围仅限于展览会、交易会、会议及类似活动项下的货物。除此以外的货物，我国海关不接受持 ATA 单证册办理进出口申报手续。

（4）管理。

① 出证担保机构。

中国国际商会是我国 ATA 单证册的出证和担保机构，负责签发出境 ATA 单证册，向海关报送所签发单证册的中文电子文本，协助海关确认 ATA 单证册的真伪，并且向海关承担 ATA 单证册持证人因遭返暂准进出境规定而产生的相关税费、罚款。

② 管理机构。

海关总署在北京海关设立 ATA 核销中心。ATA 核销中心对 ATA 单证册的进出境凭证进行核销、统计及追索，应成员方担保人的要求，依据有关原始凭证，提供 ATA 单证册项下暂准进出境货物已经进境或者从我国复运出境的证明，并且对全国海关 ATA 单证册的有关核销业务进行协调和管理。

③ 延期审批。

使用 ATA 单证册报关的货物暂准进出境期限为自货物进出境之日起 6 个月。超过 6 个月的，ATA 单证册持证人可以向海关申请延期。延期最多不超过 3 次，每次延长期限不超过 6 个月。延长期届满应当复运出境、进境或者办理进出口手续。

ATA 单证册项下货物延长复运出境、进境期限的，ATA 单证册持证人应当在规定期限届满 30 个工作日前向货物暂准进出境申请核准地海关提出延期申请，并提交《货物暂时进/出境延期申请书》及相关申请材料。

④ 追索。

ATA 单证册项下暂时进境货物未能按照规定复运出境或者过境的，ATA 核销中心向中国国际商会提出追索。自提出追索之日起 9 个月内，中国国际商会向海关提供货物已经在规定期限内复运出境或者已经办理进口手续证明的，ATA 核销中心可以撤销追索；9 个月期满后未能提供上述证明的，中国国际商会应当向海关支付税款和罚款。

2. 报关程序

（1）进出口申报。

持 ATA 单证册向海关申报进出境货物，不需向海关提交进出口许可证件，也不需另外再提供担保。但如果进出境货物受公共道德、公共安全、公共卫生、动植物检疫、濒危野生动植物保护、知识产权保护等限制的，展览品收发货人或其代理人应当向海关提交相关的进出口许可证件。

① 进境申报。

进境货物收货人或其代理人持 ATA 单证册向海关申报进境展览品时，先在海关核准的出证协会中国国际商会及其他商会，将 ATA 单证册上的内容预录进海关与商会联网的 ATA 单证册电子核销系统，然后向展览会主管海关提交纸质 ATA 单证册、提货单等单证。

海关在白色进口单证上签注，并留存白色进口单证（正联），将存根联和 ATA 单证册其他各联退还给货物收货人或其代理人。

② 出境申报。

出境货物发货人或其代理人持 ATA 单证册向海关申报出境展览品时，向出境地海关提交国家主管部门的批准文件、纸质 ATA 单证册、装货单等单证。

海关在绿色封面单证和黄色出口单证上签注，并留存黄色出口单证（正联），将存根联和 ATA 单证册其他各联退还给出境货物发货人或其代理人。

③ 异地复运出境、进境申报。

使用 ATA 单证册进出境的货物异地复运出境、进境申报，ATA 单证册持证人应当持主管地海关签章的海关单证向复运出境、进境地海关办理手续。货物复运出境、进境后，主管地海关凭复运出境、进境地海关签章的海关单证办理核销结案手续。

④ 过境申报。

过境货物承运人或其代理人持 ATA 单证册，向海关申报将货物通过我国转运至第三国参加展览会的，不必填制过境货物报关单。海关在两份蓝色过境单证上分别签注后，留存蓝色过境单证（正联），将存根联和 ATA 单证册其他各联退还给运输工具承运人或其代理人。

（2）结关。

① 正常结关。

持证人在规定期限内将进境展览品和出境展览品复运进出境，海关在白色复出口单证和黄色复进口单证上分别签注，留存单证（正联），将存根联和 ATA 单证册其他各联退还给持证人，正式核销结关。

② 非正常结关。

ATA 单证册项下暂时进境货物复运出境时，因故未经我国海关核销、签注的，ATA 核销中心凭由另一缔约国海关在 ATA 单证上签注的该批货物从该国进境或者复运进境的证明，或者我国海关认可的能够证明该批货物已经实际离开我国境内的其他文件，作为已经从我国复运出境的证朗，对 ATA 单证册予以核销。

发生上述情形的，ATA 单证册持证人应当按照规定向海关交纳调整费。在我国海关尚未发出《ATA 单证册追索通知书》前，如果持证人凭其他国海关出具的货物已经运离我国关境的证明要求予以核销单证册的，免予收取调整费。

使用 ATA 单证册暂准进出境货物因不可抗力的原因受损，无法原状复运出境、进境的，ATA 单证册持证人应当及时向主管地海关报告，可以凭有关部门出具的证明材料办理复运出境、进境手续；因不可抗力的原因灭失或者失去使用价值的，经海关核实后可以视为该货物已经复运出境、进境。

使用 ATA 单证册暂准进出境货物因不可抗力以外的原因灭失或者受损的，ATA 单证册持证人应当按照货物进出口的有关规定办理海关手续。

（二）不使用 ATA 单证册报关的进出境展览品

进出境展览品的海关监管有使用 ATA 单证册的，也有不使用 ATA 单证册直接按展览品填制进出口货物报关单报关的。以下介绍不使用 ATA 单证册报关的展览品。

1. 进出境展览品的范围

（1）进境展览品。

进境展览品包含在展览会中展示或示范用的货物、物品，为示范展出的机器或器具所需用的物品，展览者设置临时展台的建筑材料及装饰材料，供展览品作示范宣传用的电影片、幻灯片、录像带、录音带、说明书、广告、光盘、显示器材等。

下列在境内展览会期间供消耗、散发的用品（以下简称展览用品），由海关根据展览会性质、参展商规模、观众人数等情况，对其数量和总值进行核定，在合理范围内的，按照有关规定免征进口关税和进口环节税：

① 在展览活动中的小件样品，包括原装进口的或者在展览期间用进口的散装原料制成的食品或者饮料的样品；

② 为展出的机器或者器件进行操作示范被消耗或者损坏的物料；

③ 布置、装饰临时展台消耗的低值货物；

④ 展览期间免费向观众散发的有关宣传品；

⑤ 供展览会使用的档案、表格及其他文件。

上述货物、物品应当符合下列条件：

① 由参展人免费提供并在展览期间专供免费分送给观众使用或者消费的；

② 单价较低、做广告样品用的；

③ 不适用于商业用途，并且单位容量明显小于最小零售包装容量的；

④ 食品及饮料的样品虽未包装分发，但确实在活动中消耗掉的。

展览用品中的酒精饮料、烟草制品及燃料不适用有关免税的规定。

展览会期间出售的小卖品，属于一般进口货物范围，进口时应当缴纳进口关税和进口环节海关代征税，属于许可证件管理的商品，应当交验许可证件。

（2）出境展览品。

出境展览品包含国内单位赴国外举办展览会或参加外国博览会、展览会而运出的展览品，以及与展览活动有关的宣传品、布置品、招待品、其他公用物品。

与展览活动有关的小卖品、展卖品，可以按展览品报关出境；不按规定期限复运进境的办理一般出口手续，交验出口许可证件，缴纳出口关税。

2. 展览品的暂准进出境期限

进境展览品的暂准进境期限是 6 个月，即自展览品进境之日起 6 个月内复运出境。出境展览品的暂准出境期限为自展览品出境之日起 6 个月内复运进境。超过 6 个月的，进出境展览品的收发货人可以向海关申请延期。延期最多不超过 3 次，每次延长期限不超过 6 个月。延长期届满应当复运出境、进境或者办理进出口手续。

展览品申请延长复运出境、进境期限的，展览品收发货人应当在规定期限届满 30 个工作日前向货物暂准进出境申请核准地海关提出延期申请，并提交《货物暂时进/出境延期申请书》及相关申请材料。

直属海关受理延期申请的，应当于受理申请之日起 20 个工作日内制发《中华人民共和国海关货物暂时进/出境延期申请批准决定书》或者《中华人民共和国海关货物暂时进/出境延期申请不予批准决定书》。

参加展期在 24 个月以上展览会的展览品，在 18 个月延长期届满后仍需要延期的，由主管地直属海关报海关总署审批。

3. 展览品的进出境申报

（1）进境申报。

境内展览会的办展人或者参加展览会的办展人、参展人（以下简称办展人、参展人）应当在展览品进境 20 个工作日前，向主管地海关提交有关部门备案证明或者批准文件及展览品清单等相关单证办理备案手续。

展览会不属于有关部门行政许可项目的，办展人、参展人应当向主管地海关提交展览会邀请函、展位确认书等其他证明文件及展览品清单办理备案手续。

展览品进境申报手续可以在展出地海关办理。从非展出地海关进境的，可以申请在进境地海关办理转关运输手续，将展览品在海关监管下从进境口岸转运至展览会举办地主管海关办理申报手续。

展览会主办单位或其代理人应当向海关提交报关单、展览品清单、提货单、发票、装箱单等。展览品中涉及检验检疫等管制的，还应当向海关提交有关许可证件。

展览会主办单位或其代理人应当向海关提供担保。在海关指定场所或者海关派专人监管的场所举办展览会的，经主管地直属海关批准，参展的展览品可免予向海关提供担保。

海关一般在展览会举办地对展览品进行开箱查验。展览品开箱前，展览会主办单位或其代理人应当通知海关。海关查验时，展览品所有人或其代理人应当到场，并负责搬移、开拆、封装货物。

展览会展出或使用的印刷品、音像制品及其他需要审查的物品，还要经过海关的审查，才能展出或使用。对我国政治、经济、文化、道德有害的，以及侵犯知识产权的印刷品、音像制品，不得展出，由海关没收、退运出境或责令更改后使用。

（2）出境申报。

境内出境举办或者参加展览会的办展人、参展人应当在展览品出境 20 个工作日前，向主管地海关提交有关部门备案证明或者批准文件及展览品清单等相关单证办理备案手续。

展览会不属于有关部门行政许可项目的，办展人、参展人应当向主管地海关提交展览会邀请函、展位确认书等其他证明文件及展览品清单办理备案手续。

展览品出境申报手续应当在出境地海关办理。在境外举办展览会或参加国外展览会的企业应当向海关提交国家主管部门的批准文件、报关单、展览品清单（一式两份）等单证。

展览品属于应当缴纳出口关税的，向海关缴纳相当于税款的保证金；属于核用品、核两用品及相关技术的出口管制商品的，应当提交出口许可证。

海关对展览品进行开箱查验，核对展览品清单。查验完毕，海关留存一份清单，另一份封入"关封"交还给发货人或其代理人，凭以办理展览品复运进境申报手续。

4. 进出境展览品的核销结关

（1）复运进出境。

进境展览品按规定期限复运出境，出境展览品按规定期限复运进境后，海关分别签发报关单证明联，展览品所有人或其代理人凭以向主管海关办理核销结关手续。

异地复运出境、进境的展览品，进出境展览品的收发货人应当持主管地海关签章的海关单证向复运出境、进境地海关办理手续。货物复运出境、进境后，主管地海关凭复运出境、进境地海关签章的海关单证办理核销结案手续。

展览品未能按规定期限复运进出境的，展览会主办单位或出国举办展览会的单位应当向主管海关申请延期，在延长期内办理复运进出境手续。

（2）转为正式进出口。

进境展览品在展览期间被人购买的，由展览会主办单位或其代理人向海关办理进口申报、纳税手续，其中属于许可证件管理的，还应当提交进口许可证件。

出口展览品在境外参加展览会后被销售的，由海关核对展览品清单后要求企业补办有关正式出口手续。

（3）展览品放弃或赠送。

展览会结束后，进口展览品的所有人决定将展览品放弃交由海关处理的，由海关依法变卖后将款项上缴国库。

展览品的所有人决定将展览品赠送的，受赠人应当向海关办理进口手续，海关根据进口礼品或经贸往来赠送品的规定办理。

（4）展览品毁坏、丢失、被窃。

进境展览品因毁坏、丢失、被窃等原因不能复运出境的，展览会主办单位或其代理人应当向海关报告。对于毁坏的展览品，海关根据毁坏程度估价征税；对于丢失或被窃的展览品，海关按照进口同类货物征收进口税。

进出境展览品因不可抗力的原因受损，无法原状复运出境、进境的，进出境展览品的收发货人应当及时向主管地海关报告，可以凭有关部门出具的证明材料办理复运出境、进境手续；因不可抗力的原因灭失或者失去使用价值的，经海关核实后可以视为该货物已经复运出境、进境。

进出境展览品因不可抗力以外其他原因灭失或者受损的，进出境展览品的收发货人应当按照货物进出口的有关规定办理海关手续。

（三）其他暂准进出境货物

1. 概述

（1）范围。

可以暂不缴纳税款的 9 项暂准进出境货物，除使用 ATA 单证册报关的货物、不使用 ATA 单证册报关的展品、集装箱箱体按各自的监管要求由海关进行监管外，其余的均按其他暂准进出境货物进行监管，均属于其他暂准进出境货物的范围。

（2）期限。

其他暂准进出境货物应当自进出境之日起 6 个月内复运出境或复运进境。超过 6

个月的，收发货人可以向海关申请延期。延期最多不超过 3 次，每次延长期限不超过 6 个月。延长期届满应当复运出境、进境或者办理进出口手续。

国家重点工程、国家科研项目使用的暂准进出境货物，在 18 个月延长期届满后仍需要延期的，由主管地直属海关报海关总署审批。

（3）管理。

其他暂准进出境货物进出境核准属于海关行政许可事项，应当按照海关行政许可的程序办理。

① 暂准进出境申请和审批。

暂准进出境货物收发货人向海关提出货物暂准进出境申请时，应当按照海关要求提交《货物暂时进/出境申请书》、暂准进出境货物清单、发票、合同或者协议、其他相关单据。

海关就暂准进出境货物的暂准进出境申请作出是否批准的决定后，应当制发《中华人民共和国海关货物暂时进/出境申请批准决定书》或者《中华人民共和国海关货物暂时进/出境申请不予批准决定书》。

② 延期申请和审批。

暂准进出境货物申请延长复运出境、进境期限的，收发货人应当在规定期限届满 30 个工作日前向货物暂准进出境申请核准地海关提出延期申请，并提交《货物暂时进/出境延期申请书》及相关申请材料。直属海关作出决定并制发相应的决定书。申请延长超过 18 个月的由海关总署作出决定。

2. 报关程序

（1）进出境申报。

① 进境申报。

其他暂准进境货物进境时，收货人或其代理人应当向海关提交主管部门允许货物为特定目的而暂时进境的批准文件、进口货物报关单、商业及货运单据等，向海关办理暂时进境申报手续。

其他暂准进境货物不必提交进口货物许可证件，但对国家规定需要实施检验检疫的，或者为公共安全、公共卫生等实施管制措施的，仍应当提交有关的许可证件。

其他暂准进境货物在进境时，收货人或其代理人免予缴纳进口税，但必须向海关提供担保。

② 出境申报。

其他暂准出境货物出境，发货人或其代理人应当向海关提交主管部门允许货物为特定目的而暂时出境的批准文件、出口货物报关单、货运和商业单据等，向海关办理暂时出境申报手续。

其他暂准进境货物，除易制毒化学品、监控化学品、消耗臭氧层物质、有关核出口、核两用品及相关技术的出口管制条例管制的商品及其他国际公约管制的商品外，不需交验许可证件。

③ 异地复运出境、进境申报。

异地复运出境、进境的其他暂准进出境货物，收发货人应当持主管地海关签章的海关单证向复运出境、进境地海关办理手续。货物复运出境、进境后，主管地海关凭复运出境、进境地海关签章的海关单证办理核销结案手续。

（2）结关。

① 复运进出境。

其他暂准进境货物复运出境，暂准出境货物复运进境，进出口货物收发货人或其代理人必须留存由海关签章的复运进出境的报关单，准备报核。

② 转为正式进出口。

其他暂准进出境货物因特殊情况，改变特定的暂准进出境目的转为正式进出口，收发货人应当在货物复运出境、进境期限届满 30 个工作日前向主管地海关申请，经主管地直属海关批准后，按照规定提交有关许可证件，办理货物正式进口或者出口的报关纳税手续。

③ 放弃。

其他暂准进境货物在境内完成暂时进境的特定目的后，如货物所有人不准备将货物复运出境的，可以向海关声明将货物放弃，海关按放弃货物的有关规定处理。

④ 不可抗力。

因不可抗力的原因受损，无法原状复运出境、进境的，收发货人应当及时向主管地海关报告，可以凭有关部门出具的证明材料办理复运出境、进境手续；因不可抗力的原因灭失或者失去使用价值的，经海关核实后可以视为该货物已经复运出境、进境。因不可抗力以外其他原因灭失或者受损的，收发货人应当按照货物进出口的有关规定办理海关手续。

其他暂准进出境货物复运出境或进境，或者转为正式进口或出口，或者放弃后，收发货人向海关提交经海关签注的进出口货物报关单，或者处理放弃货物的有关单据，以及其他有关单证，申请报核。海关经审核，情况正常的，退还保证金或办理其他担保销案手续，予以结关。

第三节　转关运输货物的报关

一、转关概述

（一）转关含义

转关是指海关监管货物在海关监管下，从一个海关运至另一个海关办理某项海关手续的行为，包括货物由进境地入境，向海关申请转关，运往另一个设关地点进口报关；货物在起运地出口报关运往出境地，由出境地海关监管出境；已经办理入境手续的海关监管货物从境内一个设关地点运往境内另一个设关地点报关。

（二）转关条件

1. 申请转关应符合的条件

申请转关应符合以下条件：

① 转关的指运地和起运地必须设有海关；

② 转关的指运地和起运地应当设有经海关批准的监管场所；

③ 转关承运人应当在海关注册登记，承运车辆符合海关监管要求，并承诺按海关对转关路线范围和途中运输时间所作的限定将货物运往指定的场所。

2. 不得申请转关的货物

下列货物不得申请转关：

① 进口固体废物（废纸除外）；

② 进口易制毒化学品、监控化学品、消耗臭氧层物质；

③ 进口汽车整车，包括成套散件和二类底盘；

④ 国家检验检疫部门规定必须在口岸检验检疫的商品。

（三）转关方式

转关有提前报关转关、直转转关和中转转关三种方式。

1. 提前报关转关

提前报关转关是指进口货物在指运地先申报，再到进境地办理进口转关手续，出口货物在未运抵起运地监管场所前先申报，货物运抵监管场所后再办理出口转关手续的转关。

2. 直转转关

进口直转转关是指进口货物在进境地海关办理转关手续，货物运抵指运地，再在指运地海关办理申报手续的转关。

出口直转转关是指出口货物在运抵起运地海关监管场所申报后，在起运地海关办理出口转关手续，再到出境地海关办理出境手续的转关。

3. 中转转关

进口中转转关是指持全程提运单需换装境内运输工具的进口中转货物由收货人或其代理人先向指运地海关办理进口申报手续，再由境内承运人或其代理人批量向进境地海关办理转关手续的转关。

出口中转转关是指持全程提运单需换装境内运输工具的出口中转货物由发货人或其代理人先向起运地海关办理出口申报手续，再由境内承运人或其代理人按出境工具分列舱单向起运地海关批量办理转关手续，并到出境地海关办理出境手续的转关。

（四）转关管理

1. 转关运输的期限

（1）直转方式转关的期限。

直转方式转关的进口货物应当自运输工具申报进境之日起14日内向进境地海关办理转关手续，在海关限定期限内运抵指运地之日起14日内，向指运地海关办理报关手续。逾期按规定征收滞报金。在进境地办理转关手续逾期的，以自载运进口货物的运输工具申报进境之日起第15日为征收滞报金的起始日；在指运地申报逾期的，以自货物运抵指运地之日起第15日为征收滞报金的起始日。

（2）提前报关方式转关的期限。

进口转关货物应在电子数据申报之日起的5日内，向进境地海关办理转关手续，超过期限仍未到进境地海关办理转关手续的，指运地海关撤销提前报关的电子数据。

出口转关货物应于电子数据申报之日起5日内，运抵起运地海关监管场所，办理转关和验放等手续，超过期限的，起运地海关撤销提前报关的电子数据。

2. 转关运输申报单证的法律效力

转关货物申报的电子数据与书面单证具有同等的法律效力，对确实因为填报或传输错误的数据，有正当的理由并经海关同意，可作适当的修改或者撤销。对海关已决定查验的转关货物，则不再允许修改或撤销申报内容。

二、程序

（一）进口货物的转关

1. 提前报关的转关

进口货物的收货人或其代理人在进境地海关办理进口货物转关手续前，向指运地海关传送进口货物报关单电子数据。指运地海关提前受理电子申报，接受申报后，计算机自动生成进口转关货物申报单，向进境地海关传输有关数据。

提前报关的转关货物收货人或其代理人应向进境地海关提供进口转关货物申报单编号，并提交下列单证办理转关运输手续：

（1）进口转关货物核放单（广东省内公路运输的，提交进境汽车载货清单）；

（2）汽车载货登记簿或船舶监管簿；

（3）提货单。

提前报关的进口转关货物，进境地海关因故无法调阅进口转关数据时，可以按直转方式办理转关手续。

2. 直转方式的转关

货物的收货人或其代理人在进境地录入转关申报数据，持下列单证直接办理转关手续：

（1）进口转关货物申报单（广东省内公路运输的，提交进境汽车载货清单）；

（2）汽车载货登记簿或船舶监管簿。

3. 中转方式的转关

具有全程提运单、需要换装境内运输工具的中转转关货物的收货人或其代理人向指运地海关办理进口报关手续后，由境内承运人或其代理人向进境地海关提交进口转关货物申报单、《进口货物中转通知书》、按指运地目的港分列的纸质舱单（空运方式提交联程运单）等单证办理货物转关手续。

（二）出口货物的转关

1. 提前报关的转关

由货物的发货人或其代理人在货物未运抵起运地海关监管场所前，先向起运地海关传送出口货物报关单电子数据，由起运地海关提前受理电子申报，生成出口转关货物申报单数据，传输至出境地海关。

发货人或其代理人应持下列单证向起运地海关办理出口转关手续：

（1）出口货物报关单；

（2）汽车载货登记簿或船舶监管簿；

（3）广东省内公路运输的，提交出境汽车载货清单。

货物到达出境地后，发货人或其代理人应持下列单证向出境地海关办理转关货物出境手续：

（1）起运地海关签发的出口货物报关单；

（2）出口转关货物申报单或出境汽车载货清单；

（3）汽车载货登记簿或船舶监管簿。

2．直转方式的转关

由发货人或其代理人在货物运抵起运地海关监管场所后，向起运地海关传送出口货物报关单电子数据，起运地海关受理电子申报，生成出口转关货物申报单数据，传输至出境地海关。

发货人或其代理人应持下列单证在起运地海关办理出口转关手续：

（1）出口货物报关单；

（2）汽车载货登记簿或船舶监管簿；

（3）广东省内运输的，提交出境汽车载货清单。

直转的出口转关货物到达出境地后，发货人或其代理人应持下列单证向出境地海关办理转关货物的出境手续：

（1）起运地海关签发的出口货物报关单；

（2）出口转关货物申报单或出境汽车载货清单；

（3）汽车载货登记簿或船舶监管簿。

3．中转方式的转关

具有全程提运单、需要换装境内运输工具的出口中转转关货物，货物的发货人或其代理人向起运地海关办理出口报关手续后，由承运人或其代理人向起运地海关传送并提交出口转关货物申报单、凭出境运输工具分列的电子或纸质舱单、汽车载货登记簿或船舶监管簿等单证，向起运地海关办理货物出口转关手续。

经起运地海关核准后，签发《出口货物中转通知书》，承运人或其代理人凭以办理中转货物的出境手续。

（三）境内监管货物的转关

境内监管货物的转关运输，除加工贸易深加工结转按有关规定办理外，均应按进口转关方式办理，具体如下：

（1）提前报关的，由转入地（相当于指运地）货物收货人或其代理人，在转出地（相当于进境地）海关办理监管货物转关手续前，向转入地海关传送进口货物报关单电子数据报关。

由转入地海关提前受理电子申报，并生成《进口转关货物申报单》，向转出地海关传输。

转入地货物收货人或其代理人应持进口转关货物核放单和汽车载货登记簿或船舶监管簿，并提供进口转关货物申报单编号，向转出地海关办理转关手续。

（2）直转的，由转入地货物收货人或其代理人在转出地录入转关申报数据，持进口转关货物申报单和汽车载货登记簿或船舶监管簿，直接向转出地海关办理转关手续。

货物运抵转入地后，海关监管货物的转入地收货人或其代理人向转入地海关办理货物的报关手续。

第四节 其他货物的报关

一、过境货物报关

（一）概述

1. 含义

过境货物是指从境外起运，在我国境内不论是否换装运输工具，通过陆路运输，继续运往境外的货物。

2. 范围

下列货物准予过境：

（1）与我国签有过境货物协定的国家的过境货物；

（2）在同我国签有铁路联运协定的国家收发货的过境货物；

（3）未与我国签有过境货物协定但经国家商务、运输主管部门批准，并向入境地海关备案后准予过境的货物。

下列货物禁止过境：

（1）来自或运往我国停止或禁止贸易的国家和地区的货物；

（2）各种武器、弹药、爆炸品及军需品（通过军事途径运输的除外）；

（3）各种烈性毒药、麻醉品和鸦片、吗啡、海洛因、可卡因等毒品；

（4）我国法律、法规禁止过境的其他货物、物品。

3. 管理

海关对过境货物监管的目的是为了防止过境货物在我国境内运输过程中滞留在国内，或将我国货物混入过境货物随运出境，防止、禁止过境货物从我国过境。

过境货物经营人应当按下列要求开展相关业务：

（1）过境货物经营人应当持主管部门的批准文件和工商行政管理部门颁发的营业执照，向海关主管部门申请办理注册登记手续；

（2）装载过境货物的运输工具，应当具有海关认可的加封条件或装置，海关认为必要时，可以对过境货物及其装载装置进行加封；

（3）运输部门和过境货物经营人应当负责保护海关封志的完整，任何人不得擅自开启或损毁；

（4）运输部门和过境货物经营人应当按海关规定提供担保。

对过境货物管理的其他规定如下：

① 民用爆炸品、医用麻醉品等的过境运输，应经海关总署商有关部门批准后，方可过境；

② 有伪报货名和国别，借以运输我国禁止过境货物的，以及其他违反我国法律、行政法规情事的，海关可依法将货物扣留处理；

③ 海关可以对过境货物实施查验，海关在查验过境货物时，经营人或承运人应当到场，负责搬移货物，开拆、封装货物；

④ 过境货物在境内发生损毁或者灭失的（除不可抗力原因造成的外），经营人应当负责向出境地海关补办进口纳税手续。

（二）程序

1. 报关

（1）进境。

过境货物进境时，过境货物经营人或报关企业应当向海关递交《过境货物报关单》和运单、转载清单、载货清单，以及发票、装箱清单等，办理过境手续。

过境货物经进境地海关审核无误后，进境地海关在提运单上加盖"海关监管货物"戳记，并将过境货物报关单和过境货物清单制作"关封"后加盖"海关监管货物"专用章，连同上述提运单一并交经营人或报关企业。

过境货物经营人或承运人应当负责将上述单证及时交出境地海关验核。

（2）出境。

过境货物出境时，过境货物经营人或报关企业应当及时向出境地海关申报，并递交进境地海关签发的"关封"和其他单证。

出境地海关审核有关单证、"关封"和货物，确认无误后，加盖放行章，监管货物出境。

2. 过境期限

过境货物的过境期限为 6 个月，因特殊原因，可以向海关申请延期，经海关同意后，最长可延期 3 个月。

过境货物超过规定期限 3 个月仍未过境的，海关按规定依法提取变卖，变卖后的货款按有关规定处理。

3. 在境内暂存和运输

关于过境货物在境内暂存和运输有以下规定：

（1）过境货物进境后因换装运输工具等原因需卸下储存时，应当经海关批准并在海关监管下存入海关指定或同意的仓库或场所；

（2）过境货物在进境以后、出境以前，应当按照运输主管部门规定的路线运输，运输部门没有规定的，由海关指定；

（3）海关可根据情况派员押运过境货物运输。

二、转运货物报关

（一）概述

1. 含义

转运货物是指由境外起运，通过我国境内设立海关的地点换装运输工具，不通过境内陆路运输，继续运往境外的货物。

2. 范围

进境运输工具载运的货物具备下列条件之一的，可以办理转运手续：

（1）持有转运或联运提货单的；

（2）进口载货清单上注明是转运货物的；

（3）持有普通提货单，但在卸货前向海关声明转运的；

（4）误卸下的进口货物，经运输工具经理人提供确实证件的；

（5）因特殊原因申请转运，获海关批准的。

3. 管理

海关对转运货物实施监管的主要目的在于防止货物在口岸换装过程中误进口或误出口。

海关对转运货物有以下监管规定：

（1）外国转运货物在中国口岸存放期间，不得开拆、改换包装或进行加工；

（2）转运货物必须在 3 个月之内办理海关有关手续并转运出境，超出规定期限 3 个月仍未转运出境或办理其他海关手续的，海关将提取依法变卖处理；

（3）海关对转运的外国货物有权进行查验。

（二）程序

转运货物的报关程序如下：

（1）载有转运货物的运输工具进境后，承运人应当在进口载货清单上列明转运货物的名称、数量、起运地和到达地，并向主管海关申报进境；

（2）申报经海关同意后，在海关指定的地点换装运输工具；

（3）在规定时间内运送出境。

三、通运货物报关

（一）含义

通运货物是指从境外起运，不通过我国境内陆路运输，运进境后由原运输工具载运出境的货物。

（二）程序

通运货物的报关程序如下：

（1）运输工具进境时，运输工具的负责人应凭注明通运货物名称和数量的《船舶进口报告书》或国际民航机使用的《进口载货舱单》向进境地海关申报；

（2）进境地海关在接受申报后，在运输工具抵、离境时对申报的货物予以核查，并监管货物实际离境。

运输工具因装卸货物需搬运或倒装货物时，应向海关申请并在海关的监管下进行。

技能训练

一、不定项选择题

1. 北京某外资企业从美国购进大型机器成套设备，分三批运输进口，其中两批从天津进口，另一批从青岛进口。该企业在向海关申请办理该套设备的减免税手续时，下列做法正确的是（　　）。

    A. 向北京海关分别申领两份征免税证明

    B. 向北京海关分别申领三份征免税证明

    C. 向天津海关申领一份征免税证明，向青岛海关申领一份征免税证明

    D. 向天津海关申领两份征免税证明，向青岛海关申领一份征免税证明

2. 某纺织品进出口公司在国内收购一批坯布运出境印染，复运进境后委托某服装厂加工成服装，然后回收出口。前后两次出口适用的报关程序分别是（　　）。

    A. 暂准出境和一般出口   B. 一般出口和进料加工

    C. 出料加工和一般出口   D. 出料加工和进料加工

3. 与展出活动有关的物品也可以按展览品申报进境的是指（　　）。

    A. 为展出示范过程中被消耗的物料

    B. 展出中免费散发的宣传印刷品

    C. 展出期间出售的小卖品

    D. 展出期间使用的酒精饮料、燃料

4. 下列属于暂准进出境货物特征的是（　　）。

    A. 有条件暂时免予缴纳税费

    B. 规定期限内按原状复运进出境

    C. 按货物实际适用情况办结海关手续

    D. 免予提交进出口许可证

5. 上海某航运公司完税进口一批驳船，使用不久后发现大部分驳船油漆剥落，遂向境外供应商提出索赔，供应商同意减价60万美元，并应进口方的要求以等值的驳船用润滑油补偿。该批润滑油进口时应当办理的海关手续是（　　）。

    A. 按一般贸易进口报关，缴纳进口税

    B. 按一般贸易进口报关，免纳进口税

    C. 按无代价抵偿货物报关，缴纳进口税

    D. 按无代价抵偿货物报关，免纳进口税

6. 进口货物的收货人自运输工具申报进境之日起超过3个月未向海关申报的，其

进口货物由海关提取依法变卖处理。变卖所得价款在优先拨付变卖处理实际支出的费用后，其他费用和税款的扣除顺序是（　　）。

    A. 运输、装卸、储存等费用——进口关税——进口环节税——滞报金

    B. 进口关税——进口环节税——滞报金——运输、装卸、储存等费用

    C. 滞报金——进口关税——进口环节税——运输、装卸、储存等费用

    D. 运输、装卸、储存等费用——滞报金——进口关税——进口环节税

7. 根据现行海关规定，下列进口货物不属于海关减免税优惠范围的是（　　）。

    A. 沿海经济开放地区基建项目所需进口机械设备

    B. 边民互市和边境小额贸易的进口货物

    C. 残疾人组织和单位进口的货物

    D. 保税区内适用于自用的生产设备

8. 由日本大阪启运，在上海转运至新加坡的货物属于（　　）。

    A. 过境货物　　　　　　　　　　B. 转运货物

    C. 通运货物　　　　　　　　　　D. 转关货物

9. 进出境快件 KJ2 报关单适用于（　　）。

    A. 文件类进出境快件

    B. 关税税额在人民币 50 元以下的货物

    C. 免税的货样、广告品

    D. 应予征税的货样、广告品

10. 下述不符合海关对租赁货物监管有关规定的是（　　）。

    A. 纳税义务人应在每次支付租金后 15 日内按支付的租金额向海关申报纳税

    B. 租赁货物进口时应按租金和货物的实际价格分别填制报关单，并提供租赁合同，进口许可证件及其他报关单证

    C. 租赁货物按一般进出口货物报关，海关放行后放弃监管

    D. 租赁货物海关放行后，对货物进行监管，纳税义务人应当在租期届满之日起 30 日内申请办结海关手续

11. 向海关申报无代价抵偿货物进出口时，除应当填制报关单和提供其他必需的报关单证外，还应当提供的特殊单证是（　　）。

    A. 原进出口货物报关单

    B. 退运进出境的报关单或放弃交由海关处理的证明

    C. 原进出口货物税款缴纳书

    D. 索赔协议

12. 运输工具负责人或其代理人要求将溢卸货物抵补短卸货物的，应与短卸货物原收货人协商同意，并限于（　　）。

    A. 同一运输工具、同一品种的进口货物

    B. 不同运输工具、同一运输公司、同一发货人、同一品种的进口货物

    C. 同一运输工具非同一航次、同一运输公司、同一发货人、同一品种的进口货物

D. 不同运输工具、不同运输公司、同一发货人、同一品种的进口货物

13. 下述不属于海关责令直接退运的货物是（　　　）。

A. 进口国家禁止进口的货物，经海关依法处理后的

B. 有关贸易发生纠纷，能够提供法院判决书、仲裁机构仲裁决定书或者无争议的有效货物所有权凭证的

C. 未经许可擅自进口属于限制进口的固体废物用作原料，经海关依法处理后的

D. 海关已经确定检验或者认为有走私违规嫌疑的货物

14. 下述有关溢卸货物、误卸货物处理符合海关规定的是（　　　）。

A. 误卸货物如属于运往国内其他口岸的，可由原收货人就地向进境地海关申报进口，也可以经进境地海关同意办理转关手续

B. 原收货人不接的，可以要求在国内销售，由购货单位办理相应海关手续

C. 超过 3 个月未办理退运或申报进口手续的，由海关提取依法变卖处理

D. 海关对误卸、溢卸货物不可以提前提取依法变卖处理

二、综合实务题

某合资企业用自有资金进口企业自用的专用设备 1 台，CIF10 万元人民币，属进口许可证件管理，企业向主管海关办理了减免税备案登记，申领了《进出口货物征免税证明》，并向海关申报进口。设备进口后使用了 2 年 6 个月，因产品调整，企业将设备转售给国内另一家企业，价格为 3 万元人民币。

1. 外商投资企业向主管海关办理减免税备案登记应提交（　　　）。

A. 商务主管部门的批准文件　　　　　B. 营业执照

C. 企业合同及章程　　　　　　　　　D. 外商投资企业征免税登记手册

2. 下述不符合《进出口货物征免税证明》使用有关规定的是（　　　）。

A. 有效期为 6 个月，特殊情况可申请延长 6 个月

B. 规定口岸海关使用

C. 实行一份证明只能验收一批货物的原则

D. 年内使用有效

3. 设备进口货物报关单的有关栏目的填制错误的是（　　　）。

A. 贸易方式填报：合资合作设备　　　B. 征免性质填报：中外合资

C. 用途栏目填报：企业自用　　　　　D. 征免栏目填报：全免

4. 本案例特定减免税货物在海关监管期内销售，符合规定的是（　　　）。

A. 企业应当向海关办理缴纳进口税费的手续

B. 海关按照原进口货物成交价格为基础确定完税价格

C. 属进口许可证件管理的免交验许可证件

D. 海关签发解除监管证明，企业即可将原减免税货物在国内销售

5. 本案例特定减免税货物内销，其完税价格应为（　　　）。

A. 10 万元　　　　　B. 5 万元　　　　　C. 4.83 万元　　　　　D. 3 万元

三、案例题

1. 长春市 B 公司与俄罗斯 C 公司签署协议，进口光学玻璃材料，进口该产品是为了完成国家的 863 科技项目，所以可以享受减免税的优惠，货物从俄罗斯的莫斯科直接空运至北京。

作为 B 公司的报关代理，如何对这一票货物进行操作呢？

任务 1：申请办理征免税证明，如何办理？

任务 2：办理转关运输；

任务 3：正式报关、提取货物；

任务 4：办理后续处置。

2. 上海公安局邀请境外一无线电设备生产厂商到上海展览馆展出其价值 100 万美元的无线电设备，并委托上海某展览报关公司 A 办理一切手续。上海展出后又决定把其中价值 40 万美元的设备运到杭州展出。设备从杭州返回后，上海公安局决定购买其中的 20 万美元设备。境外厂商为了感谢上海公安局，赠送了 5 万美元的设备给上海公安部门。其余设备退出境外。

作为 A 公司的报关员须进行的工作任务？

任务一：办理上海展出手续，如何办理？

任务二：办理杭州展出手续，如何办理？

任务三：办理展品闭馆出境前的仓储手续；

任务四：办理留购与赠送手续；

任务五：办理销案手续。

参考文献

1. 海关总署报关员资格考试教材编写委员会. 报关员资格全国统一考试教材（2013 年版）［M］. 北京：中国海关出版社，2013.

2. 武晋军. 报关实务［M］. 2 版. 北京：电子工业出版社，2012.

3. 谢国娥. 海关报关实务［M］. 上海：华东理工大学出版社，2008.

4. 张炳达. 海关报关实务（21 世纪经管核心课程规划教材）［M］. 2 版. 上海：上海财经大学出版社，2010.

5. 曲如晓. 国际经济与贸易精品教材：海关报关实务［M］. 2 版. 北京：北京师范大学出版社，2013.

6. 王洪亮. 海关报关实务［M］. 北京：清华大学出版社，2008.

7. 张琦生. 海关报关实务［M］. 北京：冶金工业出版社，2008.

8. 罗兴武. 报关实务［M］. 北京：机械工业出版社，2010.

9. 吕红军，刘钊. 报关实务教程［M］. 北京：中国商务出版社，2009.

10. 姚雷. 报关实务［M］. 青岛：中国海洋大学出版社，2011.

11. 中国海关总署（http://www.customs.gov.cn）

12. 海关出口数据–中国海关出口数据–海关海关出口数据（http://www.waimaofenxi.com/index.php/Public/experience）

13. 海关法规（http://www.customs.gov.cn/Default.aspx? tabid=399）

14. 海关进出口数据查询（http://hgjcksjc.cn.china.cn/）

15. 世贸人才网（贸易术语）（http://class.wtojob.com/glossary.aspx）

16. 中国供应商（http://cn.china.cn/chanpin/BAA3B9D8B3F6BFDAB1E0C2EB.html）

17. 福步外贸论坛（FOB Business Forum）（http://bbs.fobshanghai.com/thread–692270–1–1.html）

18. 中大网校（http://www.wangxiao.cn/bgy/fudao/bj/6615406038.html）

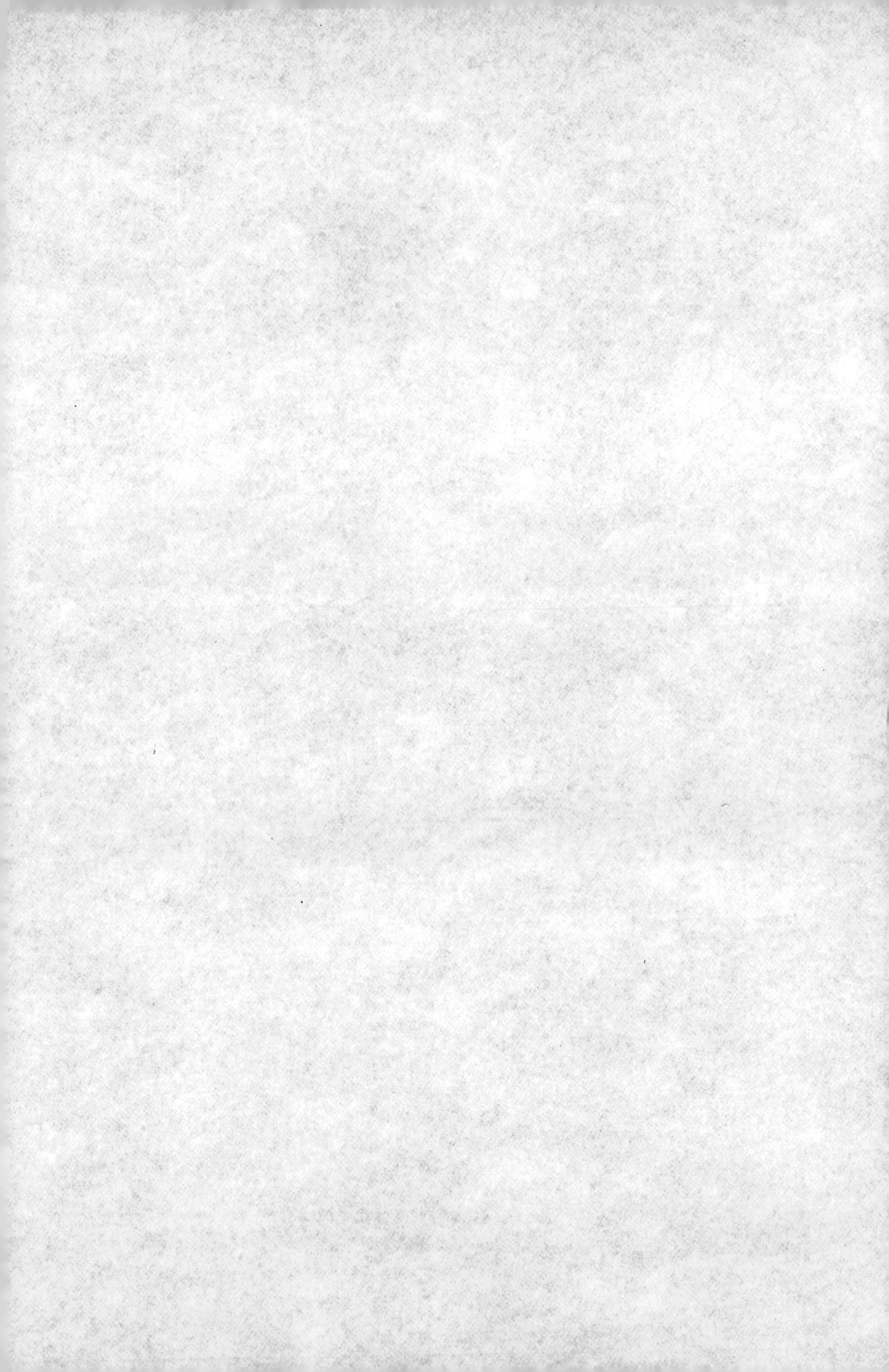